»Plötzlich wird dem Mutigen das Schlimmste zum Besten.«

Ernest Shackleton

POINT WILD

Wohin, frage ich mich, ist unser Vertrauen entschwunden? Das Vertrauen in Führungspersönlichkeiten, in die Richtigkeit von Nachrichten, ja, warum nicht: auch das Gottvertrauen, das die Menschen einst aufrecht hielt, selbst dann, wenn alles verloren schien.

»We are lost, we all will die, if Wild doesn't keep our spirit high«, lese ich eine Nachricht, geritzt in den überhängenden Fels einer Höhle. Hat der Expeditionsfotograf Frank Hurley sie hinterlassen, im Jahr 1916, als alle Hoffnung, in die Zivilisation zurückzukehren, gleich null war – so wie die Lesbarkeit der Zeilen darunter?

Ich stehe an jenem Point Wild auf Elephant Island, an dem hundert Jahre zuvor zwei umgedrehte Boote gelegen haben und 22 gestrandete Männer unter Führung von Frank Wild auf Rettung warteten. Vier Monate lang. Der Raum jetzt aufgesogen vom Nebel, der Boden glitschig; abgerundete Steintrümmer zu meinen Füßen. Meine Atemgeräusche verschluckt von der Brandung, das Dröhnen des Windes in den Ohren, glaube ich, das Gemurmel der Männer von damals zu hören. Ein Zittern geht durch meinen Körper. Beruhige dich, sage ich zu mir selbst und wie zum Trost: Sie sind alle gerettet worden.

Die Story, dass der große Abenteurer Ernest Shackleton

ihr alleiniger Retter gewesen sei, hätte sich verfestigen können, weil seine Überfahrt nach Südgeorgien, um Hilfe zu holen, aufregender klang als das Ausharren der Zurückgelassenen auf Elephant Island. Ich aber weiß, dass Ausharren schlimmer ist, als etwas zu tun. Weil Ängste beim Handeln schrumpfen, beim Abwarten aber sich steigern. Nur weil die Mannschaft Frank Wild vertraute, konnte er sie am Leben halten.

Das Verlorensein am Ende der Welt ist mit den modernen Kommunikationsmitteln mehr und mehr aus unserem Bewusstsein verschwunden – so wie das Selbstbild von Führungspersönlichkeiten, das sich aus dem Vertrauen der Anvertrauten speist.

Wie ist es, noch im Zustand der Verzweiflung Haltung zu bewahren, das Vertrauen seiner Leute hochzuhalten, zu führen bis in Todesnähe? Niemand hat es klarer vorgelebt als Frank Wild. Bei fünf Expeditionen in die Antarktis ist er dabei gewesen, zehn Jahre hat er auf dem Eis verbracht: »Es war die glücklichste Zeit meines Lebens«, sagte er später. Im Winter 1916 hat er auf Elephant Island ein Wunder vollbracht. Weil er für alle seine Leute da war, fühlten sich alle besser.

Diese Trostlosigkeit! Schwarze, glitschige Felsen unter meinen Füßen, glattgeschliffen vom Salzwasser, das seit Jahrmillionen darüberspült; Nebel über der ölig dunklen See, dazu das ständige Klatschen der Wellen. Kaum Sicht. Das Schlauchboot, das Caroline und mich ausgesetzt hat, dümpelt bei einem zimmergroßen Eisblock, den die Flut ein paar Stunden zuvor angespült haben mag: vom Meerwasser zum Kunstwerk geformt. Es ist Ende Februar.

Point Wild

Unser Schiff, die Bremen, in einer amerikanischen Sondermission im Südpolarmeer unterwegs, darf wegen des starken Seegangs nicht verlassen werden. Nur Caroline Alexander, die mit »Die Endurance – Shackletons legendäre Expedition in die Antarktis« ein Buch über das »großartigste Abenteuer der Menschheitsgeschichte« geschrieben hat, und ich sind im Schlauchboot nach Point Wild gebracht worden. Wir wollen die Stelle aufsuchen, wo hundert Jahre zuvor die 22 Männer auf Rettung gehofft haben.

»Wie«, frage ich Caroline, »haben Shackletons Männer diese Hölle überlebt?«

»Sie haben durchgehalten, weil Wild ihr Vertrauen aufrecht hielt. Bis zuletzt.«

»Mit einem Trick?«

»Ja, er gab den Stellvertreter, den Boss gab es ja wirklich: Shackleton. Der aber weiß Gott wo war.«

»Aber die Zurückgebliebenen konnten sich nicht sicher sein, dass Shackleton noch am Leben ist.«

»›Leute‹, soll Wild immer wieder gesagt haben, ›unser Boss holt uns hier raus.‹«

»Ja. So retteten die beiden ihre Männer.«

Wie, fragen wir uns, hat es Wild geschafft, das Vertrauen seiner Leute in ihre Rettung aufrechtzuerhalten? Durch die schwierigste Jahreszeit hindurch, am desolatesten Ort der Welt: das eigentliche Expeditionsziel – die Antarktis-Durchquerung – längst aufgegeben, das Schiff verloren, Shackleton auf der Suche nach Hilfe 1500 Kilometer über den Ozean unterwegs und verschollen. Der »schlimmste Trip auf Erden«, wie Shackleton seine Endurance-Mission später genannt hat, war zum Albtraum geworden. Vier Monate Hunger, Hoffnungslosigkeit, Kälte und Finsternis für die auf der Insel Zurückgebliebenen – allein die Vorstellung dieser Situation ist schwer zu ertragen. Caroline und ich umarmen uns. Als wäre das Mitgefühl für diese Männer, die alle längst tot sind, nur geteilt zu ertragen.

Shackletons Überfahrt von Point Wild nach Südgeorgien in einem winzigen Rettungsboot, der James Caird, und sein anschließender Marsch über die Berge Südgeorgiens bis zum ersten bewohnten Ort speist bis heute das Pathos von der Notgemeinschaft, die überlebt. Die Stelle aber, an der ich jetzt auf Elephant Island stehe, dieser Ort als Tatsache, als Archiv der Hoffnung, die Wild mit Shackleton verband, erzählt eine andere Geschichte. Wir wissen heute alles über Shackletons Rettung bringende Überfahrt. Wild wusste damals nichts. Dieses Nichts füllte Wild mit Vertrauen.

Nur unter Tränen ist mir die Vorstellung möglich, wie es

gewesen sein mag. Wie schwierig für Wild, nie zu verzagen, Entscheidungen zu treffen, selbst Vertrauen zu zeigen. Achtundzwanzig Männer waren durch die Hölle gegangen, ehe sie Elephant Island erreichten. Während der Monate auf dem Eis und der Tage in den Rettungsbooten, die folgten, galt das Wort Shackletons. Als 22 von ihnen ohne ihren Boss zurückbleiben, ist es Wild, der für Vertrauen und Sicherheit sorgt. Soweit er seiner Sache sicher sein kann. Dass sie alle sterben würden, ist das Wahrscheinlichste. Wild aber bleibt heiter, oft fröhlich. Er lässt sich nicht nervös machen, reagiert in Notfällen schnell. Den ganzen Winter über liegen die Männer in ihrer alten Kleidung unter ihren umgedrehten Rettungsbooten: ungewaschen, verrußt, triefend von Tran.

In der Zivilisation werden Menschen an Oberflächlichkeiten gemessen – auch weil es so viel Ablenkung und so wenig Zeit gibt. In der Wildnis – Abwesenheit von anderen

Menschen und das Fehlen jeder Art von Zivilisation vorausgesetzt – ist Vertrauen eine Sache des Instinkts. Wild hielt es hoch. Bis zuletzt.

Es war zum Verzweifeln: Zuerst die lange Zeit des Wartens, dann die innere Leere, das Nichts. Der Rest des Winters eine anhaltende Verdunkelung, in der man sich dem Wahnsinn näherte. Nicht vorstellbar das Gefühl von Isolation: in einer Welt ohne Radio, ohne Telefon, jeder Einzelne auf den eigenen Körper zurückgeworfen, das gemeinsame Vertrauen auf Rettung längst aufgebraucht.

Ich wende mich von der glitschigen Felszunge am Kap Wild ab und schaue über das schwarze Wasser unter einem trüben Himmel. Das Wissen, dass die Männer damals nicht rebelliert haben, dass ihr Widerwille gegen Robbenfett, Kälte, die Enge ihrer Behausung nicht in einem Massaker endete, tröstet mich. Wieder stelle ich mir Frank Wild vor: Wie dieser Mann ohne Stolz und voller Würde herumsteht – immer er selbst. So hat er 21 Mann – hilflos und verzweifelt, wie Menschen nur sein können – 117 Tage lang am Leben gehalten. So haben seine Ausstrahlung, seine Selbstmächtigkeit, die Summe seiner Erfahrung und die Anerkennung, die ihm seine Männer schenkten, sie Tag für Tag am Leben gehalten.

Als Caroline und ich ins Schlauchboot steigen, um auf die Bremen zurückzukehren, versuche ich immer noch, den Zustand von Wilds Männern nachzuempfinden: Sie gaben ihm alles, was sie an Vertrauen aufbrachten, um ihm vertrauen zu können. Auf groteske Weise in ein selbstgewähltes Gefängnis geworfen, folgten sie dem kleinen, glatzköpfigen Mann, der ständig Pfeife rauchte, auch dann noch, als ihnen scheinbar keine Hoffnung mehr blieb.

Was ist es, was die Überlebensfähigkeit einer Gruppe von Menschen unter schwierigsten Umständen ausmacht? »Fotografieren konnte ich unseren Zustand nicht«, schreibt der Fotograf Frank Hurley später. »Wild aber summierte unsere mentalen Kräfte zur Überlebensstrategie.«

Jahre später bin ich wieder an Point Wild – diesmal bei gutem Wetter und zusammen mit meinen Töchtern Anna und Magdalena. Ich kann mir Frank Wilds Überlebenskunst noch immer nicht erklären. Also will ich seine Lebensgeschichte erzählen.

DISCOVERY

Wild«, stellt sich der kleingewachsene Mann – wenig Haare, marineblaue Augen – einem großgewachsenen Mann vor, der allein an der Reling der Discovery steht. Dieser sieht ihn fragend an.

»Frank Wild.«

»Ernest Shackleton«, sagt der andere mit irischem Akzent.

»Wie kommen Sie zu dieser Antarktisexpedition?«, fragt der Ire.

»Als Freiwilliger.«

»Und vorher?«

»Handelsmarine. Vor einem Jahr habe ich bei der Royal Navy angeheuert.«

»Und haben sich gleich für die British-National-Arctic-Expedition auf der Discovery beworben?«

»Ja, und bin angenommen worden, ausgewählt unter dreitausend Anwärtern.«

»Viertausend, sagt man«, weiß Shackleton.

»Ich wollte mich gar nicht bewerben, ein Kamerad von mir – großgewachsen, stark, sportlich – hat mich überredet, unsere beiden Namen an den Expeditionsleiter Robert Falcon Scott zu schicken.«

»Ist auch Ihr Kamerad dabei?«

»Nein, er ist nicht genommen worden.«

Frank Wild, 1873 in Skelton, Yorkshire, geboren, ist das zweite von dreizehn Kindern einer tiefreligiösen Lehrerfamilie. Seine blauen Augen und seine kleine Statur lassen ihn zurückhaltend erscheinen, obwohl er kräftig ist und geschickt. Im ersten Eindruck aber zeigt er wenig von einem Leader.

Mit elf geht er von zu Hause fort, mit sechzehn hat er einen Job als Seemann und kreuzt auf allen möglichen Segelschiffen durch die Ozeane. Elf Jahre lang. Als er zur Royal Navy wechselt, hat er die Welt schätzungsweise neunmal umschifft. Obwohl ausgestattet mit Geduld, Loyalität und einer großen Portion Leidensfähigkeit, steht er lieber in der zweiten Reihe als ganz vorne. Auch in schwierigsten Situationen gilt er als überlegt und standhaft. Ist er es, weil ihm seine Mutter immer vertraut hat? Macht euch keine Sorgen um Frank, pflegte sie zu sagen. Er wird immer seinen Heimweg finden.

»Auch ich war bei der Handelsmarine, seit meinem sechzehnten Lebensjahr«, erzählt Shackleton, »es war mein Beruf, nicht aber mein Traum.«

Sein ausdrucksstarkes Gesicht und seine Statur beeindrucken Wild.

»Mir geht es ähnlich: Neunmal um die Welt ist genug«, sagt Wild.

Der hünenhafte Mann vor ihm nickt.

»Ich bin Offizier hier«, sagt er und reicht Wild die Hand. »Ernest.«

»Frank«, sagt Wild und betrachtet Shackleton, der über ihn hinwegzusehen scheint. Shackletons blaue Pupillen he-

Frank Wild

ben sich dabei deutlich im Weiß der Augen ab, seine Stirn ist glatt, das Haar in der Mitte gescheitelt, die kräftige Nase gibt dem Gesicht etwas herrisch Entschlossenes. Noch passen die beiden nicht zueinander. Bruchstücke von dem, was man ihnen über die Antarktis erzählt hat, stehen zwischen ihnen. Wie Eisberge im Polarmeer.

Am Heiligabend 1901 verlässt die Discovery Neuseeland, am 2. Januar 1902 passiert sie den Polarkreis, jetzt stößt sie durch einen Packeis-Gürtel zum Südpolarmeer vor. Immer größere Eisberge tauchen darin auf, glänzende Ungeheuer – zehn Kilometer lang, einen breit, Dutzende Meter hoch.

Shackleton, offen und immer gut gelaunt, sieht aus wie ein Held. Zum Siegen geboren! Dabei wirkt er nicht überheblich, es ist sein Charme, der ihm im Umgang mit Autoritäten hilft, seinen Teil zu bekommen und seinesgleichen für sich einzunehmen. Er strahlt die Selbstverständlichkeit eines Leaders aus, obwohl er mit allen auf Augenhöhe umgeht. Das macht ihn vertrauenswürdig. Die Gelassenheit, die von ihm ausgeht, lässt ihn überlegen und stark erscheinen, erkennt Wild. Unauffällig nimmt sich Shackleton so das Beste der anderen: ihr Vertrauen. Nur Scott, der die Privilegien des berufenen Leaders vor sich herträgt wie einen Schutzschild, lässt sich von Shackleton nicht beeindrucken. Shackleton aber, mit einer guten Portion Selbstmächtigkeit gepanzert, muss seine Überlegenheit nicht zeigen, und Verantwortung empfindet er nicht als Pflicht, sie gehört zu ihm wie sein Gewissen.

Anfang Januar 1902 kommen wieder Eisberge in Sicht: mehrere Kilometer lang und haushoch, die Formen von großer Vielfalt. Diese Monster, vom Schelfeis abgebrochen,

Ernest Shackleton

von Wasser und Wind umgeformt, glänzen im schwarzen Ozean von Grün bis Silber.

Im McMurdo Sound können sich solche Eisberge über Jahre halten. Es gibt dort große offene Wasserstellen, wo das Meereis entsteht, wächst und sofort wieder verschwindet. Bei Kap Crozier zum Beispiel, wo die Kaiserpinguine nisten: ein windiger Platz, den Orkane regelmäßig leerfegen. Im Winter ist die Luft dort so kalt, dass die Meeresoberfläche an windstillen Tagen im Nu zufriert. Der Ozean ist dann mit einer dünnen Eiskruste überzogen. Der nächste Sturm aber treibt dieses Eis wieder fort, staucht es zu Eisbarrieren und schiebt dieses Packeis dann mehrere hundert Kilometer weiter nach Norden. Als wirkten in den Naturkräften Zauberei.

Das Schiff, die Discovery, läuft nicht gut. Es hat achtern zu viel Segelfläche und ist schwer zu manövrieren, vor allem im Packeis. Das Meereis, das sich während des Winters über dem Rossmeer gebildet hat, ist von Schneestürmen nordwärts getrieben worden und staut sich jetzt in Barrieren vor Kap Adare. Diese Eisschichten verschwinden erst, wenn die Temperatur im Sommer ansteigt. Jetzt müssen sie durchbrochen werden!

»Diese Antarktisexpedition scheint die richtige Abwechslung für uns zwei zu sein«, sagt Wild zu Shackleton, als sie sich ein paar Tage später wieder begegnen.

»Ja«, sagt Shackleton, »in meinem Job bei der Handelsmarine war alles vorbestimmt: Du fährst ein paarmal um den Globus, wirst befördert, alles nur eine Frage der Zeit.«

»Auch mir hat diese Art von Routine nie gefallen.«

Ein halbes Jahr ist es nun her, dass Shackleton und Wild

mit der Discovery England verlassen haben. Dass vier weitere Expeditionen – aus Schweden, Deutschland, Frankreich und Schottland – auf dem Weg in die Antarktis sind, interessiert die beiden nicht.

»Mich hat dieser Norweger begeistert«, sagt Wild nach einer langen Pause. »Fridtjof Nansen. 1888 hat er Grönland und 1895 mit der Fram die Arktis erforscht. Er ist weiter nördlich als alle anderen gewesen.«

»Ein Rekord«, weiß Shackleton.

»Vom Italiener Cogni inzwischen gebrochen«, korrigiert Wild, »ein Sieg des italienischen Königreichs.«

»Jetzt scheint die Erforschung der Antarktis Mode zu werden«, sagt Shackleton, während die Discovery durch loses Packeis segelt.

»Mich aber treibt nicht Patriotismus, mich lockt das Abenteuer.« Wild ist jeder Heroismus suspekt.

»König Edward ist doch an Bord gekommen, um uns ins Heldentum zu verabschieden.«

»Soll heißen, auch wir reisen zur Ehre des Königreichs?«

»Auch. Aber vor allem soll die Antarktis erforscht werden.«

»Was Nansen im Norden getan hat, gilt es jetzt im Süden zu tun.«

»Es geht mir dabei nicht um den schnellen Erfolg, Ruhm oder Reichtum«, sagt Shackleton. »Es geht mir um eine Abkürzung ins Abenteuer.«

»Mit der Handelsmarine ist auch bei mir Schluss«, sagt Wild.

»Ich fahre zur See, seit ich die Schule geschmissen hab und von zu Hause abgehauen bin.«

»Und die Eltern?«

»Mein Vater war Arzt und hatte nichts dagegen, die Mutter und meine Schwestern konnten mich nicht zurückhalten. Ich habe nur einen Bruder. Er heißt Frank, so wie du.«

»Ich habe mehr Brüder als Schwestern, mein Vater ist Lehrer. Von zu Hause weggerannt aber bin ich nicht, die Familie bedeutet mir viel.«

»Mir auch, ein bürgerliches Leben aber ist meine Sache nicht.«

»Wären wir sonst hier?«

Wild ahnt, dass Shackleton flunkert, wenn er den Ausreißer gibt. Dass er von zu Hause weggelaufen sei, ist eine Legende, die Shackleton selbst lanciert, seit er zur See fährt. Aber wahr ist, dass Vater Shackleton nur widerwillig seine Einwilligung gab, als der Sohn von der Schule ging.

»Als ich erstmals draußen war«, erinnert sich Shackleton,

»hatte ich Heimweh. Plötzlich war ich von allem abgeschnitten, wusste aber, dass es anzukommen gilt: in meinem Leben.«

»Hast du auch darunter gelitten? Für dich allein auf hoher See, in der Einsamkeit und kein Weg zurück?«

»Ich kenne das: weit, weit von sich selbst weg zu sein – die Freiheit nur noch eine Illusion. Hier in der Antarktis aber fühle ich mich wie zu Hause.«

»Die Wichtigtuerei der Navy und von Scott aber nerven, sie stehen gegen die Natur des Menschen«, sagt Wild.

»Weil sie Mythen wie historische Tatsachen feiern?«

»Im Gegensatz zu mir. Ich bin nur neugierig.«

»Mich haben immer Bücher über Geschichte angezogen – ich meine eine bestimmte Art von Geschichte. Ich interessierte mich nie für Dynastien, Schlachten und Belagerungen, sondern für unternehmungslustige Männer, für Nationen, die Seeleute in unbekannte Meere sandten, für die Geschichte der Kolonialisierung und Erforschung anderer Kontinente. Von meiner frühesten Jugend an kannte ich mich aus mit all den Problemen von Forschungsreisen, ob in Zentralafrika, in Tibet, am Nord- oder Südpol. Ich las viel und erinnere mich bis heute an das Gelesene. Lange bevor ich in die Antarktis fuhr, wusste ich alles über Pack-, Treib- und Schelfeis. Und ich kannte jene, die vor mir auf dem Weg zu einem der beiden Pole gewesen sind. Das kann ich wirklich behaupten. Sie waren meine Helden, meine Propheten.«

»Sie alle haben gemacht, was sie sich vorgenommen hatten, ohne irgendjemanden zu fragen oder Rechenschaft abzulegen«, sagt Wild. »In der Wildnis herrscht Anarchie.«

»Auch ich bin hierher aufgebrochen, niemand musste mir den Weg in die Freiheit zeigen.«

»So haben wir unser Schicksal angefochten.«

»Schicksal?«, fragt sich Shackleton, »gibt es ein solches für unsereins?«

»Ja, wir sind unser eigenes Schicksal. Ich bin in einer religiösen Familie aufgewachsen und bin trotzdem gläubig geblieben«, sagt Wild.

»Auch ich vertraue Gott – nicht aber Scott.«

Beide, Shackleton und Wild, haben sich ihrem Schicksal gestellt, nichts geerbt und sich ihm nicht ergeben. Ihrer beider Leben sind auf ähnliche Erfahrungen gebaut, und beide glauben an ihre Zukunft. Denken sie sich diese doch selbst aus. Und sie wissen: Erst wenn es keinen Ausweg mehr gibt, in keine Richtung, außer der, die man selbst erkannt hat, beginnt das Abenteuer.

Shackleton und Wild, obwohl entgegengesetzte Charaktere, freunden sich an. Der eine großgewachsen, breitschultrig, muskulös; der andere unscheinbar, mit Glatze, scheu. Sie sind aber vom gleichen Geist beseelt: auf und davon! Das Volk mag sich nach Helden sehnen, die beiden sehnen sich nach Wildnis.

Robert Falcon Scott hingegen dient der Royal Navy und ist Kommandant ihrer Antarktisreise. Dank Sir Clements Markham, der sich das Unternehmen ausgedacht hat. Als Ideengeber, Königsmacher und Schiedsrichter sieht der sein Vorhaben in der Tradition der britischen Polarexpeditionen. Die Discovery ist eigens für dieses Unternehmen gebaut worden. Als Präsident der Royal Geographic Society hat

Markham die Mittel organisiert und der Regierung einen Zuschuss abgetrotzt. Nur weil die Admiralität gezögert hat, ist die Forschungsreise ein ziviles Unternehmen, im Kern aber wird es von Männern der Navy getragen.

Auch Scott und Shackleton – beide sind Offiziere, beide ehrgeizig – sind entgegengesetzte Charaktere: Scott – unsicher, oft mürrisch, ein Zögerer – ist fähig, sich selbst bis zur Erschöpfung zu schinden; Shackleton – entscheidungsstark, engagiert und rücksichtsvoll zu allen Expeditionskameraden – ist der Typ Spieler. Bald schon sollen die beiden als Gegenspieler agieren. Shackleton aber, Offizier der Handelsmarine, jetzt Offizier der Royal Navy Reserve, hat sich von Anfang an unterzuordnen. Scott ist sein Chef.

»Ist die Discovery nicht eine private Expedition?«, sagt einer beim Abendessen.

»Ja, trotzdem gilt hier die Disziplin der Navy«, antwortet Scott streng.

»Dieses Gehabe gefällt mir nicht«, entfährt es Shackleton.

Von diesem Moment an beobachten sich die beiden Rivalen mit Argwohn. Scott bleibt der Expeditionsleiter, Shackleton aber, der keinen Unterschied macht im Umgang mit Mannschaft und Offizieren, wird bald zur Integrationsfigur.

»Ich mag keine aufgesetzte Hierarchie«, sagt Shackleton später zu Wild. »Das Leadership muss verdient sein.«

»Wie konnten sie Scott nur zum Kommandanten machen?«

»Frage ich mich auch. Er hat keinerlei Polarerfahrung.«

»Wir beide allerdings auch nicht.«

Wild und Shackleton sind offen miteinander, inzwischen Freunde, in gegenseitigem Respekt verbunden.

Drei Männer an Bord der Discovery haben Eis-Erfahrung: Louis Bernacchi, ein Physiker aus Australien, der die »Süd-Kreuz-Expedition« auf Kap Adare begleitet hat; Leutnant Armitage, Zweiter in Comand und wissenschaftlicher Leiter der Expedition, und Dr. Koettlitz. Die beiden haben sich in Franz-Josef-Land in der Arktis getroffen.

Weiter im Süden liegt aufgebrochenes Schelfeis. Dazwischen immer wieder Packeis – eine zerrissene weiße Masse – bis zum Horizont. Wild und Shackleton lauschen dem fernen Rumpeln der Eisschollen, am Himmel der Widerschein treibender Eisplatten. Gemeinsam erleben sie, wie die Discovery in eine archaische Welt eindringt. Stolz erfüllt sie und Neugier. Nach vier Tagen ist das offene Rossmeer erreicht, das sechzig Jahre zuvor von Admiral James Ross entdeckt worden ist.

Die Discovery ist ein langsamer Segler, die Besatzung ein zusammengewürfelter Haufen. Nicht Wilds Welt. Ihn stört die gespreizte Redeweise der Offiziere, die bald auch bei den Seeleuten zu hören ist. Ganz gleich, ob sie etwas zu besprechen haben oder sich über Alltägliches unterhalten, es klingt einfach aufgesetzt.

In der langsamen Zeit auf dem Schiff träumt Wild davon, aufzuwachen und dort zu sein, wo er hinwill. In der Stille, Wind und Sonnenlicht im Gesicht, die alte Welt vergessen. Wilds Träume decken sich dabei nicht mit den Zielen und Idealen des Expeditionsleiters. Scott fühlt sich der Königlichen Geographischen Gesellschaft sowie der Königlichen Marine verpflichtet. Wild weiß, die fünf Wissenschaftler an Bord, die auch nicht der Royal Navy angehören, sollen die Reise rechtfertigen. Sie kann zuletzt aber nur ein Fiasko werden. Weil Scott ein ganz anderes Ziel verfolgt: den Pol selbst.

In einem Rettungsboot landen Scott und Shackleton am 9. Januar bei Kap Adare, am Eingang zum Rossmeer, wo Borchgrevink 1895 einen Winter verbracht hat. Sie hinterlassen eine Botschaft für Versorgungsschiffe und fahren die Küste von Victoria Land entlang weiter nach Süden. Dann segelt die Discovery in östliche Richtung, das Ross-Schelfeis entlang. Neues Land wird gesichtet und nach König Edward VII. benannt. Die Halbinsel markiert das östliche Ende des Ross-Schelfeises.

Auf ihrem Weg zurück zur Ross-Insel fährt die Discovery in eine schmale Bucht ein, wo es möglich scheint, den eigens für die Erkundung der inneren Antarktis mitgebrachten Wasserstoffballon aufsteigen zu lassen. Scott schwebt als Erster in die Höhe, Shackleton als Zweiter. Er hat einen Fotoapparat dabei und bringt erste Luftaufnahmen vom Schelfeis mit. Scotts Plan, im McMurdo Sound vor der Ross-Insel im Eis zu überwintern, bleibt lange geheim. Auch, dass die Discovery über den Winter nicht nach Neuseeland zurück soll, erfahren die Männer erst nach der Landung.

Was für ein Ort! Wild steigt über einen steilen Hang zum Festland empor, um sich Übersicht zu verschaffen: das ideale Basislager in grandioser Landschaft. Darüber ragen die Vulkane Terror und Erebus in den Himmel: der eine rauchend, der andere erloschen. So scheint es wenigstens. Alles ist ruhig, und Wild weiß inzwischen: Hier werden sie den Winter verbringen. Die Discovery ankert derweil in einer kleinen Bucht am Ende einer Landzunge.

»Im nächsten Sommer«, sagt Scott, »wollen wir zum Südpol.«

Die Mannschaft ist begeistert, wenn die Idee auch nicht allen gefällt. Zuerst aber gilt es, die mitgebrachte Hütte aus Fertigteilen aufzubauen, alle Vorräte unterzubringen. Dann werden erste kurze Erkundungsreisen gemacht: Die Ausrüstung wird getestet, das umliegende Land soll verinnerlicht werden.

Noch vor Winterbeginn soll Shackleton eine Route nach Süden finden. Er startet am 19. Februar mit zwei Kameraden – dem Arzt Edward Wilson und dem Geologen Hartley Ferrar. Die erfahrenen Polarforscher – Armitage, Koettlitz und Bernacchi – hält Scott bewusst zurück. Ohne die geringste Erfahrung mit Reisen im Schnee, ohne Skier und Schlittenhunde – Scott hat sie nur widerwillig und auf Drängen von Nansen mitgenommen – startet Shackleton mit seiner Gruppe und führt sie ins Ungewisse. Bald schon verlieren sich die dunklen Punkte für die Zurückgebliebenen im unendlichen Weiß der Eisbarriere. Die Männer ziehen schwere Schlitten hinter sich her, schlafen im Zelt, stolpern durchs Whiteout. Es ist eine einzige Schinderei, aber sie führt die Männer immer tiefer in den Eiskontinent hinein. Shackleton marschiert mit seinen beiden Begleitern inzwischen auf White Island zu, eine Felsformation mitten im grauen Nichts, die Unendlichkeit dahinter ist nur zu fühlen.

Noch ist alles Improvisation, Versuch und Irrtum. Die Männer lernen, das Zelt auch im Sturm aufzustellen, die Schlitten zu packen, den Primus-Kocher zu bedienen. Häufig muss gerastet werden, und oft haben die Männer das

Chaos vor Augen: zerrissene Zeltplanen, kaputte Schlitten. »Den anderen Gruppen wird es ähnlich ergehen«, tröstet Shackleton sich und seine Kameraden.

So lernt er das Kommando auch bei widrigen Umständen zu führen, obwohl er noch wenig Ahnung hat vom Überleben im Eis. Am liebsten wäre er gemeinsam mit Wild losgezogen, Scott aber lässt es nicht zu.

Kurz vor White Island sieht Shackleton von Süden her einen Schneesturm näher kommen. Er starrt in die Weite der unermesslichen Eisfläche. Wilson und Ferrar sind gerade dabei, das Zelt aufzubauen. Im Nu stecken sie im Wirbel aus Wind und Schnee. Sie sind bald nur noch mit dem nackten Überleben beschäftigt.

»Zur Hölle«, fluchen die Männer in ihren dicken Pelzkleidern. Sie können sich kaum bewegen, und zu sehen ist auch nichts. Der Sturm hebt die Zeltplane, die ohne festen Boden ist, wirbelt die Ausrüstung durcheinander. Wieder und wieder erfassen Böen das Lager, werfen schließlich das Zelt um.

»Was für ein Gelumpe«, schimpft Shackleton, »damit überleben wir keine Woche auf dem Weg zum Pol.« Trotzdem, die Männer suchen Schutz, hocken frierend stundenlang unter der flatternden Plane.

»Was hat sich Scott dabei gedacht?«, fragt sich Wilson.

»Nichts wahrscheinlich, für ihn denken andere«, sagt Ferrar.

»Da hast du wohl recht, er ist nur der Hampelmann von Sir Clements Markham, der – wie ich die Dinge sehe – selbst auch kein Zelt aufstellen kann.«

»So wie wir«, scherzt Wilson. Alle drei lachen.

»Fellhandschuhe und Fellstiefel sind sinnvoll«, meint Ferrar, »für längere Märsche aber müssen wir uns anders anziehen.«

»Mit diesen Windblusen, Balaklavas und Überhosen kommen wir nicht weit. Zurück auf der Discovery muss unsere Ausrüstung umgearbeitet werden.«

Shackleton ist fest entschlossen, Vorschläge zur Verbesserung der Kleider zu machen.

»Zum Glück haben wir die Kleider getestet, bevor es zum Pol geht«, sagt Wilson.

Warum aber ist in der Heimat nichts von alldem getestet worden? Kein einzelner Ausrüstungsgegenstand? Dazu kommt, dass sie nicht Ski laufen können, allen fehlt es an Erfahrung. Und niemand hat Routine im Umgang mit Hunden.

Erstaunlich, dass der erste Ausflug im Rahmen der Discovery-Expedition nicht in einer Katastrophe endet. Wild macht dann bei seinem ersten Trip ähnliche Erfahrungen wie Shackleton. Beide erkennen Fehler im System und korrigieren sie – zurück im Winterlager – sukzessive: Hundeteams, die verweigern, werden neu zusammengestellt; Schlitten verbessert; zwei Offiziere, die den Erebus an einem einzigen Tag besteigen und wieder zurückkommen wollen, belächelt. Schlittenteams, die weder den Kocher noch die Lampe bedienen können, werden aufgeklärt. Zelte aufstellen und die Kleidung richtig herum anziehen können zu Winterbeginn alle.

In diesem ersten Winter in der Antarktis sind Wild und Shackleton häufig draußen auf dem Eis. Nicht nur zur Jagd.

Sie wollen tätig sein, Robben und Pinguine jagen, überzeugt, dass Frischfleisch Skorbut vorbeugt.

»Scott hält nichts davon«, sagt Wild.

»Weil er die Tiere nicht töten will.«

»Er ist auf diese Navy-Zwieback-Diät eingeschworen, sage ich dir.«

»Dabei weiß er von Nansen, dass sich Expeditionen in die Arktis nur mit Fleisch über den Winter gerettet haben.«

»Habe auch davon gelesen: Monatelang haben Nansen und Johansen 1896 in ihrem Unterschlupf in einer Art Höhle gelegen. Sie aßen nichts als Bärenfleisch.«

»Ohne an Skorbut zu erkranken«, ergänzt Shackleton.

»Und wie bringst du es Scott bei?«

»Ob der Captain will oder nicht, ich werde den Koch anhalten, der Mannschaft frisches Fleisch zu servieren. Nicht nur als Abwechslung zur Navy-Diät, sondern als eine Art Medizin.«

»Das Robbenfleisch aber wollen die Leute nicht.«

»Wegen des fischigen Beigeschmacks, ja. Die Eskimos aber leben seit tausend Jahren davon. Hauptsächlich wenigstens.«

»Ihre Rezepte aber kennt hier keiner.«

»Wir müssen lernen, Pinguin oder Krabbenfresser zuzubereiten, und zwar so, dass die Mahlzeiten schmecken.«

»Von denen jedenfalls gibt es hier genug.«

»Ja, es gilt, Vorräte anzulegen, bevor die Tiere weg sind. Fleisch ist im Nu gefriergetrocknet, jahrelang haltbar. Wir brauchen es auch als Hundefutter.«

»Du meinst, wir sollten tote Robben und Pinguine stapeln wie Eisklötze, die wir als Süßwasservorrat herbeischleppen?«

»Jedenfalls ist genug Getier da«, sagt Shackleton. »Wir brauchen zuallererst Nahrung und Wasser.«

»Wird ein hartes Stück Arbeit, genügend Tiere für den langen Winter zum Schiff zu bringen.«

»Wie anders sollen wir uns sonst die Zeit vertreiben?«

»Hunde trainieren, Ski laufen lernen, Ausrüstung testen.«

»Tut sonst ja niemand.«

»Weil Scott ein Dilettant ist.«

»Wie wir alle.«

»Nein, Armitage, Koettlitz und Bernacchi haben Polarerfahrung, auch wenn sie vorerst nicht zum Einsatz kommen.«

Tage später ist Wild mit einer Gruppe von zwölf Mann nach Kap Crozier unterwegs. Scott dirigiert diese Übungsmärsche vom Winterquartier aus. Die Kolonne ist zu langsam, auch weil die Männer mit Hunden immer noch nicht umgehen können und alle erst lernen müssen, Handgriffe mit dicken Handschuhen zu tun, im Whiteout Kurs zu halten und auf Skiern zu laufen. Royds, der die Verantwortung trägt, schickt neun Mann unter dem Kommando von Barnes zurück, während er mit zwei Mann auf Skiern und mit leichtem Schlitten weiterzieht.

Bevor die Umkehrer das Schiff erreichen, überrascht sie ein Blizzard: ihre erste Sturm-Erfahrung in der Antarktis. Die schlechte Sicht nimmt mit der Schneedrift zu, bald klagen die Männer über Erfrierungen. Endlich kommt der Befehl, die Zelte aufzubauen. Wild ahnt die Gefahr, in der sie stecken, sagt aber nichts, auch er folgt dem Kommando von Barnes. Wie alle anderen auch.

Der Orkan reißt ihnen zuerst die Planen aus den Händen, dann, im Durcheinander, kommt die Übersicht abhanden. Zwischen Stangen, Schnüren und Schlitten drängen sich alle unter die flatternde Hülle. Sie haben aber ihre Schlafsäcke nicht ins Zelt geholt und können nicht mehr hinaus.

Ein solcher Schneesturm in der Antarktis dauert meist achtundvierzig Stunden, öfters aber auch eine Woche oder zwei. Als der Blizzard am Nachmittag etwas nachlässt, gibt Barnes den Befehl, Richtung Hut Point weiterzuziehen, zurück zum Schiff. »Nur dort sind wir in Sicherheit«, sagt er. Fünf Kilometer von ihrer Winterhütte entfernt aber verlieren sie im Nebel die Orientierung. Wie Blinde stolpern sie durch Schneewehen, queren Mulden und steile Hänge. Einmal sinken sie bis zu den Knien ein, dann wieder ist der Boden eisig, und sie rutschen aus. Im dichten Schneetreiben kämpft jetzt jeder für sich.

»Sichtkontakt halten«, ruft Barnes.

Es wird aber immer schwieriger, den Vordermann nicht aus den Augen zu verlieren. Nur noch Angst, Kälte und Hunger treiben die Männer weiter.

»Zusammenbleiben!« Wieder kommt der Befehl von Barnes. Folgen ihm alle? Im Gänsemarsch? Im Zwielicht ist nichts zu erkennen.

»Wo ist Hare?«, schreit einer von weiter hinten. Wild dreht sich um. Aber da ist nur Schneetreiben. Ein paar Schatten schließen zu ihm auf.

»Hare?«, rufen die Männer durcheinander.

»Er fehlt!«

Die Kolonne ist zum Stehen gekommen. Kein Zweifel, Hare ist verschwunden. Er muss den Hang, den sie gequert haben, hinabgerutscht sein. Barnes befielt seiner Gruppe zu warten:

»An Ort und Stelle ist stehen zu bleiben!«

»Ich will absteigen, um nach Hare zu suchen«, sagt er. Bald schon ist Barnes in der dichten Schneedrift nicht mehr zu sehen, und auch er bleibt verschwunden. Als Dritter folgt Evans den beiden Vermissten in den Abgrund – auch er ohne Wiederkehr. Der Nächste in der Hierarchie ist der Offizier Quartly. Auch er entscheidet sich für die Suche nach den Kameraden, und auch er kommt nicht zurück.

Die fünf Männer, die oben noch warten, sind verzweifelt, unterkühlt. Verängstigt starren sie ins Nichts. Kommt denn keiner der vier Verschwundenen zurück? Befehl aber ist in der Navy Befehl: Die Wartenden bleiben stehen, wo ihnen befohlen worden ist, stehen zu bleiben. In ihrer Untätigkeit kommt ihnen die Wartezeit wie eine Ewigkeit vor.

Bis alle zu Wild schauen.

»Frank, hilfst du?«, fragt einer.

Einen Moment lang sieht Wild in die Runde. Alle stehen verzagt da. Wie gelähmt.

»Wie?«, will er fragen.

Auch er hat keine Lösung. Er lässt die Schultern hängen wie all die anderen. Dann – seine Arme halb gehoben, im Gesicht ein Ausdruck der Hilflosigkeit – zeigt er nach unten.

»Warum ich?«

»Frank, du kannst es«, sagt einer.

Wild schaut fragend in die Runde: »Was?«

»Das Richtige tun.«

Der Satz jagt die Leere aus seinen Augen. Wild ist plötzlich wie verwandelt. Er schaut in den Abgrund, geht kurz hin und her, noch einmal wandert sein Blick über die Gesichter der Männer neben ihm. Bis er sich aus dem stummen Häuflein Elend schält. Alle nicken. Wild strafft sich, steigt in den steilen Hang unter ihm ein, verschwindet im Dunkel von Schneedrift und Nacht. Man hört nur noch die Brandung am Schelf und den Atem der Wartenden.

Wild findet nichts als Abgründe. Also steigt er wieder auf und überredet die vier oben Wartenden, mit ihm zurück zum Schiff zu marschieren.

»Durch Nacht und Eis zurück oder wir sterben«, ist seine Überzeugung.

»Was ist mit den anderen?«

»Wir können ihnen jetzt nicht helfen«, sagt er mit vor Kälte bebender Stimme.

»Aber unser Befehl heißt warten!«

»Bis wir erfrieren?«

»Befehl ist Befehl«, sagt ein Dritter.

»Unsere Pflicht aber bleibt es auch, nicht zu sterben«, sagt Wild.

Alle wissen, dass sie erfrieren, wenn sie sich nicht bald bewegen. Sie müssen zum Winterquartier kommen, bevor es zu spät ist.

»Stopp«, versucht Vince, der seine Kiefer nicht mehr bewegen kann, zu sagen. Geht es zu Ende mit ihm? Wie irrsinnig geworden, starrt er Wild aus schneeverklebten Augen an. Er will sich hinhocken. Nicht um zu sterben! Wild aber zerrt ihn weiter, hilft ihm immer wieder auf die Beine. Bis er so stürzt, dass alle, die ihn zu stützen versuchen, aus dem Stand gerissen werden. Sie rutschen den Hang hinunter, endlos, der Eiskante entgegen, wo das Schelf ins Meer kalbt. Vince hält sich an Wild fest, und Wild versucht, Vince zu halten. Im Fallen aber werden sie auseinandergerissen, und als Wild im Schnee zum Stillstand kommt, verliert er Vince aus den Augen. Er hört noch, wie – weit weg – ein Körper ins Wasser klatscht. Die anderen drei Abgerutschten kann Wild aufhalten. Als sie Luft geholt, den Schnee abgeschüttelt und sich vergewissert haben, dass sie unverletzt geblieben sind, kriechen sie zur Stelle, wo Vince verschwunden ist. Das Schelf unter ihnen bricht senkrecht ab – hundert Meter senkrecht bis ins Meer.

»Vince?«, sagt einer.

Wild führt die Überlebenden den eisigen Abhang hinauf und zurück zum Schiff. Dann stellt er einen Suchtrupp zusammen und geht mit ihm bis zu den Zelten, die zurückgeblieben sind. Unterwegs treffen die Männer auf Barnes, Evans und Quarly, die in prekärem Zustand sind. Auch Hare hat überlebt und wird jetzt von Wild betreut: sechsunddreißig Stunden nachdem er abgestürzt ist, kehrt er zur Discovery zurück. Zugeweht in einer Schneedrift, hat auch er dem Erfrierungstod widerstanden.

Die Story vom Seemann Wild, der in dramatischer Situation die Führung übernommen und den Befehlen widerstanden hat, macht im Lager die Runde. Erstmals hat der Glatzkopf gezeigt, wozu er fähig ist. Nicht nur Shackleton ahnt es: Keiner ist so geeignet für Polarreisen wie der unscheinbare Mann aus Yorkshire. Wild hat damit nicht nur das Vertrauen der Überlebenden erobert, er erwirbt sich den

Respekt der gesamten Mannschaft und wächst daran. Seine Anpassungsfähigkeit und Erfindungsgabe kommen zur Gabe, es zu wagen, dazu. Wild weiß, dass Scotts Logistik – Nahrung, Kleidung, Ausrüstung – voller Fehler ist. Er kritisiert Scott aber nicht, er lernt aus den Fehlern und verbessert das System.

In diesen Tagen verschwindet die Sonne für drei Monate. Der antarktische Winter ist da. Endlich hat auch Wild Zeit für ein Bad: Er steigt in den Zuber, im Vorraum der Hütte, sieht an seinem weißen Körper hinab ins dampfende Wasser und setzt sich umständlich hin. Die Knie bis ans Kinn gehoben, mit steifen Bewegungen seift er sich ein. Dann lauscht er in die nächtliche Stille. Nur Windstöße an der Hüttenwand und das leise Schnarchen seiner Kameraden sind zu hören.

Den ganzen Winter über bastelt Wild an Zelten, Schlitten, Hundegeschirren und Kochern. Alles ohne die geringste Hoffnung, selbst in den Süden aufbrechen zu dürfen. Im August, als der Rand der Sonne erstmals über dem Barne-Gletscher hervorlugt, erkennt er seinen eigenen Schatten auf dem Schnee: wunderbar, wie die Eiskristalle glitzern, die umliegenden Hänge leuchten! Als das Tageslicht dann endgültig zurück ist, werden seine Albträume seltener, die Dunkelheit verliert ihre Schrecken. Wild ist jetzt überall, wo er gebraucht wird. Alle reden jetzt über die große Reise nach Süden, und er hilft Shackleton, seinem Freund, bei den Vorbereitungen dazu, testet die während des Winters verbesserte Ausrüstung.

Mitte September 1902 – die Sonne steht noch tief, nur

für ein paar Stunden eine Handbreit über dem Horizont – bricht Wild unter der Führung von Leutnant Royds zu seiner zweiten Schlittenreise auf, wieder nach Südwesten.

Sie sind zu sechst. Häufig hält sie der Schneesturm fest, Wild hat Probleme mit erfrorenen Fingern. Er hat sich beim Reparieren eines Schlittens Erfrierungen geholt und leidet bei jedem Handgriff fürchterliche Schmerzen. Die sechs müssen also umkehren. Wird Wild seine Hand retten können? Wichtiger aber ist ihm zu wissen, ob Shackleton schon in Richtung Pol aufgebrochen ist. Zurück auf der Discovery, warnt er seinen Freund: »Euer Marsch zum Pol wird ein Desaster.«

»Warum?«

»Die Kälte, die schlechte Ausrüstung, Skorbut.«

Als sich Scott am 2. November 1902 mit seinen zwei Begleitern – Wilson und Shackleton – auf den Weg nach Süden macht, weiß Wild: Sie werden nicht weit kommen. Die Hunde würden versagen, die mangelhafte Ausrüstung, zuletzt die Männer selbst. Der ehrgeizige und kraftvolle Shackleton aber lässt sich nicht zurückhalten, ist er doch überglücklich, dabei sein zu dürfen.

Wilson, der Zivilist, ist als Erster in die Pläne eingeweiht worden. Am 13. Juni schon hat Scott Wilson verraten, dass er im Sommer 1902/03 versuchen wolle, den Südpol zu erreichen. Zusammen mit ihm und Shackleton. Schade nur, dass Wild nicht dabei ist, denkt Wilson. Aber Scott hat das Genie in dem kleinen Mann aus Yorkshire nicht erkannt.

Wild, der Scotts Dilettantismus durchschaut, fühlt sich immer mehr zu Shackleton hingezogen, leidet wie dieser unter den Spannungen zwischen den Männern der Navy und denen der Handelsmarine. Anders Edward Wilson: Der Arzt, Naturforscher und Zeichner setzt volles Vertrauen in Scott. Er ist großzügig, freundlich, ein begnadeter Künstler.

Bei seinem nächsten Trip – wieder unter Royds nach Kap Crozier – erlebt Wild wieder einen Blizzard, der sechs Tage und sechs Nächte andauert. Ihre beiden Zelte werden dabei völlig zugeweht. Wild aber lernt wieder etwas dazu: Kocher, Brennstoff und Essenssack dürfen nie draußen oder auf dem Schlitten bleiben, alles Lebensnotwendige muss ins Zelt geworfen werden. Im Notfall kann oder will keiner mehr aus dem Zelt hinaus, um unverzichtbare Utensilien ins Zelt zu holen. Trotzdem, Wild hat weder die Hoffnung noch den Anspruch, zum Gruppenchef ernannt zu werden, er steht gerne in der zweiten Reihe.

Während Scott mit Wilson und Shackleton im Süden ist, wird von den anderen die Bergkette im Westen erforscht. Bis Weihnachten 1902 aber ahnt niemand außer Wild, dass die Scott-Gruppe am Ende ist: Shackleton ist krank, schwer skorbutisch. Wild sieht dessen Situation prophetisch. Sie müssten lange schon beidrehen.

»Es ist sinnlos, ob wir hier umkehren oder zehn Meilen weiter im Süden, wir sind gescheitert«, erkennt Shackleton.

»Ein bisschen Zeit bleibt uns noch«, antwortet Scott, »du kannst zurückbleiben, hier rasten und auf uns warten. Wilson und ich jedenfalls gehen weiter.«

Scott weist mit der Hand in eine unbestimmte Ferne: leichter Dunst über dem Schelfeis. Shackleton versucht durchzuatmen. Sein Räuspern geht in trockenen Husten über.

»Ist doch lächerlich«, hüstelt es aus ihm heraus.

»Die Rast wird die Krankheit nicht aufhalten«, weiß Wilson.

»Nur ein paar Tage noch. Bis zum 28. Dezember.« Nur Scott will unbedingt weitermachen.

»Wozu?«

»Wilson und ich sind gesund«, sagt Scott mit einem verächtlichen Blick auf Shackleton.

»Ob wir hier scheitern oder zwanzig Kilometer weiter, macht doch keinen Unterschied«, wiederholt der Kranke.

»Du musst dich erholen, um beim Rückmarsch mitziehen zu können.«

»Wofür?«, fragt Shackleton.

»Für unser Zurück zur Winterhütte.«

»Lasst uns doch gleich beidrehen. Wer weiß, wie weit ich mich noch schleppen kann.«

Shackleton lässt sich nicht abschütteln, er hält mit, wird aber von Tag zu Tag schwächer, Scott aber zeigt keinerlei Mitgefühl.

»Vorwärts«, sagt Scott am Morgen des Silvestertags.

Shackleton dreht sich langsam zu ihm hin: »Es ist genug, ich kann nicht mehr.«

»Gut, du kannst hierbleiben, wir kommen ohne dich schneller voran.«

»Ich frage mich«, sagt der Kranke hustend, »was du mit ein paar Meilen ohne mich beweisen willst.«

»Mein Gott, versteh doch«, begehrt Scott im Weitergehen auf, »wir wären ohne dich schon weiter.«

»Es hat keinen Zweck, mit ihm zu streiten«, weiß Wilson.

»Ich leide an Skorbut, er offensichtlich an einem Komplex«, sagt Shackleton zu Wilson gewandt.

»Bitte«, ruft Wilson jetzt Scott nach, »lasst uns zurückgehen!«

Scott bleibt stehen.

»Vielleicht sind wir in ein paar Wochen alle drei in schlechter Verfassung«, ergänzt der Arzt.

»Und unsere Spur zurück ist mit jedem Tag mehr verwischt«, warnt Shackleton.

Scott schaut sich um. Es stimmt, die Schlittenkufen hinterlassen auf dem harten Schnee kaum Abdrücke; eine Brise reicht aus, ihre Spuren zu löschen. Für immer.

»Trotzdem«, sagt Scott, »Wilson und ich gehen weiter.«

Shackleton sieht ihnen nach, bleibt im Zelt zurück. Die beiden schleppen sich weiter nach Süden: unsicher, schwankend. Mechanisch setzen sie ihre Schritte, kraftlos gehen sie dahin. Shackleton legt sich ins Zelt, döst zwischen Delirium und Schmerz. Sein Zustand ist besorgniserregend. Der Speichel friert in seinem Mundwinkel, er dreht sich im Schlafsack hin und her. Als habe er sein Zeitgefühl und das Gespür für die Richtung verloren. Wann endlich geht es zurück? Es ist nicht Panik, die ihn packt und erzittern lässt, es ist der Beginn der Auflösung. Im Zwielicht des Zeltes und allein auf sich zurückgeworfen, fühlt er sich von allen verlassen, verloren im Nirgendwo, auch die Zeit dehnt sich ins Unendliche. Ist er dabei, den Verstand zu verlieren?

»Shack!«, ruft Wilson, als die beiden anderen Stunden später zurück sind. Endlich. »Ernest, wach auf!«

Shackleton öffnet die Augen, setzt sich auf. Wo ist er? Als fügten sich die Bruchstücke seines Selbst schlagartig zu einem Ganzen, ist er wieder Teil eines Teams und sofort hellwach.

»Was ist, Will?«

»Wir sind zurück.«

»Wie weit«, fragt Shackleton und schält sich aus dem Schlafsack.

»83° 17' Süd«, ruft Scott.

»Die Berge«, sagt Wilson zu Shackleton, als dieser aus dem Zelt kriecht. Er lächelt und deutet nach Süden: »Wir haben das Gebirge gesehen!«

»Welche Berge?«, fragt Shackleton erstaunt.

»Gewaltige Berge über einer fernen Nebelbank«, sagt Scott nicht ohne Stolz.

»Vielleicht nur Wolkentürme«, meint Wilson.

Diese Andeutung weckt Shackletons Neugier: Was kommt hinter der gleichförmigen Schelfeisfläche, über die sie eine Ewigkeit lang marschiert sind? Sein Leben beginnt sich wieder auszurichten. Wie eine Kompassnadel. Shackleton weiß, dass nur Berge den Weg nach Süden versperren können. Und dass ein einziges unüberwindliches Hindernis reicht, um alle künftigen Expeditionen auf dieser ihrer Route zum Pol scheitern zu lassen.

Bevor sich die Männer nach Norden wenden, schauen sie also noch einmal nach Süden: nichts zu erkennen. Über der sich im Dunst verlierenden Schneefläche ist kein Himmel zu sehen. Sie starren in die allumfassende Stille: nichts zu hören als ihre eigenen schweren Atemzüge.

»Ich danke euch«, sagt Scott, von Shackleton abgewandt, während er sich Richtung Norden umdreht. »Zurück jetzt! Wir dürfen nicht in den Winter kommen.«

»Ich befürchte das seit zwei Wochen«, sagt Shackleton trocken. Seine Augen sind fiebrig, der Bart eisverkrustet.

»Wilson und mir ist der Rekord sicher«, sagt Scott mit einem schiefen Blick auf Shackleton. Dieser erkennt ein Lächeln in seinen Mundwinkeln.

In diesen Tagen erreicht eine andere Gruppe ein gigantisches Plateau hinter den Bergen im Westen – mehr als zweitausend Meter hoch. Wild, unter dem Kommando von Armitage, staunt. Aber tiefe Temperaturen, Raureif im Zelt, Hunger und Frostbeulen machen den Forschern zu schaffen. Wie sollen sie lebendig wieder zurückkommen? Nur Wild strahlt noch Zuversicht aus. Weil er weiß, dass es zuletzt weniger die körperliche Energie als vielmehr ihre Willenskraft sein wird, die sie retten kann?

Von diesem Trip kommt Wild schneeblind zurück. Über steile Schneefelder, um Felskanten und Gletscherspalten herum haben die Männer die Schlitten den Ferrar-Gletscher höher und höher hinaufgeschafft. Bis auf die Hochfläche des Inlandes hinter den Bergkämmen im Westen. Es ist Hochsommer gewesen und nicht mehr so kalt wie im Winter. Trotzdem, die Schlitten wollten nicht rutschen. Inzwischen weiß Wild, Schlitten ziehen ist die härteste Arbeit, die sich der Mensch ausgedacht hat.

Am 2. Februar 1903 kehrt Robert Falcon Scott von seinem ersten Versuch, den Südpol zu erreichen, zurück. Wie ein Sieger! Edward Wilson, der ihn bis zum Umkehrpunkt begleitet hat, läuft hinter den beiden Schlitten, die von Skalton und Bernacchi gezogen werden. Die beiden sind den Heimkehrern ein Stück weit entgegengegangen. Ernest Shackleton, der immer noch an Skorbut leidet, schleppt sich

– weit dahinter – dem Winterlager entgegen. Dort schwenkt Armitage grüßend den Hut.

Als die Südpolgruppe im Lager zurück ist, weiß nicht nur Wild, dass Scott sich als Sieger fühlt, obwohl seine Reise gescheitert ist, bevor sie begonnen hatte: kein Gespür für Eis und Schnee, fehlende praktische Kenntnisse, drei Expeditionsmitglieder, die nicht harmonieren – Shackleton, Scott und Wilson. Eine Posse. Shackleton, dazu verurteilt, während der Reise Scott zu gehorchen, ist am Ende seiner Leidensfähigkeit.

»Mann, Shack, wo hast du deine gute Laune gelassen?«, fragt Wild, als der offensichtlich Kranke sich im Lager ausstreckt.

Keine Antwort.

»Ist es so schlimm?«

Shackleton, Scott, Wilson

»Skorbut.«

»Erfrierungen?«

»Keine, aber eine Wut im Bauch, weil Scott mich ausgrenzen will.«

Armitage hält noch immer grüßend den Hut in der Hand, andere, die Scott entgegengegangen sind, stehen um ihn herum.

»Ausgrenzen?«, fragt Wild nach.

»Er ist hier der Chef, aber kein Leader. Scott ist Egoist.«

»Sind wir doch alle«, sagt Wild.

»Wenn du monatelang mit zwei Männern derart zusammengepfercht bist, wie wir es waren, spürst du jede Marotte der anderen.«

»Und?«

»Unerträglich, sage ich dir, dieser Scott. Wilson hingegen ist ein feiner Kerl.«

Shackleton wirkt wie betäubt. Erst nach Tagen findet er seinen Platz in der Gruppe wieder, dann erzählt er den anderen von der Wut der Blizzards, von der Unendlichkeit der Schelfeisfläche, vom Skorbut, der zuletzt alle drei gebremst hat.

»Der Pol?«, fragt einer.

»Keine Ahnung. Weit, weit weg.«

»Scott?«

Shackleton sieht sich um.

»Ein Ekel«, sagt er leise.

Shackleton erholt sich rasch. Er geht wieder seinen Aufgaben nach, und seine gute Laune kehrt zurück. Tag für Tag nehmen seine Kraft und Ausdauer zu. Nur nachts, wenn er den Wind um die Hütte pfeifen hört, gräbt er sich tiefer in den Schlafsack. In Gedanken ist er dann draußen unter einem weiten Himmel, irgendwo auf dem Weg zum Pol. Das Schnarchen der Männer, der strenge Körpergeruch, die Enge der Unterkunft sind dann verschwunden. Hinter geschlossenen Augen beschwört er die Bilder einer eigenen Expedition zum Südpol herauf, eine Reise unter seiner Führung und mit Männern, auf die er sich verlassen kann, mit denen es Weite und Stille zu teilen gilt. Mit Männern wie Frank Wild. Gern sieht er ihm zu: Wie er, zurückgezogen in sich selbst, etwas flickt oder bastelt. Dabei sieht er völlig unscheinbar aus: die Statur, die Glatze, die Pfeife im Mundwinkel, seine Augen – nie sehen sie über andere hinweg.

»Die Schlittenhunde?«, fragt Wild Shackleton, als sie allein sind. Die beiden stehen auf dem Eis und schauen hinaus aufs Meer.

»Eine Tragödie.«

»Die Skier?«

»Nutzlos, toter Ballast auf den Schlitten.«

»Ist der Südpol überhaupt zu erreichen?«

»Auf Scotts Weise nicht.«

»Konflikte?«, fragt Wild.

»Hielten sich in Grenzen.«

»Wieso dann deine Abneigung?«

»Als ich Anzeichen von Skorbut hatte, kam es zu Spannungen.«

»Warum?«

»Scott wollte nicht einsehen, dass zu wenige Vorräte übrig bleiben für den Rückmarsch.«

»Deshalb Skorbut?«

»Wilson hat ihn zur Umkehr überredet. An Silvester. Ich

wollte am 24. Dezember schon zurück. Wir hungerten, waren zuletzt alle drei krank.«

»Wart ihr wirklich auf 83° 17' südlicher Breite?«

»Jedenfalls 240 Meilen weiter im Süden als alle anderen vor uns.«

»Also doch ein Erfolg! Nach unseren Havarien auf dem Plateau kann ich das wohl beurteilen.«

»Keine besondere Leistung für drei Monate Marsch«, sagt Shackleton.

»Shack, dir ist aber bewusst, dass der Pol in fünf Monaten zu schaffen wäre?«

»Hin und zurück?«

Shackleton hat Mut, und Wild bewundert ihn dafür. Er kennt Shackleton jetzt auch niedergeschlagen und krank. In schlechtem Licht schrumpft seine Selbstmächtigkeit regelrecht. Man bekommt dann kein Wort mehr aus ihm heraus. Seine Depressionen quälen ihn schlimmer als alle Schneestürme.

»Auch bei der Rückkehr Spannungen?«, will Wild später wissen.

»Zwischen mir und Scott?« Lange Pause.

»Ja, immer wieder Streit.«

»Wegen deiner Krankheit?«

»Wegen Scotts Wutausbrüchen.«

»Warum?«

»Ich habe Blut gehustet.«

»Die Lunge?«

»Nein, wir litten alle drei an Skorbut. Mich hat es nur schlimmer als die anderen erwischt.«

»Infektion?«

»Nein, es gibt keine Keime in der Antarktis.«

»Außer man hat sie aus der Zivilisation mitgebracht.«

»Stell dir vor, man hungert und friert den ganzen Tag, schläft in einem nassen Schlafsack und kriegt keine Erkältung, ist aber trotzdem sterbenskrank.«

»Skorbut ist eine Krankheit des Mangels.«

»Alles nur, weil es in Scotts Proviant an Vitaminen fehlt.«

»Auch eine Vergiftung ist möglich, wenn die Rationen zu lange aufgetaut bleiben.«

»Man muss in der Antarktis aber viel falsch machen, um krank zu werden.«

Im November waren Scott, Wilson und Shackleton über die Barriere nach Süden aufgebrochen. Mit neunzehn Hunden. Scotts Idee, auf der langen Schlittenreise mit einem Minimum an Nahrung auszukommen – siebenhundert Gramm pro Person und Tag – war dreist. Nach einem Drittel des Weges schon bremsten Krankheit und Hunger ihr Fortkommen, dazu Diarrhöe. Am südlichsten Punkt waren noch zwei Hunde dabei. Auch diese letzten wurden getötet. Als Shackleton nicht mehr konnte, zogen Scott und Wilson ihren Schlitten. Shackleton ging danebenher. Nach 93 Tagen hatten sie 960 Meilen geschafft, Rückweg inbegriffen.

»Wir alle sind unerfahrene Polarforscher«, sagt Wild tröstend.

»Wir sind nur krank geworden, weil wir Fehler gemacht haben.«

»Fehler?«

»Schon zwei Wochen nach dem Aufbruch haben wir die Lasten in Relaisarbeit weiterbringen müssen, einunddreißig Tage lang«, erzählt Shackleton.

»Was für eine Schinderei!«

»Zuerst wurde Wilson krank, dann kam der Skorbut zu mir.«

»Du bist sicher, wegen zu knapper Nahrungsrationen?«, fragt Wild nach.

»Jedenfalls steigerten sich die Skorbutsymptome. Ich bin immer öfter zusammengebrochen, kam aber jedes Mal wieder zu Kräften.«

»Wodurch?«

»Auf Skiern neben dem Schlitten hergehend.«

»Scott und Wilson haben dir also das Leben gerettet?«

»Ja und nein. Auch sie waren später von Skorbut betroffen.«

Es waren die Skier, denkt Wild, die Shackleton wieder auf die Beine halfen, während seine Kameraden mit der schweren Schlittenlast im Kreuz weiterstolperten.

Schon Tage nachdem Shackleton im Lager bei der Discovery zurück ist, erscheint er erholt, stärker als seine beiden Kameraden.

»Frank«, sagt Shackleton und sieht seinen Freund lange an. »Es ist zum Weinen.«

»Was ist?«

»Scott schickt mich mit der Morning nach Hause.«

»Ich weiß, der Captain sagt, du seist immer noch krank.«

»Wir hatten doch alle drei Anzeichen von Skorbut.«

»Wegen Scotts Dosen-Diät?«

»Wahrscheinlich. Bei mir kamen Kurzatmigkeit und Herzschmerzen dazu.«

»Die Auslöser sind also Scotts Fehler?«

»Ja, immerzu Chaos: die Kleider zu eng; das Zelt ohne Boden; Burberry-Jacken ohne eingenähte Kapuzen. Wir schwitzten und froren in einem fort!«

»Vielleicht fürchtet er deine offene Kritik.«

»Man kann viel weiter kommen als wir, wenn man es richtig macht, sage ich dir.«

»Mit Schlittenziehen?«

»Eine tierische Schinderei zwar – das Geschirr um den Bauch ist ein Problem, zwei Riemen, über der Brust gekreuzt, behindern die Atmung weniger.«

»Und die Hunde?«

»Sie sind am Futter und von der Anstrengung verreckt, ich beinahe an Scotts Sturheit. Er ging trotz meiner Krankheit und ohne Hoffnung auf Erfolg einfach weiter.«

»Sein Skorbut?«

»War da schon im Abklingen. Ihm ging es zu Weihnachten deutlich besser als mir.«

»Das Gelände?«

»Immer Schnee, der Weg geht über eine flache, unendliche Weite. Rechts unserer Spur ein Gebirgszug in ständig wechselnden Farben. Wilson hat Skizzen davon gemacht. Großartig!«

»Wie ist dieser Wilson?«

»Ein feiner Charakter. Zurückgenommen, immer freundlich, hilfsbereit. Er hat Scott zuletzt gestoppt.«

»Warum nicht du?«

»Weil der Chef mich auf Knien wollte.«

»Auf Knien?«

»Er will mich demütigen, abstrafen, was weiß ich. Eifersucht vielleicht. Warum sonst werde ich jetzt nach Hause geschickt, entsorgt? Ich möchte bleiben wie du, wenn die Discovery nicht mehr freikommt.«

»Ist auch keine so gute Aussicht.«

Bleiben, denkt Wild, um das Leben auf dem Eis zu üben, Überlebensstrategien entwickeln. Das wollten sie doch beide.

Das Versorgungsschiff Morning also soll Shackleton nach Neuseeland bringen. Scott duldet keine Widerrede.

»Die Discovery, immer noch im Eis eingeschlossen, wird ein weiteres Jahr im McMurdo Sound bleiben«, verkündet er ein paar Tage später.

Die Expedition bleibt also, und Wild fragt: »Warum Shackleton nicht?«

»Wegen seiner schlechten Gesundheit«, sagt Scott.

In Wirklichkeit nutzt er die Kommandohierarchie, um den Rivalen, der bei der Mannschaft beliebt ist, loszuwerden. Könnte doch Shackletons Einfühlungsvermögen Scotts Leadership gefährden. Denn psychologisch ist der Ire dem Briten überlegen. Shackleton ist auf den Reisen ins Innere des Eiskontinents zwar keine Bedrohung für Scotts Autorität gewesen, ihre Charaktere aber sind allzu verschieden.

Die Matrosen, ja alle außer Scott, bedauern, dass der Haudegen gehen muss. Allen voran Wild, dem Shackleton als Typ gefällt: Er ist offen und mitfühlend. Spontan wird sein Abschied gefeiert.

Am 1. März 1903 sieht Wild Shackleton über das Eis gehen. Von der flachen, viereckigen Überwinterungshütte hinab zur eingefrorenen Discovery und weiter über das glatte Meereis zum offenen Wasser. Langsam und widerwillig nähert sich die winzige Figur der Morning. Wild trübt sich der Blick, als er Shackleton auf dem Schiff verschwinden sieht.

Scott und Wilson hatten Shackleton im südlichsten Camp allein zurückgelassen. Als Wache, sagt Scott. Unmöglich, ohne den Kranken weiterzugehen, denkt Wild. Auch wenn das Ganze nur Show war. Shack soll den Rekord, den südlichsten Punkt der Erde erreicht zu haben, nicht mit Scott teilen können. Dies und nichts anderes waren Scotts Hintergedanken, ist sich Wild sicher.

Am 2. März fährt die Morning ab. Schwach motorisiert, verschwindet sie langsam zwischen Eisbergen weiter im Norden.

Am 13. März wird die Hoffnung aufgegeben, die Discovery könne dieses Jahr noch freikommen. Es ist endgültig: Die Expedition wird bleiben. Wild hat keine Angst davor, einen weiteren Winter in der Antarktis auszuharren und im darauffolgenden Sommer neue Schlittenfahrten zu unternehmen. Er freut sich auf Aurora-Australis-Nächte.

Im Frühjahr, nach diesem zweiten Winter im Eis, befiehlt Scott weitere Reisen auf der Barriere: Bei niedriger Temperatur wird dabei der letzte Rest an Komfort aufgegeben. Die zu Eis gewordene Feuchtigkeit in Kleidung und Schlafsäcken taut nachts im Zelt mit der Körperwärme regelmäßig auf, um draußen sofort wieder zu gefrieren. Deshalb immer wieder Frostbeulen. Vierzehn solcher Tage schon sind für Wild eine harte Zeit, die Blizzards eine schreckliche Erfahrung. Und die Reise zum Pol, weiß er, würde achtmal so lange dauern. Würde ihn seine Leidensfähigkeit so weit tragen? Scotts neue Reise über das Plateau, diesmal nach Westen bis zu einem magischen Punkt – fünfhundert Kilometer von der

Basis entfernt und fast dreitausend Meter hoch – wird wieder als Rekord gefeiert: Zusammen mit Evans und Lashly hat er bewiesen, was mit einem Minimum an Lebensmitteln und Brennstoff möglich ist, was er kann. Und Scott weiß jetzt: Es ist möglich, zum Pol und zurück zu kommen. Die Männer schafften bis zu dreißig Kilometer Marsch am Tag. Nur mit der eigenen Muskelkraft.

Inzwischen hat sich Wild mit Wilson angefreundet. Dieser ist Scotts wichtigste Stütze. Der Arzt und Zoologe, Chef des wissenschaftlichen Teams der Expedition, ist spezialisiert auf Wirbeltiere. Das Universalgenie forscht über Wale, Pinguine und Robben, schreibt, malt und marschiert. Als Junge schon hat er von seinen Wanderungen Zeichnungen nach Hause gebracht, seine Aquarelle aus der Antarktis sind Kunstwerke: »Sonnenuntergang über den westlichen

Bergen«, »Dampfwolken über dem Erebus«, »Die Aurora Australis«. Seine naturgetreuen Wiedergaben von Landschaften in großartigen Lichtstimmungen begeistern auch die anderen Eisfahrer. Das Blatt mit der Winterhütte unter dem Mount Erebus und dem Südlicht darüber geht von Hand zu Hand.

Wie Wild ist Wilson ein stiller Charakter: solide, verlässlich, uneigennützig. Beide haben Humor und sind Scott gegenüber loyal. Taktgefühl und Empathie machen sie bei der Mannschaft beliebt.

In der Nähe von Wilson wird auch Wild zum genauen Beobachter der Natur. Er setzt sich mit Lichtphänomenen – Polarlichtern, Nebensonnen, Mondhalos, Nebelschleifen – auseinander, beobachtet das Wetter und die Psyche seiner Reisebegleiter. Es ist die Genauigkeit seiner Beobachtungen – nicht vom wissenschaftlichen, sondern von einem emotionalen Standpunkt betrachtet –, die Wilson dabei besticht. Wild lernt, wenn auch nicht aus der Position des Leaders, die Übersicht zu wahren und im Notfall helfend einzugreifen. Eine seltene Gabe, die ihm immer mehr das Vertrauen der anderen Expeditionsmitglieder einbringt.

Je näher sich Wilson und Wild kommen, umso mehr mögen sie sich. Sie haben aber nicht das Glück, miteinander auf Schlittenreise gehen zu dürfen. Scott weiß es zu verhindern. Einmal draußen aber, behalten beide ihre Mitfahrer im Auge. Dabei hat ihre Empathie nichts Aufopferndes, es ist ihnen eine Selbstverständlichkeit, persönliche Vorlieben, Abneigungen, Wünsche oder Geschmack hintanzustellen.

Am 5. Januar 1904 endlich treffen zwei Hilfsschiffe ein: die Terra Nova und die zurückgekehrte Morning. Auf Anweisung der Admiralität sollen sie helfen, die Discovery freizubekommen. Wenn nicht, so der Befehl aus der Heimat, soll sie aufgegeben werden. Scott wäre es zwar peinlich, der angeordnete Versuch aber, einen Kanal durch das Eis zu sägen, wird ein hoffnungsloses Unterfangen. Die Discovery ist mit Menschenhand nicht freizubekommen. Alle wissen es: Nur der Wind kann die zwanzig Meilen festen Eises zwischen Schiff und offener See wegbrechen. Ende Januar – fünf Meilen des Eises sind inzwischen in Bewegung – bringt man Ausrüstung und Sammlungen zur Morning.

Am 15. Februar dann – ein windstiller Tag, was für ein Wunder! – bricht das letzte Eis in der Bucht. Die Discovery ist frei. Endlich!

Alles muss jetzt schnell gehen, denn ein Sturm bricht los und noch ist kein Dampf in den Kesseln. Er treibt das Schiff vor sich her, die Küste entlang, wo es auf Grund läuft. Wieder liegt die Discovery fest. Zwölf Stunden lang schlingert sie wie im Fieber. Niemand kann ihr helfen. Ganz plötzlich aber wird sie von einer Welle ins freie Wasser gehoben, die Reise zurück nach Neuseeland kann beginnen. In der Zivilisation angekommen, erfahren die Briten von den anderen Expeditionen in der Antarktis: Die deutsche und die schwedische Mannschaft hatten weniger Glück.

NIMROD

Shackleton, obwohl inzwischen verheiratet, bleibt ruhelos. Seit er aus der Antarktis zurück ist, sinnt er über seine eigene Südpolreise. Seine Frau, Lady Emily Dorman, fünf Jahre älter als er und mit einem stattlichen ererbten Vermögen ausgestattet, kann seine Pläne nicht durchkreuzen. Sie weiß nicht, was er im Detail plant.

Scott aber, der 1904 als Held aus der Antarktis zurückgekehrt ist, diskreditiert Shackleton, wo und wann immer er kann. Dessen schlechter Gesundheitszustand beim Marsch nach Süden, sein Skorbut, sein Hang zur Hybris dienen Scott als Ablenkungsmanöver für sein eigenes Scheitern.

»Was ist der Grund für das Scheitern am Südpol?«, fragt man ihn auf der Straße.

»Shackleton«, sagt Scott.

»Der Fanatiker?«

»Ja, er ist verrückt. Unterwegssein mit ihm ist riskanter als ohne ihn.«

»Ohne Fanatismus reist doch niemand zum Südpol.«

»Kann sein«, sagt Scott und geht seines Weges.

Auch Shackleton ist in London. Umtriebig und voller Wut auf Scott sucht er nach einer Antwort auf dessen Anwürfe. Muss es eine eigene Antarktisexpedition sein? Weil Scott sein Vertrauen missbraucht? Aus Unterordnung wird

Widerstand, aus Vorwürfen ist Selbstvertrauen geworden. Shackleton weiß, dass er es besser machen kann als Scott.

Nur Wild ist eingeweiht. Er kennt seinen Platz in einer Expeditionshierarchie unter Shackleton und kann sich in sie einordnen: Das Überleben in der Wildnis braucht Führung und Einfügung zugleich. Aber wenn sich einer die Führung nimmt, ohne das Vertrauen seiner Leute zu haben, sind Katastrophen vorprogrammiert.

Vorerst aber scheitert Shackleton. Nicht nur mit seinem Antarktisprojekt: 1905 fehlt es an der Finanzierung; 1906 scheitert er als Kandidat der Liberal Unionists in Dundee als Politiker. Er verliert die Wahl. In der Zwischenzeit hat sich Shackleton als Journalist, Geschäftsmann und Sekretär bei der Royal Scottish Geographical Society versucht. Ohne bleibenden Erfolg. Zuletzt ist es der Industrielle William Beardmore, der Shackleton hilft: Zuerst gibt er ihm Arbeit, dann Geld, viel Geld. 1907 endlich steht Shackletons Expedition zum Südpol.

Shackleton kauft einen alten Robbenfänger, die Nimrod. König Edward VII., der jede Art von Privatinitiative schätzt, adelt ihn mit dem Royal-Victorian-Orden, besucht sein Schiff, was für viel Aufmerksamkeit sorgt. Die Königin gibt dem bewunderten Haudegen den Union Jack mit auf den Weg. Er soll ihn am Südpol hissen.

Shackletons Wichtigtuerei und Großmannssucht ist Wild zwar zuwider, der kleine Mann leidet nicht an Minderwertigkeitskomplexen, aber er wird dabei sein. Aufgewachsen in der Sicherheit einer Großfamilie, folgt er seiner Sehnsucht nach Abenteuern, nach dem Unmöglichen, aber immer nur im Rahmen seiner Möglichkeiten. Nie wie im Rausch.

Shackletons wichtigster Trumpf auf dieser Reise ist dieser Frank Wild. Die beiden sind seit ihrer gemeinsamen Zeit bei der Scott-Expedition befreundet. Ihr Vertrauen zueinander baut auf Respekt und Zuneigung füreinander. Wild erwartet sich von einem Marsch zum Südpol weder Ruhm noch Reichtümer, nur die Möglichkeit, die zivilisierte Welt hinter sich zu lassen. Beide wissen also, wo ihr Platz ist.

»Shack«, sagt Wild vor der Abreise, »ich fühle mich hier unnütz, jedenfalls geht es mir in der Wildnis besser als in England.«

»Mir geht es genauso. Aber bevor es losgehen kann, sind noch viele Probleme zu lösen.«

»Selbstvergessen wird man erst in der Gefahr.«

Niemand hat es vorausgesehen: Aber Ende Oktober 1908 beginnt der wahre Wettlauf zu Nord- und Südpol: Sechs Nationen, seit Jahren schon im Spiel, wetteifern um zwei Trophäen, die es nur in der menschlichen Phantasie gibt: 90° Süd und 90° Nord. Das Vorspiel ist vorbei. De Gerlache, obwohl völlig unerfahren, hat einen Winter in der Antarktis überstanden, sein Schiff eingeschlossen im Treibeis. Die Mannschaft überlebt, weil Amundsen und Cook an Bord sind. Borchgrevink überwintert 1895 am Rand der Antarktis, an Land; im gleichen Jahr scheitert Nansen am Nordpol und schlägt sich heimwärts nach Franz-Joseph-Land durch; Scott hat eine erste Schlittenreise ins Innere der Antarktis gewagt; Nordenskjöld erträgt in der Arktis Entbehrungen aller Art, und Drygalski kann das Einfrieren seines Schiffes im Weddellmeer der Antarktis nicht verhindern. Nach so viel Scheitern, denkt Shackleton, muss es umso lohnender sein, den Südpol zu erreichen. Mit einer Schlittenreise: entweder vom Rossmeer oder vom Weddellmeer aus. Wegen der besseren Erfolgsaussichten beschließt Shackleton, sein Basislager am Rossmeer aufzuschlagen. Die Auswahl der Teilnehmer – bei vierhundert Anträgen – ist schwierig. Die Mannschaft muss aus Kostengründen auf ein Minimum reduziert werden: Zwei Ärzte sollen dabei sein, ein Biologe und ein Geologe. Obwohl nicht wissenschaftliche Arbeit, sondern der Pol selbst das Ziel ist. Shackleton setzt auf verlässliche Polbegleiter: Adams, Meteorologe, und Joyce sind ihm bekannt. Frank Wild ist mehr, er ist sein Vertrauter. Er ist Shackletons rechte Hand und Proviantverwalter der Expedition. Weitere Teilnehmer sind Baron Sir Philip

Brocklehurst, Geologe und Wetterkundler; Bernard Day, Automobiltechniker; Ernest Joyce, Verwalter der Hunde, Schlitten und Sammlungen; Dr. A. F. Mackay, Arzt; Dr. Eric Marshall, Arzt und Kartograph; G. E. Marston, Kunsthandwerker; James Murray, Biologe; Raymond Priestley, Geologe; William Roberts, Koch.

In Neuseeland, auf der Anreise, findet Shackleton weitere finanzielle Unterstützung, sowohl von der australischen wie auch von der neuseeländischen Regierung. Er verstärkt seine Expedition mit exzellenten Wissenschaftlern: dem Mineralogen Douglas Mawson von der Universität Adelaide als Physiker und Professor Edgeworth David von der Universität Sidney. Dieser will zum Winterquartier mitkommen und gleich darauf mit der Nimrod zurückkehren. Wird er sich überreden lassen zu bleiben? Bertram Armytage wird als Springer für Allgemeines engagiert. Auch Wild ist zufrieden mit der Wahl.

»Was verbindet dich mit dem Chef?«, fragt einer der Matrosen auf dem Seeweg von Neuseeland ins Rossmeer.

»Sein Charisma, seine Begeisterung«, antwortet Wild.

»Und was hast du davon?«

»Ich bin der zweite Mann.«

»Das ist wenig.«

»Mir ist es eine Ehre.«

»Weil Shackleton dir mehr traut als den anderen.«

»Ich gehe mit ihm, wohin immer er mich ruft.«

»Mitgegangen, mitgefangen?«

»Nein. Sind wir einmal in der Wildnis, agieren wir gemeinsam, wie in einer Symbiose.«

»Getragen vom Ziel, vom Lohn oder vom Ruhm?«

»All das ist dann vergessen.«

»Das zivilisierte Leben?«

»Zurückgelassen.«

»Und euer Sein aufs Spiel gesetzt.«

»Nein, das Leben im Eis ist wie aus Gesetz und Zeit gehoben.«

»Wie, bitte, geht Überleben?«

»Instinktiv, aus der gegebenen Situation heraus. In der Not entstehen Lebenskraft, innere Ruhe, Distanz zur zivilisierten Welt.«

»Überlebenskunst hat also nichts mit Weisheit zu tun?«

»Viel mehr mit Übersicht und Selbstvergessenheit.«

»Überlebenskraft geht in der Wildnis rasch verloren.«

»Es lohnt sich, sein Leben in Frage gestellt zu sehen: ein Zustand, den wir im Rückblick als Wiedergeburt erleben.«

»Widersinnig, sage ich, nicht Wiedergeburt.«

Die Menschennatur kennt sonderbare Tricks, denkt Wild und bleibt stumm.

Als die Expedition mit der Nimrod die Stelle erreicht, wo Shackleton anlegen und den Winter über bleiben will, stellt er fest, dass sich die Barriere seit 1902 mächtig verändert hat. Der gewählte Platz ist für eine Überwinterung zu unsicher. Was tun? Die Nimrod dümpelt in der Bay of Whales, Shackleton und Wild hocken an Deck, beide auf Kisten. Das Wasser vor der Eisbarriere ist ruhig, kaum Wind. Immer wieder ist der Blas von Walen zu sehen.

»Albert Armitage hat mir geraten, hier zu lagern«, sagt Shackleton zu Wild.

»Weil es von hier weniger weit zum Pol ist als von der Ross-Insel aus?«

»Scott hat mir doch verboten, in den McMurdo Sound zu fahren.«

»Verboten?«

»Ja, das Rossmeer sei seine Domäne.«

»Gehört der Südpol etwa ihm?«

»Du weißt doch, er hat alles getan, um unsere Reise zu verhindern. Wir dürfen nicht nach McMurdo! Ich musste es ihm schriftlich geben: Die Discovery-Route ist nicht zu berühren!, steht da.«

»Es ist auch dein Weg! Hat Scott der Daily Mail nicht erzählt, er und Wilson hätten dich bei der Rückreise auf dem Schlitten ziehen müssen? Damit hat er doch jeden Alleinanspruch auf den Südpol vertan, der Angeber!«

»Nochmals: Nur weil Wilson vermittelt hat, sind wir überhaupt hier, das Rossmeer westlich vom 170. Breitengrad aber bleibt für uns tabu. Scott ist wie ein Dämon hinter mir her.«

»Warum denn bloß?«

»Weil er selbst zum Südpol will. Und zwar als Erster.«

»Und wie sollen wir hier anlanden? Das Schelfeis ist voller Risse, die Barriere kann jederzeit kalben.«

»Ich habe Scott gegenüber eine Garantie abgegeben.«

»Scott ist nicht der liebe Gott«, sagt Wild. »Vergiss deine Gelübde einfach, er hat keinen Alleinanspruch auf die Antarktis.«

Also bauen sie ihre Hütte am McMurdo Sound auf. Sie finden keinen anderen sicheren Lagerplatz. Das Schiff soll zur Überwinterung nach Neuseeland segeln und ein Jahr

später zurück sein. Die Reise zum Pol – hin und zurück 1800 Meilen – würde vier Monate dauern, sollten sie eine direkte Route finden, schätzt Shackleton.

»Das wird knapp«, sagt Wild.

»Glaub mir, der Schlüssel sind die Transportmittel«, beruhigt ihn Shackleton.

»Deshalb die Fahrzeuge?«

»Auch, zuallererst aber haben wir Ponys als Transporthilfe.«

»Sie sollen die Schlitten übers Eis ziehen?«

»Eine Methode, die in Grönland Erfolg hatte.«

»Ist es nicht zu kalt für Ponys?«

»Für unsere nicht.«

»Hunde wären besser.«

»Mit Hunden sind wir auf der Hälfte des Weges zum Pol gescheitert.«

»Noch kennen wir das Landesinnere nicht.«

»Eins aber weiß ich: Mit Hunden geht es nicht!«

»Ihr seid gescheitert, weil ihr mit den Hunden nicht umgehen konntet und jedes Vertrauen zwischen Scott und dir fehlte.«

Shackleton kann Menschen begeistern, sie zu Höchstleistungen anspornen. Wie der Leiter des wissenschaftlichen Stabes, Professor Edgeworth David, auch. Er hat eigens Urlaub genommen, um im Eiskontinent zu forschen. Zunächst aber will er unbedingt den Vulkan Erebus besteigen, ein rauchendes Ungeheuer, das über dem Winterquartier in einen grauen Himmel ragt. In diesem Berg sehen die Forscher eine große Herausforderung, ein prestigeträchtiges Ziel.

Zwei weitere primäre Ziele will Shackleton im kommenden antarktischen Sommer erreichen: Eine Gruppe, angeführt von ihm selbst – vier Männer, vier Ponys –, soll von Kap Royds, wo die Expedition in einer Hütte überwintert, zum Südpol marschieren, über die Barriere südwärts und die Scott'sche Route hinaus auf das Plateau, wo Shackleton den geographischen Pol zu finden hofft. Eine zweite Gruppe – drei Männer unter der Führung von Professor David – soll gleichzeitig den magnetischen Pol erreichen. Beide Male nur mit Muskelkraft, einmal 1500 Meilen, einmal 1260 Meilen weit.

Es ist später Herbst, als die Erebus-Besteigung beginnt. Die Route ist gut gewählt, das Wetter zuerst strahlend, die Schneedecke fest, kaum Gletscherspalten. Alte Moränen an den Westhängen, von gigantischen Eismassen herangetragen und zurückgeblieben, erzählen von den Gletscherbildungen der vergangenen Jahrtausende. Ein Schneesturm und niedrige Temperaturen halten die Männer bald auf, aber am 10. März 1908 stehen Edgeworth und Adams am Gipfel. Als die aufgehende Sonne den kegelförmigen Schatten des Erebus 65 Kilometer weit über die westlich gelegenen Bergzüge wirft, sind die Männer verzaubert vor Begeisterung: Sie stehen auf einem der geologisch und meteorologisch aufschlussreichsten Gipfel der Welt.

Der Berg – ein tätiger Vulkan, sein höchster Punkt ungefähr 4077 Meter hoch – spuckt und kocht. Eisformationen, das Gestein und meteorologische Phänomene werden untersucht: allerorten Sastrugis mit scharfen Kanten, tiefe Furchen am zweiten Krater. Die Folge von Luftströmungen, die vom Südpol zum Äquator ziehen? Zu den wissenschaftlichen Fragen kommen bleibende Eindrücke – die Abendstimmung im tiefliegenden Wolkenmeer, der Schatten des Erebus auf den McMurdo Sound geworfen, Eisbildungen aus glitzernden Kristallen am Kraterrand, die hohe Dampfsäule zwischen schneeweißen Wolken. Die Erstbesteigung des Erebus wird den Männern zu einem Beweis für das Göttliche.

Nach der Besteigung wird die Hütte winterfest gemacht, gepanzert gegen die Schneestürme aus Südost. Die Nächte werden länger, die Sterne wieder vertrauter. Schon wirft die Aurora Australis ihr Lichtspiel über das Eis: geraffte Vorhänge, die vom Himmel fallen. Und Shackleton beobachtet Pinguine beim Lauschen der Musik aus dem Grammophon.

Den ganzen Winter über werden Lufttemperatur, Windrichtung und Wolkenbewegungen aufgezeichnet; täglich Minimal- und Maximaltemperatur sowie Luftfeuchtigkeit

gemessen, dazu alle zwei Stunden die Windstärke. Auch das Heizen kostet viel Mühe. Wenigstens leidet die Expedition keinen Mangel an Brennmaterial. Eine eigene Hütte ist mit Kohle gefüllt, dazu kommt Robbenfett.

Häufig bläst der Wind und nicht selten mit einer Stärke von 160 Stundenkilometern. Während die Menge des gefallenen Schnees und die Schnelligkeit seiner Verdunstung genau gemessen werden können, bleiben die Rauchwolken über dem Erebus und Nebenmonde wie exotische Erscheinungen in Erinnerung, geheimnisvoll, unmessbar.

Wild unterhält seine Kameraden nicht nur mit seinem Humor, er gibt ihnen Arbeit und das Gefühl dazuzugehören: Schlitten werden ausgebessert, Zuggurte gebastelt, dünnes Leder oder Segeltuch über die Strumpflöcher genäht. Ein Problem ist: Auch Kleidung gibt es nicht in unbeschränkter Menge. Wegen der harten Schuhe bekommen die Socken ständig Löcher, sie vorschriftsmäßig zu stopfen wird bald aufgegeben. Die Garderobe der Männer – sie ist in einem erbärmlichen Zustand – muss also immer wieder geflickt werden.

Die Sonne kommt jetzt im Winter nicht mehr über den Horizont, der Mond wirft fahles Licht über die Berge im Westen. Nachts kracht es manchmal im Packeis, und mehrere der Männer reden im Schlaf. Andere behalten ihre Gedanken ganz für sich. Die Selbstgespräche und das Schweigen verraten den Zustand der Gruppe genauso wie die Träume. Wild hat kein Problem mit dem Alleinsein. Noch weniger mit dem Schlaf. Oft stellt er sich beim Aufwachen den Weg zum Südpol vor: eine unendliche Schneefläche, im Rücken den McMurdo Sound, dahinter das Rossmeer. Bis Neuseeland zweitausend Meilen weit offenes Wasser.

Der Tagesablauf ist auch in den Wintermonaten genau strukturiert. Er beginnt mit der Morgentoilette, die einfachste Sache der Welt: Stiefel anziehen, sich strecken, mit gespreizten Fingern durch die Haare fahren und hinaus in die eisige Luft. Winterschlaf? Bei dieser Expedition ein Fremdwort. Auch die dunkle Zeit über hat jeder seine spezielle Aufgabe: Adams kümmert sich um das Aufziehen der Uhren, seine meteorologische Station und sein Pony. Marshall, einer der Ärzte, verbindet Wunden, verteilt Pillen und geht zwischendurch mit seinem Pony spazieren. Wild, der Magazinverwalter, kümmert sich um die Vorräte: Kisten mit Büchsen, Nahrungsmitteln in Säcken und Dosen, Pinguin-, Robben- und Hammelfleisch, die für die nächste Mahlzeit aus dem Schnee zu graben sind. Die Wissenschaftler geologisieren, baggern mit Schaufel und Pickel durch

Eisschollen, oder sie beobachten das Südlicht. Alle haben zu tun, Langeweile kommt also auch im Winterquartier nicht auf.

Derweil drucken Joyce und Wild die Zeitschrift »Aurora Australis«. Mit einer kleinen Handpresse, die Shackleton eigens dafür gekauft hat. Es ist eine Art Reisetagebuch mit Beiträgen aller Expeditionsmitglieder. Die 120 Seiten – Texte und Illustrationen – sollen den Männern helfen, die Polarnacht zu überstehen. Vor allem schafft die Lektüre Zusammenhalt. Shackletons Ideen und Wilds Witz zeigen Wirkung: Alles zusammen gibt der Mannschaft Vertrauen ins Leadership.

Mit der genauen Einteilung ihrer Zeit, Geburtstagsfeiern und Spielen – im Herbst waren es Hockey oder Fußball auf dem Eis, während der langen Winternacht sind es Bridge, Poker und Domino in der Hütte – gelingt es Shackleton, den Expeditionsalltag zu strukturieren. Er weiß, dass es den

Männern Zugehörigkeitsgefühl und Halt gibt. Seine vertrauensbildenden Maßnahmen überträgt Wild auf die Gemeinschaft.

Anfang Winter wütet ein Blizzard. Tagelang wackelt die Hütte, trotz ihrer geschützten Lage. Die Mannschaft aber bleibt ruhig, und weil sie mit dieser Krise zurechtkommt, wächst ihr Selbstvertrauen. Schwere Kisten, die der Wind mitgenommen hat, werden zurückgeholt, als der Sturm sich legt, alles an sicheren Plätzen verstaut. Das gemeinsame Wissen, dass sie auch bei Sturm, extremer Kälte und wenig Licht überleben können, macht allen Hoffnung. So entsteht Widerstandskraft ähnlich wie im menschlichen Immunsystem, das von Krankheitserregern erst gestärkt wird.

Mit dem Sonnenuntergang in den ersten Apriltagen beginnt die Zeit der Finsternis. Es hängen jetzt keine goldfarbenen Wolken mehr am Himmel. Trotzdem hat jeder in der Gruppe seine eigene Strategie der Selbstberuhigung gefunden, und die Gruppe bleibt in der Summe gelassen. Die Lichtbögen des Südlichts, die Nacht für Nacht zu sehen sind – außer bei Vollmond oder bewölktem Himmel –, sind ein Schauspiel ohnegleichen: Vertikale Strahlen, die schier in die Unendlichkeit reichen, fallen vom Firmament. Diese Aurora Australis scheint über dem Horizont zu schweben. Alle starren in ihre Richtung: so fasziniert, als wären Wille und bewusstes Denken ausgeschaltet. Und genau so, wie die Tage immer kürzer werden, die Dämmerung länger und länger, die Nächte dann das Leben auf dem Eis bestimmen, kommt das Licht am Ende des Winters wieder zurück. Was für ein Schauspiel: Die Berggipfel fangen erste Lichtstrahlen ein, und dieser Glanz nährt nicht nur in Wild die Hoffnung auf das große Abenteuer. Im August ist die Polarnacht zu Ende.

Als das Tageslicht endgültig zurück ist, wird mit dem Training der Hunde begonnen. Jeden Morgen Schlitten fahren. Jetzt gilt es, auf der Strecke zum Pol Proviantdepots anzulegen. Und da die Mehrzahl der Männer wenig Erfahrung mit dem Überleben im Eis hat, sollen sie dabei helfen. Um zu lernen.

»Die Südexpedition wird spätestens Anfang November vom Winterquartier aufbrechen«, sagt Shackleton. Alle wissen: Der Pol, mehr als 1400 Kilometer entfernt, muss im kurzen Sommer erreicht werden. Bei niedrigen Temperaturen hingegen sind Schlittenreisen zu langsam, wegen der großen Reibung zwischen Kufen und Schnee. Wie aber kann die kleine Mannschaft rechtzeitig im Winterquartier zurück sein?, fragt sich Wild.

»Es bleiben uns vier Monate für die 2800 Kilometer Marsch«, rechnet er Shackleton vor. »Großteils unbekanntes Gelände.«

»Die Nimrod jedenfalls muss spätestens Ende Februar, Anfang März ablegen«, sagt Shackleton. »Wir haben keine Reserven für ein weiteres Jahr im Eis.«

»Sonst haben wir auch zu viel Packeis im McMurdo Sound«, weiß Wild.

»Auf den Schlitten können wir Brennstoff und Proviant für drei Monate transportieren.«

»Also müssen auf der Barriere genügend Depots angelegt werden, vor allem für die Rückreise.«

»Wenn wir die Rationen reduzieren, könnte es knapp reichen.«

Wild schüttelt den Kopf. Hat Shackleton den Skorbut schon vergessen?, denkt er.

»Mein Plan«, sagt Shackleton Tage später vor versammelter Mannschaft: »Die Südpolarexpedition startet am 28. Oktober.«

»Im Winterquartier ist alles dafür vorbereitet«, pflichtet Wild bei.

»Früher ist nicht möglich?«, fragt Marshall.

»Nein, die scharfe Kälte ist eine zu große Gefahr. Es wäre schlimm, wenn die Ponys kapitulieren, ehe wir den Umkehrpunkt von Scott erreicht haben.«

»Sie sind Frost doch gewöhnt?«

»Ja, das Problem aber ist, Ponys schwitzen beim Ziehen schwerer Lasten. Bei der Rast und niedrigen Temperaturen frieren sie dann umso mehr.«

»Hunde schwitzen nicht«, sagt Wild, »und es gibt keine

geschützten Unterstände für die Pferde auf dem Weg zum Pol.«

»Das Automobil?«, fragt einer, »soll es eingesetzt werden?«

»Sicher«, meint Shackleton, »wenigstens im ersten Teil der Reise. Zunächst aber müssen wir die Depots einrichten. Die Schneelage auf der Barriere prüfen, Marschgeschwindigkeit und Windstärke dort messen.«

Am 12. August, noch bevor die Sonne richtig zurück ist, lässt sich Shackleton mit Professor David und Bertram Armytage auf eine Probetour ein. Mit Proviant für vierzehn Tage, Lagerausrüstung und genug Petroleum geht die Reise los – kein Vergnügen, bei Minustemperaturen von 30 ° C das warme Winterquartier zu verlassen, den Schlitten im Halbdunkel zu beladen und nach Süden zu ziehen. Acht Kilometer von der Winterhütte entfernt wird das Pony Quan abgeschirrt und zurückgeschickt. Shackleton will das Risiko, ein Pony zu verlieren, nicht eingehen. Die Männer ziehen den Schlitten nun selbst, bis zum Discovery-Winterquartier am Hut Point. Überall Spuren von damals: eingefrorene Kisten, Robbenfelle, Pinguinskelette, Biskuits, Büchsenfleisch in Regalen, Kohlestücke am Boden. Shackleton zeigt seinen Begleitern die Stelle, wo er vor sechs Jahren – die Discovery in der Nähe der Küste im Eis eingefroren – heimgeschickt wurde. Gedemütigt von Scott.

»Diese Hütte war alles andere als ein gemütliches Heim«, sagt er leise. »Scott hat eine Zweiklassen-Expedition geführt.«

Kein Zweifel, ihr eigenes Winterquartier hat die bessere Lage, vor allem für die Forschungsarbeit. Trotzdem will Shackleton Scotts alte Hütte nutzen: als Magazin für seine Südpolexpedition. Aber das Eis im Sund könnte aufbrechen, der Transport vom Kap Royds zur Barriere wäre dann zu schwierig, denkt Shackleton.

Als das Wetter schlechter wird, lässt er kampieren. Am 13. August marschieren die Männer weiter. Auf hartem Pressschnee kommen sie gut voran, nur die Gletscherspalten sind im Dämmerlicht schwer zu erkennen. Die Sonne steht knapp unter dem Horizont, keine Schatten. Vom Tongue-Gletscher aus steigen sie auf den 350 Meter hohen Gipfel des Crater Hill. Um Aufnahmen zu machen: Richtung Mysterium Südpol. Er liegt in unendlicher Ferne. Shackleton zeigt kurz mit der Rechten dorthin.

»Es ist möglich«, sagt er wie zu sich selbst.

Eher seine radikalen Ideen als sein Mut scheinen ihn zu tragen. Allein sein Glaube, das geplante Abenteuer zu überstehen, zeigt sein Genie. Wie die Gabe, es überhaupt zu wagen. Über eine harte Schneeoberfläche, zwischendurch über Sastrugis und weichen Schnee, geht es anderntags noch weiter nach Süden.

»Unser Auto ist hier nicht zu gebrauchen«, erkennt Shackleton bald, »es bleibt auf weicher Schneeunterlage stecken.«

Ein Blizzard und nasse Schlafsäcke – die Körperwärme taut das Eis nachts darin auf – machen die Weiterreise dann unerträglich. Nicht nur drohendes Schlechtwetter zwingt Shackleton, zum Hut Point zurückzukehren, er will seine Leute nicht der totalen Erschöpfung aussetzen. An Schlaf ist nicht zu denken. Allein die Anstrengung des Schlittenziehens beim Rückmarsch hält sie warm. Die Sonne steigt gerade über den Horizont, als sie im Winterquartier zurück sind. Die Unterhaltung in der Hütte ist dann mehr als lebhaft. Hat doch jeder Einzelne seine persönliche Erinnerung an das gemeinsame Abenteuer.

Eine Woche später bricht Wild mit Day und Priestley zum Hut Point auf. Whiteout, verdeckte Gletscherspalten und das Schlittenziehen machen auch ihnen zu schaffen. Am Observation Hill, nahe der Discovery-Hütte, findet Wild Markierungsstangen, die er 1902 in das Gletschereis getrieben hat. Die Pfähle zeigen immer noch den Gletscherfluss an: ein Fuß vorwärts während der vergangenen sechs Jahre.

»Das Eis hier ist nirgendwo statisch«, erkennt Wild, »es ist eine fließende Masse, die sich ständig verändert. Seit Jahrmillionen schon.«

In den ersten Septembertagen marschieren dann Shackleton, Adams und Marshall im Schneesturm zum Hut Point und zurück: 37 Kilometer ohne Rast.

»Training des Selbstwertgefühls«, nennt es Wild.

Mitte September ist in der Scott-Hütte am Hut Point dann ein Vorratslager eingerichtet, gefüllt mit Lebensmitteln, Öl und Ausrüstungsgegenständen. Ein erster Stützpunkt für die Schlittenreise der Südpolgruppe. Shackletons Leute trainieren, probieren und experimentieren weiter. Auch Ponys und Hunde werden weiter trainiert. Shackleton selbst setzt auf seine Ponys, in den Hunden sieht er wenig Hilfe.

»Jedes unserer Ponys aus der Mandschurei kann eine Last von dreihundert Kilo ziehen«, hat Shackleton getestet.

»Wie weit kommen wir damit?« Wild bleibt skeptisch.

»Die Pferdchen sind widerstandsfähig, sie dürfen nur nicht überanstrengt werden.«

»Wie«, fragt Wild, »soll das gehen? Bei weicher Schneeunterlage?«

»Ohne die Ponys sehe ich keine Chance«, bleibt Shackleton bei seiner Strategie. »Wir können allein nie und nimmer genug Proviant mitziehen, um bis zum Pol und zurück zu kommen.«

»Ich bin für die Hunde.«

»Ich weiß aus Erfahrung, dass Hunde bei niedriger Schneedrift versagen, und Schneetreiben ist auf der Barriere Alltag – und erst auf dem Plateau.«

»Hunde kommen mit der Kälte besser zurecht als Ponys, weil sie nicht schwitzen«, sagt Wild nochmals.

Am 19. September kommt erstmals das Auto zum Einsatz. Man schafft eine Ladung von 340 Kilogramm zum Tongue-Gletscher, wo ein zweites Depot für die Südpolexpedition angelegt wird. Der Wagen aber bleibt bald stecken. Zuletzt muss der Schlitten von den Männern gezogen werden: Gletscherspalten, Eispressungen und Schneeverwehungen sind unpassierbare Hindernisse für ein Fahrzeug auf Rädern.

»Weicher Schnee ist nichts für das Automobil.«

Shackleton will ein weiteres Depot anlegen: zweihundert Kilometer südlich des Discovery-Winterquartiers. Mit Adams, Marshall, Joyce und Marston. Die Männer ziehen die Schlitten selbst, geraten südlich von White Island in einen Schneesturm mit Whiteout. Sie sind gezwungen zu kampieren. Im Lager – der Komfort auf ein Minimum reduziert – ist es dennoch gemütlich.

»Ist es riskant hinauszugehen?«, fragt einer.

»Hängt ganz davon ab«, antwortet ein anderer, »wie weit weg deine Toilette ist.«

Anderntags ist das Wetter gut, der Himmel ein einziges Hellblau, die Schneefläche vor ihnen glänzt im Farbenspektrum von Grün bis Violett. Bei Minna-Bluff aber geraten sie in Eispressungen: überall Gletscherspalten. Am nächsten Morgen, nach Schneefall, erscheint die Eislandschaft wieder gleichmäßig, in pastellenen Farbstrichen die Unendlichkeit vor ihnen. Am 6. Oktober ist das Depot erreicht, rasch mit einem aufgestellten Schlitten und schwarzer Fahne markiert. Es geht zurück.

Nach der Rückkehr werden letzte Vorbereitungen für die Südpolreise getroffen.

»Mit drei Kameraden will ich aufbrechen«, sagt Shackleton. »Gut neunzig Tage unterwegs sein. Vier Ponys werden Futter, Proviant und Ausrüstung ziehen.«

Allein der Proviant, hauptsächlich Biskuits und Pemmikan, ergibt ein Gesamtgewicht von 350 Kilogramm. Dazu kommt der Brennstoff: dreizehn Gallonen Petroleum und eine Gallone denaturierter Spiritus.

In diesen Tagen brechen auch David, Mawson und Mackay zum magnetischen Südpol auf, Shackleton in die Gegenrichtung, zum geographischen Pol. Werden sie sich wiedersehen?

Seine Südpolabteilung besteht neben ihm aus Adams, Marshall und Wild. Anfangs unterstützt von einer Hilfskolonne. Mit Hunden soll sie weitere Depots im Süden anlegen, für den Rückmarsch der Polfahrer. Die Ausrüstungsliste, die Shackleton Wild überlassen hat, liest sich wie Wissenschaftspapier: ein Plan für die Ewigkeit.

Lagerausrüstung:
- Vier Schlafsäcke
- Kochtopf mit eingesetztem Reservetopf
- Zwei Primus-Lampen mit Reserveteilen
- Zwei schwere Messer
- Ein 450er Revolver mit zwölf Patronen.
- Vier Eisäxte
- Zwei Spaten
- Acht Bambusstangen, zwölf Fuß
- Acht Depot-Flaggen
- Vier Pferdedecken
- Drahthalteseil
- Vier Futtersäcke
- Reserveriemen und Rietstifte zur Ausbesserung des Geschirrs
- Rolle mit Hanfseil, mit Kreosot beschmiert

- Landkarten
- Zehn Faden Alpenseil
- Zwei Union Jacks (die Flagge der Königin und eine zweite Nationalflagge)

Persönliche Ausrüstung der Teilnehmer:
- Wollene Pyjamahosen
- Wollenes Unterhemd
- Wollenes Oberhemd
- Wollenes Guernsey (Matrosenhemd)
- Zwei Paar dicke Strümpfe
- Ein Paar Finnesko
- Burberry-Überziehhosen
- Balaclava-Mützen
- Burberry-Überziehkapuze
- Wollene Fausthandschuhe
- Pelz-Fausthandschuhe

Ersatzgarnituren und persönliche Habe:
- Tagebücher
- Pyjama-Schlafjacke
- Pyjama-Hosen
- Acht Paar wollene Strümpfe

Medizinische Utensilien:
- Vier Feldverbandskästen
- Zwei gepresste Bandagen
- Zwei Triangular-Bandagen
- Zwei Unzen gepresste Aufsaugwatte
- Zwei Beinladen aus Holz

- Eine Rolle Klebpflaster
- Eine Tube Goldschlägerhaut
- Ein chirurgischer Taschenverbandskasten
- Zwei Paar Ersatz-Schutzbrillen und Ersatzgläser
- Eine Backenzahnzange
- Zwei Flaschen künstliche Haut
- Sechshundert Easton's Sirup-Tabletten (circa 1/8 Unze)
- Zwei medizinische Thermometer

Vier Schlitten und wissenschaftliche Ausrüstung:
- Ein Drei-Zoll-Theodolit (Winkelmesser) mit Stativ
- Drei Chronometer
- Drei Taschenkompasse
- Sechs Thermometer
- Ein Hypsometer (Höhenmesser) und zwei Thermite
- Eine fotografische Kamera und drei Dutzend Viertel-Platten (Newman & Guardia)
- Ein Kasten mit Messinstrumenten, Teilzirkeln usw.
- Zwei prismatische Kompasse
- Ein Sextant und künstlicher Horizont
- Zwei Bände »Hints to Travellers« (Hinweise für Reisende)
- Zeichenpapier für Karten

Medizin:
- Eine Tube Abführpillen
- Eine Tube Borsäure
- Eine Tube Quecksilber-Chlorid
- Eine Tube chemische Eisen- und Arsenikpräparate
- Eine Tube schwefelsaures Quinin

- Eine Tube Augentropfen
- Eine Tube Adrenalin
- Zwei Tuben salzsaures Kokain
- Zwei Tuben reines schwefelsaures Zink
- Eine Tube Aloebitter
- Eine Tube Crete aromat cum opio
- Eine Tube Chlorodin
- Eine Tube Sulfonal
- Eine Tube Natron und Pfefferminz
- Eine Tube Bismut mit Pepsin und pulverisierter Holzkohle
- Eine Tube Chlorkalium
- Eine Tube Bromammonium
- Eine Tube Ingweressenz
- Eine Tube salicylsaures Natrium
- Eine Tube schwefelsaures Morphin

Dazu das Futter für die Ponys – Mais, Maujee und gepresstes australisches Heu –, im Gewicht von vierhundert Kilogramm.

»Ende Januar muss das Minna-Bluff-Depot mit genügend Proviant für uns eingerichtet sein«, sagt Wild. »Sonst verhungern wir auf dem Weg zurück.«

»Und bis zum 10. Februar besetzt bleiben«, ist Shackletons Anweisung. »Unsere Rückkehr ist Anfang Februar zu erwarten.«

»Und wenn ihr bis dahin nicht zurück seid?«, fragt einer.

»Wenn nicht? Haltet am Hut Point nach uns Ausschau. Gleichzeitig ist alle Ausrüstung an Bord der Nimrod zu schaffen und die Abreise vorzubereiten.«

Shackleton bleibt bei all diesen Instruktionen heiter. Zuletzt setzt er eine schriftliche Order auf für den Fall, dass seine Abteilung nicht rechtzeitig zurückkehren sollte: »Wenn die Südexpedition bis zum 25. Februar nicht zurückkehrt, sind genügend Kohlen- und Lebensmittelvorräte zur Verproviantierung von sieben Mann für die Dauer von zwölf Monaten am Kap Royds zu landen. Drei Leute, aus Freiwilligen rekrutiert, sind in unserem Winterquartier zurückzulassen. Sollten, was ich nicht für wahrscheinlich halte, Freiwillige nicht vortreten, sind die Zurückbleibenden mit Befehl zu bestimmen. Die Suche nach dem Verbleib der Südexpedition sowie der Zeitpunkt des Abmarsches dieses Suchtrupps bleibt dem Führer dieser Männer überlassen. Alle Hunde haben an Land zu bleiben, als Hilfe für die Arbeit dieser Truppe. Die drei Leute sind auch beauftragt, im nächsten Sommer nach den irdischen Überresten der Südexpedition zu suchen. Von der zurückgekehrten Nimrod sind möglichst alle Vorräte an Zucker, frischen und eingemachten Früchten zu löschen. Von sonstigen Lebensmitteln sind genügend Vorräte vorhanden, doch sind alle Delikatessen und frisches Gemüse, die sich unter den Vorräten der Nimrod befinden, an Land zu bringen. Gewöhnliches Gemüse ist reichlich vorhanden. Auch sind für die Zurückbleibenden alle notwendigen Kleidungsstücke zu landen. Sollte ich selbst nicht zurückkehren, Adams aber die Rückkehr beschieden sein, übernimmt er das Kommando. Über die gesamte Expedition. Alle dafür notwendigen Instruktionen sind bei ihm. Am 1. März hat die Nimrod zur Einfahrt in den McMurdo Sound zu dampfen und nachzusehen, wie die Eisverhältnisse dort sind: Wenn die treibenden Eisschollen so liegen, dass keine Gefahr einer Einschließung droht, kann sie wieder zum Kap Royds zurückkehren. Der 10. März sollte als letzter Termin für die Abreise aus dieser Region festgesetzt werden. Wenn wir dann vom Pol immer noch nicht zurückgekehrt sind, hat ein ernster Unglücksfall unsere Rückkehr unmöglich gemacht.«

Shackleton weiß, was er tut: Ende Oktober ist alles für den Abmarsch Richtung Südpol bereit. Es ist ein herrlicher Tag: leichte Brise von Norden, Eiskristalle glitzern im Sonnenlicht, der Himmel ist ohne Wolke. Als die Südpolabteilung aufbricht, scheint Shackleton zu strahlen. Die Gruppe weiß noch nichts vom riesigen Eisstrom, vom Gebirge, vom 3300 Meter hohen Plateau vor ihnen. Ihr Gemütszustand gleicht dem von Verliebten. Vor allem Shackleton ist euphorisch, wagt er es doch, alle herkömmlichen Erfahrungen in Frage zu stellen und gegen die schiere Unendlichkeit anzutreten.

Mit dem Losgehen sind plötzlich alle Zukunftsängste weg. Intuition und gegenseitiges Vertrauen lassen die letzten Zweifel an ihrem Abenteuer schwinden. Als sei es ihre eigentliche Gabe, es zu wagen.

Nach einer Stunde schon läuft sich Socks, Marshalls Pony, an einer scharfen Eiskante lahm. Wenig später, bei der ersten Rast, schlägt Grisi aus und trifft Adams knapp unterhalb der Kniescheibe. Kann er weitermachen? Diese ersten Zwischenfälle schon stellen die Reise in Frage. Nicht auszudenken, wenn sich einer in Polnähe verletzt.

»Immerhin haben wir 24 Kilometer zurückgelegt«, tröstet Wild, angekommen im Lager.

»Von fast dreitausend«, sagt Shackleton.

»Ein Hundertstel«, kontert Wild.

»Fast«, wiederholt Adams gequält.

Vier Jahre Vorbereitung, und die Fahrt zum Südpol scheint am ersten Reisetag schon zu scheitern: Socks lahmt, Adams leidet, und Shackleton betet. Es ist Wild, der gute Laune an den Tag legt.

Am Abend wirft der Mount Erebus Rauchsäulen aus, nachts herrschen Sturm und Schneegestöber. Morgens ist Wild als Erster bei den Ponys. Sie sind in guter Form. Die Karawane zieht weiter und schafft knapp drei Laufkilometer in der Stunde, wobei die Schlitten immer wieder getauscht werden. Socks hat anfangs den schwersten Schlitten. Grisi zieht 226 Kilogramm, Quan 195 und Chinaman 155. In den folgenden Tagen schon wird der Marsch zur Routine. Aber der Appetit der Schlittenfahrer nimmt zu, die Schneegestöber werden häufiger, die Ponys gehen öfter durch. Nach der Fütterung der Tiere wird in den Zelten der Heißhunger der Männer gestillt: mit Pemmikan, Biskuits, Plasmon-Kakao und Tabak. Auch der Hilfstrupp – Hunde und ihre Führer –, der aufgeschlossen hat, hat Hunger.

»Kein guter Start«, schimpft Shackleton.

»Es kann nur besser werden«, tröstet Wild.

Seine Zuversicht hebt die Stimmung der Gruppe. Sogar die Pferde scheint Wild aufzuheitern, trotz schlechter Sicht und weichem Schnee ziehen sie gut. Bis auf Socks, das lahmt, sein Bein ist schlechter geworden.

»Ein Unglückstag nach dem anderen«, sagt Shackleton, »hoffentlich kein schlechtes Omen.«

»Adams Knie geht es schon besser«, ist Wilds Antwort.

Der Aufbruch in Hut Point gestaltet sich als feierliche Prozession: Es ist ein herrlicher Tag, sechs Fahnen wehen über den Schlitten. Quan zieht dreihundert Kilogramm, Grisi 279, Socks 272 und Chinaman ebenfalls 272. Die Hilfsmannschaft, fünf Mann, schleppt dreihundert Kilogramm. Shackletons Zuversicht ist zurück, der Marsch eine Erlösung für ihn. Obwohl noch eine Ewigkeit vom Südpol entfernt, stellt er sich seinen Sieg dort vor – und Scotts Gesicht dazu. Was für ein Triumph! Bald aber wird die Oberfläche weich, die Ponys sinken immer wieder tief in den Schnee. Manchmal bis zum Bauch. Ein scheußlicher Anblick. Über dem ersten Schlitten aber flattert der Union-Jack der Königin im Wind. Also vorwärts.

Das Wetter bleibt gut, die Stimmung prächtig. Ein leichter Südost weht, die Luft ist trocken und kalt. Mit ihren Tieren, die Leeseiten mit gefrorenem Schweiß bedeckt, geht die Kolonne in Reih und Glied nach Süden. Über den schwitzenden Rücken und den Kopf von Wilds Pony vor sich starrt Shackleton hinweg in die Unendlichkeit der weißen Wüste. Als könne er den Südpol schon sehen. Zum Schnauben der Pferde, Quietschen der Geschirre auf nassem Fell, rhythmischen Stampfen ihrer Hufe glaubt er Stimmen zu hören: das Lachen einer Frau, den Wind in ihrem Haar, eine Liedzeile. Obwohl er weiß, dass diese Geräusche nur in seinem Kopf zu hören sind, hebt er ihn, lauscht aufmerksam – unter ihm schwankt dabei die Schneefläche. Die Männer gehen gleichmäßig dahin, spüren jeden einzelnen Muskel in den Beinen und jeden Windstoß.

Wild ist kurz stehen geblieben. Von der Seite schaut

er zu Shackleton. Dessen Mund steht offen, die Augen schmale Schlitze, die Brauen mit Reif verziert. Einen Augenblick lang erblicken die beiden ihr eigenes Spiegelbild im Gesicht des anderen. Angst? Wild lüftet seine Mütze, fährt sich mit der Rechten durch sein schütteres Haar, sieht, wie Schneekristalle um Shackletons Kopf tanzen. Ohne ein Wort setzt er sich und sein Pony wieder in Bewegung. Shackleton sieht das alles wie in Zeitlupe, alles wirkt so selbstverständlich, als hätten sie vergessen, weshalb sie hierhergekommen sind.

Im Schleier ihrer Ausdünstungen ziehen Tier und Mensch dahin, Schatten in einer Weite ohne Maß. Die vier Ponyführer stolpern über eine Schneefläche, die ruckartig hinter ihnen verschwindet. Feine Schneekristalle schweben um ihre Köpfe, den Geruch der Pferde in ihren Nasen, das Quietschen der Schlitten, larmoyant und eintönig in ihren Ohren. Oft haben sie ganze Tage lang schlechte Sicht, und wenn es dazu noch schneit, ist das Whiteout am schlimmsten. Trotzdem schlängelt sich die Kolonne vorwärts, widerwillig und verzagt wie die Ponys sind auch die Männer.

»Geduld«, sagt Shackleton, »nur Geduld.«

Nachdem White Island passiert ist – die Oberfläche immer noch weich –, brechen Männer und Ponys häufig durch eine Eiskruste, die auf körnigem Schnee liegt. Sie müssen ihre Beine so hoch heben, dass sie sich häufig verstolpern: harte Arbeit für Tier und Mensch. Shackleton aber bleibt mit der Tagesleistung zufrieden, die Mannschaft ist munter und wohlauf.

Am 5. November brechen Adams und Marshall erstmals in Spalten ein. Im ersten Schreck und Schneegestöber ist ihre

Zuversicht schnell dahin. Weil sich das Ungemach wiederholt und die Ängste jetzt, am Beginn der langen Reise, mit jedem Ungemach anwachsen, herrscht kurz Endzeitstimmung. Wild aber, zu dem die Gabe gehört, alles zu nehmen, wie es kommt, weiß, dass die Angst wieder schrumpft, wenn sie beherzt weitermachen. Blizzards und Schneegestöber gehören zu einer Südpolexpedition schließlich dazu. Ob es stürmt oder schneit, im Whiteout oder im Zelt, Wild stimmt in den Jammer der anderen nicht ein. Niemals.

»Auch der steifste Wind wird sich ausblasen, es wird wieder besseres Wetter geben«, ist sein Refrain.

Als die Hilfskolonne zurück zum Winterlager aufbricht, nehmen die Enttäuschungen der vier Südpolfahrer noch zu.

»Wir essen zu viel und sind zu langsam«, ist Shackletons Sorge.

»Später, mit leichteren Schlitten, kommen wir schneller voran«, sagt Wild.

»Wir haben die Reise mit Proviant für 91 Tage begonnen, müssen also damit auskommen.«

»Ich weiß, am Südpol gibt es nichts zu kaufen.«

»Wir sollten rationieren.« Shackletons Vorschlag irritiert.

»Jetzt schon?«

»Wir haben maximal 110 Tage, dann müssen wir zurück sein.«

»Und wenn nicht?«

»Ist es Gottes Wille.«

Was für eine Plackerei: trübes Wetter, im Süden eine Nebelwand, nirgendwo Anhaltspunkte zur Orientierung. Dazu Gletscherspalten. Einmal bricht ein Pony ein, dann sein

Führer. Sich herauszuarbeiten – mit Blick in eine schwarze, bodenlose Tiefe – ist mühsam und macht Angst.

»Halt!«, schreit einer. Es ist Wild.

Im diffusen Licht ist ihm der Weitermarsch zu riskant.

»Einverstanden«, sagt Shackleton. »Wir wollen lagern.«

Die Männer binden ihre Ponys an Pfähle, die sie in den Schnee getrieben haben, schlagen die beiden Zelte auf und verzehren ihre Mittagsration: zwei Biskuits pro Mann, Schokolade, ein Topf Tee. Fahles Gewölk jagt in mehreren Schichten über den totenbleichen Himmel. Es ist bitterkalt, die Ponys frieren. Shackleton will trotzdem weiter. Im Whiteout festzusitzen und zu wissen, dass mit der Zeit auch sein Südpol schwindet, ist ihm unerträglich.

»Jeder verlorene Tag kostet Proviant und verkürzt unsere Chancen«, sagt er.

»Geduld«, mahnt Wild wieder, »Geduld.« Also bleiben sie über Nacht.

Shackleton, Wild, Adams und Marshall sind jetzt vollkommen auf sich allein gestellt. Je zwei in einem Zelt – der »Boss« und Adams, Marshall und Wild –, teilen sie sich die Versorgung der Ponys und die »Hausarbeit«. Wenigstens haben sie genug Raum zum Schlafen. Draußen rast Schneedrift durch die Wüstenei. Im Schlafsack eingerollt, hört Wild den Sturm, der über die Zeltplane jagt, Graupelkörner, die gegen das Tuch schlagen. Er schläft wieder ein, wacht zu den Mahlzeiten auf und fällt anschließend traumlos in seine Zuversicht zurück. Solange das Zelt flattert, bleibt er im warmen Rentierschlafsack. Er träumt nie von einer anderen Welt, er bleibt ganz bei sich.

Nach drei Tagen ist der Schneesturm vorbei, die Kolonne zieht weiter, immer weiter in den Eiskontinent hinein, Mount Terror und das Meer weit hinter sich lassend.

Wenige Tage später wütet der Sturm erneut. Im Zelt ist es derweil so warm, dass alles trieft: Schlafsäcke, Kleidung, am Zeltboden bildet sich eine Lache. Der Schnee draußen aber steigt höher und höher, deckt Zelte, Ponys und Schlitten zu. Das Lager sieht trostlos aus.

»Unsere Aussichten schwinden«, beginnt Shackleton. »Hoffnungslos ist die Lage noch nicht, aber düster.«

Wild wehrt ab. Mit seinem Witz, ein wenig Zynismus und viel Geduld hebt er die Moral der Gruppe. Wenigstens ein bisschen.

»Unsere Welt kann Meile für Meile auch eine bessere werden«, sagt er. »Wer hätte gedacht, dass wir Frost herbeisehnen würden.«

»Schlimmer jedenfalls kann es nicht mehr werden«, sagt Shackleton.

»Unerträglich ist er«, schimpft Adams, »dieser Sumpf.«

»Keine Mutlosigkeit jetzt«, sagt Wild.

»Als ob das jetzt die Ausnahme wäre.«

»Trotzdem, unsere Lage ist nicht hoffnungslos«, kontert Wild.

»Das Wetter schrecklich, die Stimmung trüb, der Himmel düster«, meldet sich Marshall. »Alles läuft schief, mir sinkt der Mut.«

»Warum so plötzlich?«

»Ich habe mir unsere Reise schwierig vorgestellt, aber weniger schrecklich.«

»Deine Schuld«, sagt Wild nur.

Nachdem die Ponys gefüttert sind, kriechen – wie immer zu den Mahlzeiten – alle vier in ein Zelt, wo Woche für Woche ein anderer kocht. Auch wechseln die Männer die Zelte, um Abwechslung zu haben, tauschen ihre Bücher. Wenn die vier den ganzen Tag über in den Schlafsäcken liegen – draußen Schneetreiben, ihre Geduld auf eine harte Probe gestellt –, sind Zigaretten ihr einziger Luxus. Biskuits und Schokolade sind rationiert, wie das Brennöl auch. Nur das Pferdefutter schwindet ohne Möglichkeit der Einsparung.

Immer wenn ein vager Horizont zu erkennen und die Gletscherspalten zu sehen sind, setzen die vier Polfahrer ihre Reise fort, zu jeder Tages- oder Schlafzeit. Sie graben die Schlitten aus dem Schnee, legen die Richtung fest und marschieren los. Die Ponys aber sind nach Sturmtagen meist steif und kommen nur langsam voran. Noch 1200 Kilometer Luftlinie zum Pol!

An Sonnentagen werden die Schlafsäcke – die Innenseite nach außen gewendet – auf den Schlitten zum Trocknen ausgelegt. Auch bei niedrigsten Temperaturen sind sie am Abend trocken und die Männer zufrieden.

»Das Beste wird noch kommen«, weiß Wild. Er jedenfalls zweifelt nicht daran. Sein Vorrat an Geduld scheint unerschöpflich.

Die Pferdchen sind nicht boshaft, aber unberechenbar. Sie zanken sich oft, zerkauen die Seile. All die Schäden zu reparieren kostet viel Zeit, und bei Tagesmärschen von 25 Kilometern und der großen Kälte wird jeder Handgriff zur Überwindung.

Mitte November – die Karawane zieht immer noch durch ebenes Terrain – sinkt die Temperatur weiter, es weht ein steifer Südwest. Die bitterkalte Luft weht Tier und Mensch ins Gesicht, den Rücken wärmt derweil eine tiefstehende Sonne. Es ist Wild, der das nächste Depot erspäht: Eine Fahne markiert es. Im Frühling angelegt – Futter für die Ponys, Proviant und Öl.

Auch in diesem Depot bleibt etwas für den Rückmarsch zurück, genügend für den Weg zurück nach Minna-Bluff. Wann werden sie wieder dort sein?

Alles Pferdefutter hingegen wird weiter mitgenommen, die Lasten auf den Schlitten sind jetzt gleichmäßig verteilt: Jedes Pony zieht ein Gewicht von zweihundert Kilogramm. Als Wegweiser für den Rückmarsch schichten die Männer vor dem Abmarsch eine zwei Meter hohe Schneepyramide auf.

»Diese Reise ist ganz anders als jene mit Scott vor sechs Jahren«, sagt Shackleton zu Wild. Sie führen die Ponys am Halfter.

»Wie anders?«

»Wir schleppten uns damals wie Schnecken über dieses Gelände.«

»Wir etwa nicht?«

»Nein, wir sind alle gesund.«

»Und damals?«

»Alle marod.«

»Wie weit am Tag?«

»Armselige acht Kilometer.«

»Wir sind gesund«, sagt Wild, »weil wir genug vom Richtigen essen.«

»Trotzdem zu wenig«, wirft Marshall ein.

»Wir machen es schon richtig«, ist Shackleton überzeugt.

»Nur meine offenen Lippen verbieten mir das Lachen«, witzelt Wild.

Er geht jetzt wieder voraus, in gerader Linie nach Süden. Tag für Tag, dem Pol, ihrem Ziel entgegen. Von der Sonne überstrahlte Wolken ziehen über sie hinweg nach Nordost. Nirgends Berge. Ihre Karawane wirkt auf dieser weiten weißen Schneefläche auch für die Akteure wie ein Irrwitz. Ganz und gar absurd. Verlorener können Menschen nicht sein. Dann, ganz plötzlich, wieder Schneetreiben. Im Nu sind Gesichter und Bärte vereist. Als es wieder aufreißt – die Sonne im schrägen Winkel von vorne, über ihnen ein Wolkenlabyrinth, das den vier Winden ausgeliefert scheint –, kommt ein Gefühl des Beschütztseins zurück, und sie gehen weiter dem Ende der Welt entgegen: Die Sonnenscheibe glänzt, von einem Strahlenbogen und Nebensonnen umgeben, das All über ihnen schimmert in den Farben des Regenbogens.

Weil das Pony Chinaman mit den anderen nicht mehr mithalten kann, muss es erschossen werden. Als erstes. Sein Fleisch erlaubt es den Männern, Proviant zu sparen und Vorräte für den Rückmarsch anzulegen. Ein größerer Teil davon wird im Depot eingelagert. Als die schwarze Markierungsfahne darauf flattert, wenden sich die Männer wieder nach Süden.

»Schaut, Berge!«, ruft einer und deutet nach Südosten.

Erstmals sehen sie Land. Neues Land! Was für eine Entdeckung! Schneebedeckte Höhenzüge durchstoßen die Wolkendecke. Sie ziehen sich von Süden Richtung Osten.

Seit Tagen quälen Adams schlimme Zahnschmerzen. Beim Versuch aber, den kranken Zahn zu ziehen, bricht er ab. Damit leidet er noch mehr, kann weder kauen noch schlafen. Anderntags gelingt Marshall das Kunststück, die Wurzel des Übels zu entfernen, und er zieht in das Zelt seines Patienten, Wild und Shackleton teilen sich wieder das andere. Zuversicht kommt auf.

Ende November – die Männer essen während des Marsches rohes, gefrorenes Pferdefleisch – überschreiten sie den südlichsten Punkt, den Scott mit Wilson 1902 erreicht hat. Sie sind jetzt über die Marke 83° Süd hinaus.

Shackleton ist stolz: »Wir haben diese Breite in viel kürzerer Zeit als Kapitän Scott erreicht.«

Alles ist bestens – wunderbares Wetter, angenehme Temperaturen – nur die Ponys bereiten Sorgen: Offensichtlich machen ihnen Koliken zu schaffen.

Das Land, das die Männer als Horizont vor sich sehen – mächtige Gebirgszüge! –, lockt, treibt sie voran. Nach sechshundert Kilometern Marsch über eine eintönige Barriere ein wunderbarer Anblick! Die kleine Kolonne wie ein dunkler Fleck auf der weißen Ebene vor einem schwarzgefleckten Gebirge. Ob diese Berge sie aufhalten könnten? Nie zuvor sind Menschen so tief ins Innere der Antarktis vorgedrungen. Zur Feier des Rekords werden die Schlittenfahnen gehisst: Wie horizontsüchtig marschieren vier Männer mit drei Pferdchen weiter gegen die Unendlichkeit an.

Ob die Berge im Süden – Gebirgszug hinter Gebirgszug, Gipfel über Gipfel gestaffelt – den Weiterweg versperren? Im Licht des frühen Morgens ist da keine markante Linie zu erkennen, nur eine Ahnung von Höhenzügen hinter einem Dunstschleier. Darüber ein wolkenloser Himmel.

Beim Blick zum Horizont erinnert sich Wild an seinen ersten Tag in der Fremde: als Elfjähriger im Zug unterwegs ins Erwachsenwerden, erstmals weg von zu Hause. Im Fenster die schneebedeckte Landschaft, die vorbeiraste, der Horizont, unscharf gezogen und ohne Ende. Damals rettete ihn seine Neugier vor dem Heimweh, jetzt – benommen vor der hellen, leeren Weite – blickt er wieder auf einen fernen Horizont und spürt weniger Ohnmacht als Demut vor dem Geheimnis des Lebens. Wie damals als Kind. Ins Bewusstsein des langsamen Vorankommens mischt sich Staunen über die Unendlichkeit dieses Schneelandes und Bewunderung für die Kameraden. Nicht das Wissen, das Forscher und Abenteurer seit Jahrhunderten zusammengetragen haben, gibt Wild den Mut, weiter und weiter in die grenzenlose Weite hineinzugehen, sondern die Ahnung seiner Überlebensfähigkeit. Ganz gleichgültig, ob sie irgendwann ein Abgrund oder der unüberwindliche Horizont aufhalten würde. Seit sie ins Innere des Eiskontinents vorgedrungen sind, ist ihm, als seien Raum und Zeit zusammengefallen. Auch das Licht ist jetzt ohne Ende, da die Sonne nie untergeht. Bevor die Dunkelheit sie wieder ins Nichts zurückholt, weiß Wild, müssen sie angekommen sein. Zurück auf ihrem Schiff.

Luftspiegelungen lassen die Berge jetzt höher und aufsteigend erscheinen. Der Horizont wird erst im Licht des Nachmittags undeutlicher, zuletzt verschmilzt er mehr und mehr mit dem Himmel, verschwindet dann ganz. Dahinter, immer gegen Süden hin, liegt ein unbestimmtes Schneeland, dessen Ausmaße niemand kennt, eine Welt voller Geheimnisse. Nicht die Vernunft und keine Warnung könnten Wild jetzt davon abhalten, mit Shackleton weiterzugehen: weder die Furcht zu erfrieren noch der Schrecken, in einen bodenlosen Abgrund zu fallen. Als sei es seine Bestimmung, dem zurückweichenden Horizont entgegenzugehen.

»Wenn der Höhenzug vor uns ostwärts ansteigt, müssen wir unseren südlichen Kurs aufgeben«, sagt Wild.

»Noch sind wir zu weit vom Gebirge entfernt, um entscheiden zu können«, sagt Shackleton.

»Vielleicht können wir, wenn wir näher an den Bergen sind, einen Pass finden, der uns weiter nach Süden lässt.«

»Mutmaßungen«, erwidert Shackleton.

»Geduld, wir müssen Geduld haben.«

Im nächsten Lager wird Grisi erschossen. Das Tier liefert Proviant für sieben Tage. Für eine weitere Woche bleibt Pferdefleisch im Depot zurück. Damit wollen sie auf dem Heimweg von Depot C nach B kommen. Mit Proviant für neun Wochen – 550 Kilogramm – marschieren sie weiter. Je zwei Mann ziehen mit den beiden Ponys die Schlitten. Und je weiter sie nach Süden kommen – die Schneeoberfläche ist schlimmer denn je –, umso deutlicher erscheint die Struktur der Berge vor ihnen: die Hänge zum Teil steil, schneefreie vertikale Wände dazwischen. Quan und Socks sind schneeblind, sie fressen nicht mehr, werden von Tag zu Tag schwächer. Arme Tiere!, denkt Wild.

»Sie schaffen es nicht bis zum nächsten Depot.«

»Bis zum 84. Breitengrad können wir die Ponys durchbringen«, ist Shackleton überzeugt.

»Vielleicht schaffen zwei Ponys einen Schlitten.«

»Ja, es hilft nichts, wir müssen einen der beiden Schlitten selbst ziehen!«, sagt Shackleton.

Mit der einen Hand führt Wild Quan, mit der anderen Socks. Shackleton, Adams und Marshall schleppen auf dem anderen Schlitten 272 Kilogramm über den weichen Schnee. Bald ist auch Quan am Ende. Shackletons Liebling muss getötet werden. Am Tag, als die Expedition vor einem Chaos ineinandergeschobener Bergkämme steht – allerorts Eispressungen –, ist nur noch ein Pony am Leben. Männer und Tier stolpern weiter, hinein in die Unermesslichkeit eines Eisstroms, der in Wellen auf sie zukommt. Untertags kauen sie gefrorenes Pferdefleisch, am Abend kochen sie es.

»Es gilt, eine brauchbare Route durch diese Berge zu finden«, mahnt Shackleton. »Ohne viel Zeit zu verlieren.«

Zeit ist jetzt so kostbar wie Proviant. Nicht mehr der Geologie oder der Erdgeschichte gilt ihre Aufmerksamkeit, sondern nur noch einem möglichen Weiterweg nach Süden. Liegt ihr Ziel doch weit jenseits dieser Berge.

Im Gänsemarsch zieht die Gruppe immer tiefer in eine Gletscherwelt hinein, die mit dem menschlichen Auge nicht aufzuschlüsseln ist. Angeseilt jetzt, kreuzen die Männer mit Schnee gefüllte Gletscherspalten. Sie schlagen mit ihren Eispickeln Stufen in den Saum des Eises. Als die Sonne aus den Zirruswolken bricht, glitzert die Luft voller Eiskristalle.

Der Anblick der Berge übertrifft alle Vorstellungen Wilds. Sie ragen über der flachen Schneefläche auf wie die Alpen aus der Poebene. Dahinter überall Gletschereis, die Täler zwischen den Bergen gefüllt mit zerrissenen Eisströmen. Im Sonnenlicht strahlt alles so hell, dass einzelne Felsen aus dem blendenden Weiß hervortreten wie Skulpturen. Die rostroten Farbflecken an den Felsen lassen Adams auf Sandstein schließen. Oder ist es Granit?

Zögernd steigen die Männer die Hänge zu einem Spalt hinauf, den sie später Gateway nennen. Die Schlitten, die den Schnee pflügen, höher zu bringen ist härteste Arbeit, die reine Schinderei. Es kostet viel Zeit. Wenigstens trocknen ihre Schlafsäcke im Sonnenschein auf den Schlitten. Dann ahnen sie das Wunder: Zwischen den Bergketten ist ein Durchschlupf, der zu einem gigantischen Gletscherstrom führt.

Um mehr Übersicht über das umliegende Land zu gewinnen, will Shackleton einen der Vorgipfel besteigen. Über rötlichen Granit steigen alle vier höher und gleichzeitig tiefer ins Gebirge hinein. Als Shackleton von einem Gratkamm aus einen Weg nach Süden zu erkennen glaubt, bleibt er stehen: Ein mächtiger Eisstrom, eingebettet zwischen zwei hohen Gebirgsketten, liegt unter ihnen. Seine Richtung verläuft Nordsüd, seine Oberfläche erscheint glatt. Nach Süden hin müsste dieser Gletscher in sein Quellgebiet, ein hochgelegenes Plateau, übergehen. Am unteren Ende aber, dort, wo der Eisstrom sich ins Barriereeis schiebt, ist seine Oberfläche aufgebrochen. Meilenweit.

»Am 86. Breitengrad müssten wir über das Gebirge hinweg sein«, schätzt Shackleton, »und über ein hochgelegenes Inlandeis rascher zum Pol gelangen.«

»Socks wird auf dem Gletscher größte Schwierigkeiten haben«, warnt Wild.

Anderntags schleppen Shackleton, Adams und Marshall mehr als dreihundert Kilogramm auf ihrem Schlitten bergwärts. Wild folgt mit Socks ihrer Spur. So ist er vor Gletscherspalten gewarnt.

Alles geht gut – bis Marshall durch eine Schneebrücke

bricht und in einer Spalte verschwindet. Er kann sich halten, baumelt im Leeren, der Boden ist im Dunkel des Abgrunds nicht zu erkennen.

»Glück gehabt«, sagt er, als ihn die Kameraden herausziehen.

»Einmal aus der Todesfalle befreit, geht es sich unbekümmert«, scherzt Wild.

Mehr als hundert Kilogramm hat jeder Mann im Kreuz. Wegen der Steigung fühlt es sich an wie Sklavenarbeit. Auf den Eisrücken rutschen die Schlitten hin und her, und im Labyrinth der Spalten brechen die Männer in Serie ein: zuerst wieder Marshall, dann Adams, zuletzt Shackleton.

Zerrissener kann eine Eisfläche nicht sein: blauschimmernde Rinnen, Eisbarrieren, kleine und große Spalten. Wild führt Socks über den großen Gletscherstrom, den Shackleton nach seinem Sponsor »Beardmore« benannt hat. Es wäre unverantwortlich, das Pony mit dem Schlitten über das gefährliche Spaltengelände laufen zu lassen. Es würde sich in einem der vielen Löcher die Beine brechen. Ohne seinen Schlitten und mit größter Vorsicht bringt es Wild über eine erste Gefahrenzone.

Stück für Stück gilt es jetzt den Weg auszukundschaften. Also geht einer voraus: über Presseis, über Schneehänge und blaue Eisflächen. Der Transport der Ausrüstung ist nur im Hin-und-zurück-Verfahren möglich. Die Männer bringen einen Schlitten ein Stück weit voran und gehen dann zurück, um den zweiten zu holen. Öfter muss die Ladung auch geteilt werden, um die Last über eine Spalte hinwegzuhieven. Auch müssen Marshall, Adams und Shackleton mehrmals zurück, um Wild mit dem Pony zu helfen. Einer der Männer verletzt sich am Schienbein, zwei sind schneeblind. Einen langen Schneeabhang hinauf, übersteigen sie erstmals eine Höhe von tausend Metern. Weiter! Bis Socks in der schwarzen bodenlosen Tiefe einer Gletscherspalte verschwindet. Der Verlust ist doppelt bitter. Denn sein Fleisch wird fehlen. Beim Weiter und beim Zurück.

Wild verabscheut Gletscherspalten. Vor allem bei Zwielicht oder Whiteout. Bei vollem Tageslicht hingegen sind sie zu erkennen, und man kann etwas tun, um sie zu umgehen. Als auch er hineinfällt und mit dem Geschirr am Schlitten hängt, sieht er zuerst nicht, wie er wieder herausklettern könnte. Schließlich gelingt es ihm, zurück an die Oberfläche zu kommen.

»Wer fünfzehn Fuß tief in einer Spalte hin und her baumelt, weiß, was Lebensgefahr ist«, revanchiert sich Marshall.

»Scheiße ist das«, sagt Wild, »ich hatte die Hosen voll.«

Die vier Polfahrer arbeiten sich weiter bergwärts. Immerzu hört Wild auf den Klang seiner Schritte, aufmerksam, um zu wissen, ob er auf einer Schneebrücke, zwischen Spalten oder festem Eis steht. Sein Gespür für Eis wird immer wacher.

Der Beardmore-Gletscher, doppelt so lang wie die größten Eisströme in Alaska, ist ein Gigant, neben dem alles andere zwergenhaft erscheint. Bis zu siebzig Kilometer breit, fließt er ein paar hundert Kilometer weit talwärts. Wie gewaltig die Berge links und rechts von ihm sind, ist nicht abschätzbar. Das menschliche Auge ist damit überfordert.

Shackleton hat inzwischen ein paar Bergketten nach seinen Kameraden Adams, Marshall und Wild benannt: um so Begriffe und Orientierungshilfen zu schaffen. Trotzdem verschwinden sie im Nebel oder tauchen wieder auf, ganz wie es die Natur mit ihren Wetterkapriolen will, die einzelnen Gipfel wie Fata Morganas. Darunter noch immer der zerklüftete Gletscher, ein Irrgarten ohne Ende. In allen Richtungen nur Hindernisse zu sehen.

Die Luft ist hier kälter als auf dem Schelf, beim Gehen friert den Männern der Schweiß in der Kleidung. Als sie die Gletscherzunge, die irgendwo unter ihnen im verfinsterten Schelfeis mündet, verlassen, wollen sie zwischen Gletscherspalten zelten. Es gefällt Wild nicht, sind ihm doch die Dunkelheit und die schrecklichen Geräusche aus dem Inneren des Eisstroms im Gedächtnis geblieben. Dazu die tiefen Temperaturen und immerzu Wind.

Arg zerschunden und hungrig erreichen die Männer Tage später ihr Lager am Fuße des Cloud-Maker. Sie benennen den Berg so, weil sein Gipfel fast immer in Wolken steckt. Zum Abendessen zerreiben sie Maisreste, übriges Pferdefutter, zwischen zwei Steinen. Sie wollen Proviant sparen, denn ihr Problem sind die schwindenden Vorräte. Das Zuggeschirr, das sie am Abend in den Schnee werfen, bevor sie im Zelt – die Bambusstäbe aufgestellt, die Zeltplane darübergeworfen und fixiert – die Schlafsäcke ausbreiten und den Kocher anzünden, ist am Morgen eisstarr. Es ist eine Qual, es sich um den Bauch zu spannen und weiterzumarschieren. Sehen können sie wieder einmal nichts.

Alle vier sind in guter Verfassung, als sie Mitte Dezember über Spalten und blaues Eis weiterbalancieren. Es ist die schlimmste Strecke auf dem Weg zum Pol. Sie wissen:

Jeder falsche Schritt kann tödlich enden. Wieder können die Schlitten nur einzeln und stückweise vorwärtsgebracht werden. Zwei Mann ziehen, die beiden anderen stützen die Last von der Seite. Stoisch setzen sie die Reise in Relaisarbeit fort. Es gibt keinerlei Anhaltspunkte, keine Markierungen, die sie leiten könnten. Die undeutlichen Silhouetten der Bergkämme links und rechts verändern sich stetig. Wild weiß nicht, ob sie richtig sind in diesem eisigen Kosmos, er weiß nur, dass sie noch fünfhundert Meilen vom Ziel entfernt sind. Der Klang der Eisdecke unter seinen Füßen zeigt ihm immer noch jene erhöhte Gefahr an, in der sie sich befinden, die Sastrugis geben die Richtung vor, in die sie gehen müssen.

Man weiß nie, wie tief Spalten unter windgeglätteten Schneebrücken sind. Tastend, sich von Schattierungen im Schnee fernhaltend, geht es voran. Die anderen drei vertrauen Wilds Gespür für den sicheren Weg. Ohne zu zögern, über Eis und Schnee zu marschieren, ohne das Ziel zu sehen, ist nur dem Hoffnungsträger möglich, weiß Shackleton. Dieses Vertrauen zueinander bleibt, obwohl jetzt schon klar ist, dass Shackleton zu wenig Proviant hat mitnehmen lassen.

Endlich stehen sie am Anfang des großen Plateaus, 2200 Meter hoch. Einer der größten Gletscher der Welt liegt unter ihnen. Die Eisoberfläche vor ihnen ist besser, keine Gletscherbrüche mehr, nur Spalten, die hier aber gut zu erkennen sind. Isoliert ragen Bergspitzen aus dem Inlandeis, Nunataks, um die sich das Eis windet. Es schneit jetzt viel und immerzu Wind. Wenn sie bis zum Pol kommen wollen, ist höchste Eile geboten, und Shackleton steht unter Erfolgsdruck. Mit möglichst leichter Ladung gilt es also weiterzumarschieren. Auf dem Plateau schaffen sie Tagesetappen von dreißig Kilometern und mehr. Die Rationen aber sind gekürzt: Um länger mit ihrem Proviant auszukommen, hungern die Männer. Täglich werden pro Mann zwei Biskuits, Pemmikan und Zucker eingespart. Für weitere Meilen nach Süden. Dieser Hunger! Er wird von Tag zu Tag schlimmer, höhlt die Männer, die nachts vom Essen träumen, aus.

Als Wild einen Felsen besteigt, um den Weiterweg zu überblicken, fühlt er sich müde, kurzatmig, ja krank, sagt aber nichts davon zu den anderen.

»Plateau in Sicht. Morgen sind wir am Ende aller Schwierigkeiten«, lautet seine Meldung, als er im Lager zurück ist.

Von oben hat er Felsstücke mitgebracht, die wie Kohle aussehen.

»Ein Fund für die Wissenschaft«, sagt Shackleton.

»Das Material liegt in Schichten, im Sandstein.«

»Unsere Zeit reicht nicht, die Flöze zu untersuchen.«

»Auf dem Rückmarsch?«, fragt Wild.

»Vielleicht.«

»Weit kommen wir eh nicht mehr.«

»Wenn wir am Ende nur die Kleidung mitnehmen, die wir am Körper tragen, und Proviant für ein paar Tage zurücklassen, der zurück bis zum nächsten Depot ausreichen muss, kommen wir noch weit«, ist Shackleton überzeugt.

Im Depot, auf einer Felsinsel angelegt, wird also wieder nur das Allernotwendigste für die Heimreise zurückgelassen.

»Südwärts!«, ruft Wild, ohne seine Schwäche zu zeigen.

Der Wind bläst von vorn, Nasen und Wangen erfrieren,

Eiskristalle tanzen in der Luft. Die Schneefläche, auf der sie gehen, scheint in einem dunstigen Horizont zu verschwinden. Der Schlitten schleift wie auf Sand über den buckeligen Untergrund, die Hoffnung, das Ziel zu erreichen, wird mit jedem Schritt weniger. Minus 40 °C. Zirruswolken, vom Wind gekämmt, jagen abgerissen zum Horizont, und der starke Südwind bürstet die Schneekörner gegen ihre Marschrichtung. Am Abend – nein, es gibt keinen Abend mehr, nur das Sonnenlicht kommt aus einer anderen Richtung – fallen sie hungrig in den Schlaf. Nie Windstille. Mit Pony-Mais verlängert, ist Proviant für fünf Wochen übrig, sie sind aber noch dreihundert geographische Meilen vom Pol entfernt. Mit den knappen Rationen ist es nicht bis zum Ziel und zurück zum letzten Depot zu schaffen, weiß Wild. Die Lippen sind seit Wochen wund und aufgesprungen, die Kleider zerschlissen, die Hoffnung aufgebraucht. Jeder der Männer zieht an einer Last von neunzig Kilogramm. Immerzu gebremst vom trockenen Schnee.

Weiter! Keiner will als Erster aufgeben. Auf dem schweren Untergrund – windgeformte Sastrugis – ist der Marsch trotz Kälte eine schweißtreibende Arbeit. Beim Rasten bilden sich dann Eiskrusten unter den Jacken. Dazu kommen vereiste Bärte, kalte Hände und Füße. Sogar in der Sonne ist minutenlanges Herumstehen unerträglich. Socken und feuchte Unterkleider werden erst im Lager wieder zum Trocknen aufgehängt. In der Kälte sind sie im Nu mit Schneeblumen bedeckt – weiß und leicht wie Daunen. In den Mittagspausen reicht oft eine Stunde, um die Rentierfellschlafsäcke luftzutrocknen. Gleichzeitig werden die Schlitten umgedreht, um ihre Kufen glätten zu können. Sie sind nach dem

Gletscheraufstieg stark abgenutzt und rutschen im weichen Schnee schlecht.

Noch einmal begünstigt herrliches Wetter das Vorankommen. Ein Glück, bei schlechten Sichtverhältnissen wäre es ungleich schwieriger, durch das Labyrinth von Sastrugis zu finden. Zwischen den Nunataks, die Marshall vermisst, ist die Bewegung des Eises gering, jede Spalte mit Schnee gefüllt. Der wüste Wind aber hat Furchen ins Eis gefräst. Bald zwingt er sie, im Zelt zu bleiben: eine Nacht lang, einen Tag, noch eine Nacht. Immerzu lärmen Eiskörner, die an die Zeltwand geworfen werden. Dazu Sturm, als fahre ein Schnellzug vorbei. Das Zelt flattert, und Wild, krank und wach, ist in Sorge, dass es zusammenbrechen wird, sagt aber immer noch nichts. Er stützt die Zeltplane von innen, während die anderen schlafen. Als der Wind abflaut, brechen sie wieder auf, irrlichtern im Nebel und 2500 Meter über dem Meeresspiegel sechs Meilen weiter: Eiszapfen in den Bärten, Frostbeulen an Fingern und Ohren. Wild kommen Zweifel, ob es ein Ziel oder der Tod ist, dem sie entgegengehen. Noch 450 Kilometer bis zum Pol! Tagsüber Schneestürme von Süden und immerzu stumpfer Schnee – sie kommen zu langsam voran. Wegen der knappen Rationen. Bei Gegenwind und zunehmender Höhe fühlen die Männer die Kälte doppelt. Trotzdem, sie bleiben immerzu auf den Beinen, nur gehend können sie sich warm halten.

Am 23. Dezember, die Oberfläche wird sichtlich besser, lassen die Männer einen ihrer beiden Schlitten zurück, setzen den Marsch aber fort. Die Farben auf der Eisfläche vor ihnen wechseln von Hellblau bis Türkis. Wundervoll die Berge, die hinter ihnen schwinden, in einem Hauch von

Rosa. Alles erscheint jetzt weit weg, als würden Raum und Zeit sich gegenseitig aufheben. Wild, zerrissen zwischen Angst und Pflicht, macht sich Sorgen.

»Ich kann meinen Augen nicht mehr trauen«, sagt er halblaut.

Er ist krank, will aber das Grundvertrauen der Gruppe nicht schwächen. Also hält er durch.

»Wie weit willst du noch, Shack?«, fragt er in einer Pause.

»Hängt von dir ab«, ist Shackletons knappe Antwort.

Kein Kommentar von Adams und Marshall.

Weihnachten: Schneesturm und beißender Südwind. Sie sind am Ende der Welt angekommen, bleiben im Zelt liegen, irgendwo auf dem Eis, 85° Süd, 3300 Meter hoch, unendlich weit weg von jeglicher Zivilisation. Schneewüste um sie herum – weit wie das Meer. Sie feiern! Ein letztes Mal wollen sie sich satt essen. Ihr Weihnachtsdinner – erster Gang Ponyfleisch, aufgekocht mit Pemmikan, als Hauptgang Oxobouillon und Biskuits, zum Nachtisch in Kakaowasser gekochter Christmas Pudding und für jeden ein Tropfen Cognac, später Kakao, Zigarren und ein Löffel »Crème de menthe« – ist gleichzeitig eine Vorahnung ihres Weges zurück.

Mit Frostbeulen im Gesicht und dem Union Jack der Königin neben dem Zelt, wissen sie jetzt um das maximale Ausgesetztsein auf dieser Welt. Leben und Heimweh sind ein einziges Gefühl geworden.

Sie wissen: Zum Pol und zurück zu ihrem jetzigen Lager ist es noch eine Ewigkeit. Zudem müsste der pro Woche berechnete Proviant für jeweils zehn Tage reichen. Mit jedem

Schritt vorwärts marschieren sie zwei Schritte vom Überleben weg.

Stoisch, als wollte keiner in der unendlichen Schneewüste verzagen, stapfen sie weiter durch den Schnee. Hindernis folgt auf Hindernis.

»Wir essen zu wenig«, sagt Marshall in einer Rastpause.

»Ja«, antwortet Wild: »Wenn wir uns das nötigste Quantum Proviant für das Überleben gönnen wollen, ist es besser, die Idee vom Pol aufzugeben.«

»Lieber früher als später«, ist auch Adams' Rat. »Unmöglich, bis zum Pol zu kommen.«

»Eine kleine Chance haben wir noch«, sagt Shackleton.

»Eine größere, umzukommen«, sagt Wild ironisch. Er hat sich erholt und strahlt wieder Zuversicht aus.

»Ein Gewaltmarsch als allerletzte Möglichkeit«, ist Shackletons Vorschlag.

Hofft er immer noch, den Pol Mitte Januar zu erreichen? Ende Februar müssen sie doch am Hut Point zurück sein! Spätestens!

Die Männer aber, alle erschöpft und noch weit hinter ihrem Soll zurück, werden langsamer, immer langsamer. Die große Höhe über dem Meeresspiegel, die zu knappe Nahrung und die durchdringende Kälte schwächen auch ihren Geist. Mehr noch als ihre Körper.

»Wir müssen die Rationen aufstocken«, meint Wild. »Um vorwärtszukommen, brauchen wir mehr Kalorien.«

»Und wenn wir alles riskieren?«, fragt Shackleton. »Sprint zum Pol in Sturmmärschen, von einem Depot aus, 120 Kilometer vom Ziel entfernt.«

»Nicht zu schaffen!«, sagt Wild und schüttelt den Kopf.

Ist Shackleton naiv? Ihr Schlitten ist bei schlechter Oberfläche und niedrigen Temperaturen kaum von der Stelle zu bekommen.

»Nur ein Narr redet von Sturmmärschen«, sagt er halblaut.

Trotzdem, Wild folgt weiter seinem Leader. Und dieser setzt auf die Vorsehung. Wie seit acht Wochen schon, wie sein ganzes Leben lang. Sie gehen wie über die gefrorenen Wellen eines Ozeans. Immer mit Blick zum Horizont, während die Schneefläche unter ihren Schritten zurückweicht. Wild sieht keinen Sinn mehr in der Reise. Nur sein Gemütszustand wechselt wie das Licht: Am Morgen, in den hellen Strahlen der Sonne, ist oft ein silbriges Glitzern über dem Boden; am Vormittag, wenn es windstill bleibt, leuchtet die Schneefläche bläulich, und gegen Abend ist der Glanz violett. Eine leichte Brise, die – ohne den Schnee aufzuwirbeln – darüber hinwegstreicht, färbt Wilds ganze Welt golden. Es reichen aber dünne, zerschlissene Schlieren am Himmel, und all dieser Glanz ist verschwunden wie seine Lebensfreude. Im Whiteout dann, wenn Schneetreiben und Nebel alles Licht wegnehmen, ist seine Welt winzig und grau. Obwohl die Sonne darüber nicht untergeht. Das Schneeland, das sich in immer flacheren Wellen vor ihm ausbreitet, ist plötzlich trostlos und leer.

Wild hat – auf dem Marsch über Wellentäler und Kämme, durch Sastrugifelder und Schneewehen – jedes Maß für ihr Vorankommen verloren.

»Wir gehen im Kreis«, sagt er.

»Oder unsere Messungen sind falsch«, sagt Adams. »Oder wir sind verrückt?«

»Schon möglich, dass wir dabei sind, den Verstand zu verlieren.«

Aber auch in den großartigen Lichtstimmungen empfindet Wild sein Dahinstolpern jetzt als sinnlos, seinen Körper als Wrack, seine Muskeln wie betäubt. Seine in Taubheit gepackte Qual nimmt nicht mehr zu. Ohne zu denken, geht seine Gestalt über das Schneeland. Er sieht sich nur gehen. Wie auf einem fremden Stern, ohne irdisches Maß, ohne eigene Identität. Ihm ist, als könnten die anderen durch ihn hindurchsehen.

Anfangs haben die Männer unter den ständig gleichen Bewegungen gelitten. Wie auch unter ihrer Langsamkeit. Woche für Woche aber hat der Schmerz nachgelassen. Bis die Märsche zu einer Gewohnheit geworden sind: Kein Gespür mehr für kalte Füße, sie könnten jetzt aus Holz sein; jeder Nerv für Schmerz taub; Lungen und Herz arbeiten wie Roboter in der Brust. Bei der Rast erblickt Wild auch in den anderen Gestalten nichts als Umrisse – Überhosen, Windjacken, Handschuhe, Mützen, vereiste Bärte –, jede nur noch an ihrer Position am Schlitten zu identifizieren.

Shackleton und Wild reden immer weniger miteinander: beim Schlittenziehen nicht, weil der Atem fehlt; vor dem Zelt wenig, weil der Kiefer sperrt; im Schlafsack nie, weil sie sofort wegdämmern. Shackleton reckt vor dem Einschlafen gelegentlich den Kopf, schaut zu Wild hinüber, als warte er auf einen Ratschlag. Es kommt keine Reaktion, auch kein Zeichen zur Umkehr, nichts.

Nachts, im Halbschlaf, versucht Wild sich den Rückweg vorzustellen: so vage wie den Hinweg. Seine Erinnerung daran aber ist so weit weg, dass sich alle Vorstellung in Raum-

und Zeitlosigkeit verliert. Marsch, Zeltaufbau, Schneeschmelzen, Kochen. Im Rückblick fühlt es sich an wie ein Leben für sich. Erst die Erinnerungsbilder des gemeinsamen Essens aus einer dampfenden Schüssel holen ihn in einen Zustand des Hoffens zurück.

Am anderen Morgen aber schnallen die vier Verlorenen Zelt und Schlafsäcke auf den Schlitten und setzen die monotone Schinderei fort. Der Horizont vor ihnen springt mit jedem Schritt weiter, die weiße Unendlichkeit bleibt immerzu die gleiche. Jede Rast ist ein kurzes Durchatmen, das Lagern längst Routine, auch ein feuchter Schlafsack kein Problem mehr.

Die Expedition nähert sich dem Ende. Nur die gemeinsame Mahlzeit im Zelt, nach ungezählten Wiederholungen zum Ritual geworden, gibt ihren Leben noch Halt. Der Hunger scheint aufgehoben, aus ihren Mägen gewichen wie viele andere Empfindungen aus ihren Körpern. Trotzdem, sie werden mit jedem Tag hungriger, müder, älter. Jeder beobachtet es an den Gesichtern der anderen, die härter werden, die Haut gerunzelt, vom Frost verbrannt. Steif ihre Haltung, der Rücken gebeugt, stolpern die Männer vorwärts, als steckten sie in fremden Körpern. Eine Brise aus Süd und die Oberflächendrift gebieten Halt: Erschöpft von den unsäglichen Strapazen des Schlittenziehens, bleibt Shackleton stehen. Wie lange können sie noch durchhalten? Allen vieren zwickt es im Gesicht, einer blutet aus der Nase, Shackleton leidet an Kopfweh. Ihre Schwäche, dazu Südwind und Schneetreiben, zwingt sie ins Lager. Der Pol ist so nicht zu erreichen. Warum also schleppen sie den

Schlitten über den Schnee? Wieder peitscht der Sturm stundenlang Schneekörner gegen die Zeltwand, ihre gefrorene Atemluft rieselt als Raureif auf die Schlafsäcke nieder. Wie sollen sie sich warm halten, wie Kraft für die Heimreise schöpfen?

»Wir dürfen uns vom Wind nicht aufhalten lassen«, sagt Shackleton.

»Das Problem ist die Unterernährung«, sagt Marshall.

»Er hat recht, wir haben zu wenig zu essen«, warnt Wild zum hundertsten Mal.

»Trotzdem, wir müssen unser Menschenmögliches tun!«

»Niemand schafft Übermenschliches.«

»Die Vorsehung«, tröstet Shackleton, »wird uns helfen.«

»Auf dem Rückweg vielleicht.«

Das alte Jahr geht zu Ende. Schneetreiben, trotzdem stapfen sie weiter. Bei Gegenwind und weichem Schnee. Alle plagen Kopfschmerzen und Schwäche. Bei 87° Süd angekommen, wird wieder beraten.

»Der Proviant reicht für keine drei Wochen mehr«, sagt Wild.

»Die Biskuits?«

»Für die nächsten vierzehn Tage.«

»Wie viele Kilometer sind es hin und zurück?«, fragt Marshall. Will er prüfen, ob sich Shackleton bewusst ist, was sie tun?

»Wir müssen unser Bestes geben«, sagt dieser nur.

Zu müde, um zu reden, Frostbeulen im Gesicht, das Wetter schlecht – die Reise aber geht weiter. Die Tagesleistung sinkt, der Hunger wird weiter unterdrückt, die allgemeine Schwäche nimmt Tag für Tag zu. Tagsüber tropft Speichel auf ihre Jacken, auch die feuchte Atemluft friert in den Bärten, was sie elend erscheinen lässt. Noch 280 Kilometer vom Pol entfernt, haben sie zwar alle Rekorde gebrochen, sind aber mit ihren Kräften am Ende.

Shackleton will trotzdem nicht aufgeben. Noch nicht.

Die Männer akzeptieren ihren Boss, vertrauen aber Wild: Sie wissen jetzt, dass der Südpol auf einem mehr als dreitausend Meter hohen Plateau liegt; dass ihre geographischen und meteorologischen Aufzeichnungen für die Wissenschaft von Bedeutung sind; ihr Marsch einen großartigen Rekord bedeutet. Nur die Südpoltrophäe fehlt. Für Shackleton bleibt sie das Wichtigste. Wild aber tickt anders: Im schlechten Licht, zwischen Sastrugis – ständig das Gefühl, im Stolpern zu fallen – lässt er Shackleton zögern. Es schneit aus dünnen Nebeln, die Welt ist verschwunden, der nächste Schneesturm kündigt sich an.

»Wenn wir weitergehen, wird es unmöglich, zum Depot zurückzukommen«, sagt Wild.

»Wir wären verloren«, weiß auch Shackleton.

»Uns läuft die Zeit davon.«

»Und der Proviant schwindet«, sagt Shackleton. »Ich weiß.«

»Wir haben zu wenig für den Heimweg.«

»Trotzdem, lasst uns ein letztes Depot errichten und ohne Last vorwärtsstürmen. So weit es geht.«

»Auf diesem Plateau gibt es nichts mehr zu erforschen«, sagt Wild.

»Aber ein Ziel zu erreichen.«

»Um dafür zu sterben?«

»Drei Tage noch, so viel können wir aushalten.«

»Unsere Kräfte nehmen rasch ab, Hunger und Kälte nehmen zu«, sagt Wild. »Unser Spielraum ist nahezu null.«

»Ich weiß, der Weitermarsch ist ein Risiko«, sagt Shackleton, »trotzdem, lasst uns ein letztes Wagnis eingehen.«

Wieder sind alle einverstanden. Der Menschenfänger hat gewonnen, und die kleine Kolonne setzt sich in Bewegung. Eine Bambusstange mit einem Sackfetzen als Fahne markiert ihr Depot. Inmitten der gleißenden Unendlichkeit bleibt es zurück. Pro Mann zerren sie jetzt noch 32 Kilogramm Last hinter sich her. Wild fühlt sich schwach und überflüssig, er ist aber nicht mehr krank. Er weiß, dass er Shackleton stoppen muss. Nicht, weil es vollkommen aussichtslos ist, den Pol zu erreichen, vor allem weil Shackletons Wahn, noch weiter nach Süden vorzustoßen, noch weiter als andere je kommen sollen, sonst tödlich endet. Shackleton funktioniert jetzt wie ein Automat. Zwar nehmen auch seine Kräfte mit dem Gefühl der Nutzlosigkeit des Marsches ab, sein Geist aber scheint sich über jede Müdigkeit und allen Schmerz zu erheben. Er ist ein Getriebener, sein Mechanismus nur noch in Gang gehalten von einem fernen Rivalen – und viel weniger vom Verlangen, den Pol als Erster zu erreichen und damit berühmt zu werden. Schließlich ist der Pol nichts als ein gedachter Punkt irgendwo auf der Schneefläche, die sie bereits erreicht haben. Wild erkennt den Wahn in Shackletons Augen, jene hirnlose Besessenheit, Ausdruck von Rivalität, die auch den Tod in Kauf nimmt. Shackleton weiß nicht, was er wirklich will.

Bis über die Knöchel im Schnee, zerren die Männer weiter am wiederholt notdürftig geflickten Schlitten. Die Kälte geht ihnen durch Mark und Bein, jede Bewegung ist eine Qual.

Wild aber weiß auch den Irrsinn in Shackleton zu nutzen. Als ob er in schlimmster Not als Psychologe zu Hochform auflie-fe. Ist das Leben seiner drei Kameraden doch ebenso bedroht wie das seine. Wild ist überzeugt davon, dass sie rechtzeitig zum letzten Depot und zur Küste zurückkommen, wenn er Shackleton jetzt stoppen kann. Was möglich ist, nicht, was Shackleton will, wird zuletzt geschehen. Soll heißen, seine Entschlossenheit wird siegen. In Gedanken so gerüstet, verbreitet Wild Zuversicht und Horror gleichermaßen.

»Es reicht«, sagt er bei der nächsten Rast. »Mach endlich Schluss. Wir sind am Ende, alle vier, der Pol ist auch für dich zu weit weg.«

»War doch ein guter Marsch«, kontert Shackleton.

»Ich will nur an die Heimkehr erinnern.«

Shackleton schüttelt den Kopf.

»Nenn mir einen einzigen Grund, weiter nach Süden zu kommen, statt zurückzugehen?«

»Verdammt, nur ein paar Tage noch.«

»Warum, frage ich dich!«

»Diese Chance kriege ich nie wieder.«

»Ja, nie wieder! Weil du umkommst. Und was ist mit uns?«

»Ich weiß, Frank, ohne eure Hilfe komme ich weder voran noch zurück.«

»Gut, geh weiter, wohin du willst.«

»Und du?«, fragt Shackleton.

Wild versetzt sich in Shackletons Vision. »Ich komme mit. Wenn es sein muss auf Knien.«

Shackleton sieht Wild einen Moment lang an, nickt und legt sich wieder ins Geschirr.

Am 9. Januar, nach einem sechzigstündigen Schneesturm, treten die Männer hinaus in den Wind, lassen das Lager stehen und ziehen weiter nach Süden. Die Wolken treiben dahin, die vier dunklen Punkte verschwinden hinterm Horizont, der Pol von der Erdkrümmung verschluckt: Windstärke neun, wenig Sicht, 3300 Meter Meereshöhe. Es ist ein armseliges Vorankommen. Bei 88° 23' Süd und 162° Ost – schneidender Frost und klamme Finger – ist auch Shackleton angekommen. Er hisst die Flagge. Der Schneesturm heult, der Frost brennt in seinem Gesicht, Krämpfe quälen sein linkes Bein. Auch seine Energie ist aufgebraucht. Er weiß: Ein Weiter unter diesen Umständen wäre Selbstmord. Die Blutzirkulation mangelhaft, die Schuhe abgenutzt, die Kleider an den Leib gefroren – Shackleton sieht es ein, Wild hat gewonnen: Sie müssen zurück. Der Selbsterhaltungstrieb hat auch sie im Griff, die Menschennatur ist stärker als ihre Besessenheit.

»Endlich«, seufzt Wild. Er weiß, dass Marshall und Adams das Gleiche denken. Ein letztes Mal spähen alle vier in Richtung Südpol. Da aber ist nichts zu erkennen, nichts als die totenbleiche Ebene, über die sie seit Wochen dahinstolpern und über die sie zurückmüssen.

Den Union Jack Ihrer Majestät, der Königin, sowie die Nationalflagge gehisst, nehmen sie im Namen des Königs Besitz von diesem Plateau. Ihr Ziel liegt irgendwo auf dieser Ebene, ihre Hoffnung jetzt aber ist das Schiff. Sie wenden sich nach Norden, heimwärts.

»Wie zurück?«, will Adams wissen.

»Durchhalten und auf Gott vertrauen!«, ist Shackletons Antwort. Ist er wirklich so naiv?, fragte sich Wild.

Bei leichtem Südwind beginnt am 10. Januar der Rückmarsch. Die Männer gönnen sich eine einstündige Mittagsrast und sind im Lager zufrieden mit ihrer Tagesleistung. Sie haben dreißig Kilometer geschafft. Die Fahne der Königin jetzt auf dem Schlitten, geht es Tag für Tag nordwärts zurück in ihr Leben. Wild als Hoffnungsträger geht wieder voraus. Auch wenn oft jedes Anzeichen dafür fehlt, vertrauen die anderen seinem Instinkt. Er hat ein Gespür für die richtige Richtung, und meist sind ihre Spuren noch zu erkennen. Zum Glück.

Die Schlittenfährte hält die Männer auf Kurs, und sie finden das letzte Depot. Das nächste, wissen sie, liegt 225 Kilometer weiter im Norden. Eine tödliche Distanz, wenn sie nicht schnell genug sind.

Über Sastrugifelder – die alte Spur nicht zu erkennen, Orientierungsfähnchen fehlen – geht der Marsch Tag für

Tag weiter nach Norden. Sie haben Rückenwind, und auf der harten Oberfläche des Plateaus – sie sieht aus wie gekräuselte See – kommen sie gut vorwärts. Jetzt ist der Südwind von Vorteil, und Shackleton ist der Held.

»Ich wusste es, heimwärts geht es schneller«, sagt er.

»Solange die Verhältnisse so bleiben, besteht Hoffnung«, sagt Wild.

Durch ein Missgeschick kippt die Stimmung. Auf eisiger Fläche rutscht der Schlitten in eine der Klüfte. Bei der Bergung springen ihre Frostbeulen auf, die Männer frieren, schlafen schlecht. Zwei Stunden sind sie abends allein damit beschäftigt, heißes Essen zuzubereiten: Pemmikan und heißes Wasser! Zum Frühstück gibt es Zwieback und Tee; zum Mittagessen Tee und Zwieback; die Hauptmahlzeit essen sie abends. Anschließend wird die Zelttür verschnürt. In den Nächten stürmt es, am Morgen ist alles vereist. Sie haben nur noch für sechs Tage Proviant.

Auch wenn an wolkenlosen Tagen die Sonne vierundzwanzig Stunden lang am Himmel steht, bleibt die Temperatur niedrig. Immerzu Wind aus der Richtung ihres verlorenen Ziels: Südsüdost, Südost, Süd oder Südwest. Ohne Unterbrechung weht er über das Plateau, pfeift ums Zelt, hört nie auf, und die Drift macht den Schnee stumpf. Noch 193 Kilometer bis zum nächsten Depot.

Am 15. Januar schaffen sie einen Tagesmarsch von 32 Kilometern. Trotz Schneesturm. Der Schlittenspur weiter folgend, kommt anderntags Land in Sicht. Zum ersten Mal nach der Umkehr. Es geht bergab, und mit 36 Kilometern Tagesleistung schaffen sie einen Rekord. Am 18. Januar, mit Rückenwind und Segelhilfe, sind es sogar 43 Kilometer.

Shackleton ist euphorisch, geht aber wie im Taumel, erscheint ungeschickt, ja unsicher. Hat er sich verausgabt? Wiederholt bricht er in Gletscherspalten ein, strauchelt, verletzt sich: einmal an der Schulter, dann am Knöchel. Wild macht sich Sorgen um ihn. Der starke Südwind aber muss weiter genutzt werden, ist er doch die größte Hilfe auf dem Heimweg. Und ihr Vorankommen entscheidet über Leben und Tod.

Bis sie auf blaues Eis treffen. Sie haben das Plateau hinter sich gelassen, seilen den Schlitten ab. Shackleton, zu schwach, um mitzuhelfen, überlässt wieder Wild die Führung. Der kommt mit der Unterernährung offensichtlich am besten zurecht. Aber wieder geht der Proviant zur Neige: keine Biskuits mehr, nur noch eine Ration Kakao, Tee, Salz und Pfeffer. Damit allein aber sind ihre Körper nicht leistungsfähig und warm zu halten.

»Wir müssen das Depot erreichen, bevor Shack zusammenbricht«, mahnt Wild.

»Spätestens morgen«, sagt Marshall.

Alle vier sind todmüde, das Wetter bleibt zum Glück gut. Wild macht sich Vorwürfe. Obwohl er alles getan hat, um Shackleton zuerst zur Vernunft und dann weiterzubringen.

»Hätten wir früher kehrtgemacht, wir wären schon gerettet«, klagt er sich selbst an.

Die Sonne steht jetzt über einem orangefarbenen Horizont, die Wolken davor gestaffelt von tiefem Schwarz bis Zitronengelb. Eine derartige Vielfalt an Farben hat Wild noch nie beobachtet. Dann bewölkt sich der Himmel, die Sonne geht unter. Als sie wieder aufgeht, weil die Wolken verschwinden, fühlt sich die Luft kälter an. Der Wechsel von Sonne und Schatten im Gesicht gehört längst zur täglichen Qual.

Zwanzig Stunden lang – ohne Proviant, Frostbeulen an den Füßen – stolpern die Männer über schlimmes Spaltengelände, kommen zum lebensrettenden Depot. Wangen und Nasen häuten sich, die Lippen sind aufgeplatzt. Durst und Hunger brennen bis ins Hirn. Ihr Hunger aber lässt sich nicht mehr stillen, auch die Kälte ist jetzt schlimmer als am Beginn der Reise. Diese quält sie tagsüber, lässt sie nachts nicht schlafen, zerrt an ihren rissigen Lippen. Am schlimmsten ist der Wind von der Seite, er brennt auf den Wangen. Trotz all dieser Qualen halten sich die Männer Tag für Tag auf den Beinen. Bis Adams kurz vor dem nächsten Depot im Geschirr zusammenbricht. Wild, der Einzige, der seine Schwächeanfälle überwunden hat, führt jetzt die Gruppe über den Beardmore-Gletscher bis zum Schelf.

»Dem Himmel und Frank sei Dank, wir sind auf der Barriere«, dankt ihm Shackleton.

»Noch vier Wochen, wenn alles gutgeht«, schätzt Wild.

»Ich setze auf die göttliche Vorsehung.«

»Ich auf uns vier«, sagt Wild und lächelt.

Achtzig Kilometer vor dem nächsten Depot ist es dann Wild, der wieder erkrankt. Er sieht elend aus: starke Dysenterie. Ist es vom Pferdefleisch, das sie im letzten Depot gegessen haben? Trotz Schneegestöber und schlechtem Licht müssen sie weiter, kommen aber nur langsam voran. Teilnahmslos marschiert Wild in seinem Geschirr neben dem Schlitten, immerzu dem nächsten Depot entgegen. Bis er Ende Januar nicht mehr kann.

Wild aber erholt sich. Als die anderen wieder erkranken,

kann er ziehen. Zuerst trifft es Shackleton. Durchfall. Auch Adams und Marshall leiden an akuter Dysenterie.

»Es ist das Pferdefleisch«, sagt Wild.

Am 4. Februar beginnt die Expedition sich aufzulösen: zu knappe Nahrung, die schlimme Oberfläche, schlechte Sicht und das trübe Wetter machen ihrem Fortkommen ein Ende. Krank liegen alle vier Männer im Zelt, Weitermarsch unmöglich.

»Großer Gott«, betet Shackleton im Fieberwahn, »lass uns gesund sein.«

Es ist dann Wild, der sich auf die Beine zwingt, die anderen unter Qualen herausfordert.

»Weiter«, sagt er nur. Wenig später setzt sich der marode Haufen in Bewegung.

Bei halben Rationen, entsetzlich hungrig, schleppt sich Wild voraus über die Barriere. Er hat sich nicht erholt, das Vertrauen aber, das die anderen drei ihm geben, macht ihn stärker, als er ist. Nicht das Versprechen, dass die Sache gut ausgeht, sondern die Überzeugung, dass Wild die Sache im Griff hat, nährt Shackletons Hoffnung. In der Gewissheit, dass er das einzig Richtige tut – egal, wie es ausgeht –, folgen ihm die anderen.

»Wir werden wieder zu Kräften kommen«, sagt Shackleton.

»Bei diesen Mahlzeiten?«, fragt Wild mitleidig.

Auch als die Dysenterie schwindet, die Oberfläche besser wird, kommt die Gruppe nicht schnell genug voran. Durchfall und Hunger haben sie zu sehr geschwächt. Ob sie ihr nächstes Depot in zwei Tagen erreichen?

»Wir müssen mehr Strecke machen«, mahnt Wild.

»Adams und Marshall leiden immer noch an Anfällen von Dysenterie«, sagt Shackleton. »Das bringt sie um.«

»Versteh endlich, das Problem ist nur im nächsten Depot zu beheben.«

Adams und Marshall bleiben weiter marod. Sie sprechen, denken, halluzinieren nur noch vom Essen. Adams fiebert, Marshall ist zu Tode ermattet, Shackleton verzweifelt. Ohne jede Reserve erreichen sie am 13. Februar ihr Depot. Wild gräbt einen Klumpen Pferdeblut aus dem Schnee und lässt ihn zu Blutsuppe schmelzen.

»Schmeckt wie aufgebrühtes Spülwasser«, meint Shackleton. Sie bleiben also hungrig und geschwächt.

Am 15. Februar – Shackletons Geburtstag – erscheint die Aurora australis auf zerrissenen Wolkenschichten. Ein Geschenk des Himmels? Eine Zigarette dazu, gedreht aus Pfeifentabak und grobem Backpapier, ist ihnen höchster Genuss. Ihr Leidensweg aber ist noch nicht zu Ende. Alles schmerzt: Kopf, Beine, Oberkörper. Zu schwach, um weiterzugehen, schlagen die Frierenden das Zelt auf, kriechen hinein, um sich aufzuwärmen.

»Wir müssen weiter«, befiehlt Wild nach einer Stunde.

Die anderen sehen ihn entgeistert an. Aber auch sie wissen, Rettung ist nur im Weiter, im Immer-Weiter. Ob im tobenden Schneesturm oder bei Sonnenschein. Mit Müh und Not kriegt er sie zum Schlitten.

»Unser Überleben hängt weiter vom nächsten Depot ab.«

Alles außer dem Hunger wird jetzt weniger: ihre Körpertemperatur, die Lebenslust, die Hoffnung, zur Nimrod zurückzukommen. Endlich, im vorletzten Depot, finden sie Pemmikan, Biskuits, Pudding und – was für ein Luxus! –

eingemachte Früchte, Tabak und Zigaretten. Genug Lebensmittel für den Endspurt? Allerdings nur, wenn auch im Minna-Bluff-Depot Proviant liegt.

»Das allerletzte Depot ist unsere Rettung«, hofft Shackleton.

»Was, wenn es nicht wie versprochen angelegt ist?«, fragt Wild.

»Ich habe es so angeordnet«, sagt Shackleton bestimmt. »Das Ende der Hungerleiderei ist nahe.«

»Trotzdem dürfen wir keine Zeit verlieren.«

Sie müssen am Meer sein, bevor ihnen Winter und Dunkelheit zuvorkommen. Die Sonne geht täglich früher unter, es herrscht Endzeitstimmung. Die Männer sind kindlich, ihre Laune hängt allein von ein paar Bissen Nahrung ab. Aber sie bleiben unter sich solidarisch.

»Im Bluff-Depot ist die erste volle Mahlzeit seit Monaten fällig«, verspricht Shackleton.

»Vorausgesetzt, der Proviant ist wirklich da«, zweifelt Wild.

»Da, eine Fahne im Wind«, ruft Shackleton während der Rast.

Es ist der 22. Februar, und auch Wild sieht das Flimmern: eine Luftspiegelung? Das Bluff-Depot? Es scheint nahe, ist aber noch ein gutes Stück entfernt. Als sie es endlich erreichen – eine Biskuitbüchse liegt auf einem Schneehügel, die das Sonnenlicht auffängt und widerspiegelt –, glauben sie sich gerettet. Endgültig.

Am 10. Januar 1909 haben sie sich hungrig auf den Heimweg gemacht, endlich sind sie angekommen. Sogar Delikatessen liegen im Depot: Suppen aller Art, gekochtes Huhn,

Nieren, Pilze, Ingwer und Kekse. Die Fülle und Abwechslung der Nahrung machen ihr Leben für einen Moment zum Fest. Im Depot liegt auch eine Nachricht von Joyce: »Die Nimrod wird am 1. März ablegen und zurück nach Neuseeland segeln.« Sie haben jetzt zwar genügend Lebensmittel, aber zu wenig Zeit. Die Notiz ist vom 20. Januar. Shackleton liest einen weiteren Satz daraus vor: »Das Schiff ist seit 5. Januar zurück, und alle sind wohlauf.«

»Habe ich es nicht gesagt!«, ruft Shackleton.

Wild antwortet nicht. Er leidet schon wieder an Durchfall: das Ponyfleisch! Die anderen essen und können nicht aufhören zu essen. Monatelangem Hunger folgt die Völlerei. Wild aber, mit einem Rest an Selbstdisziplin, warnt vor zu viel Appetit. Er weiß, ihre geschrumpften Mägen können so viel Nahrung nicht mehr vertragen.

Am 24. Februar ist es heiter. Nach dem Frühstück – Eier, getrocknete Milch, Hafergrütze, Pemmikan und Biskuits – ist die Gruppe wieder unterwegs. Keiner zweifelt mehr am guten Ausgang der Expedition. Sie werden am Meer sein, ehe ihr Schiff ausläuft.

»Sorry, Shack, dein Plan geht wirklich auf«, lobt Wild ein paar Tage später.

»Danke, Frank«, sagt der Angesprochene nur. Sein Gesicht ist aufgedunsen, im Bart hängen Eiszapfen.

»Wir werden rechtzeitig ankommen«, sagt Wild.

Plötzlich aber fällt Marshall zurück. Er leidet an Magenlähmung und erneut an Dysenterie. Die anderen warten. Zerrissene Wolkenmassen jagen über den Himmel. Kündigen sie einen Schneesturm an? Im Blizzard, wissen alle, kann Marshall unmöglich weitermarschieren.

»Wir müssen ihn zurücklassen«, denkt Shackleton halblaut neben Wild.

»Allein zurücklassen?«

»Was, wenn das Schiff wie angekündigt am 1. März ausläuft? Ohne uns?«, gibt Shackleton zu bedenken.

»Lass uns das Schlechtwetter im Lager abwarten.«

Am 27. Februar lässt der Schneesturm nach. Um Mitternacht gehen sie wieder los. Aber Marshall ist zu langsam. Er leidet noch immer. Ein Stück weit hält er durch, kann aber nicht mehr ziehen. In seinem Zustand ist das Meer nicht zu erreichen. Also soll er in Adams' Obhut zurückbleiben. Mit Zelt, Kocher und genug Proviant.

»Wir beide gehen voraus, um das Schiff aufzuhalten«, sagt Shackleton zu Wild. Wild erläutert ihren Plan den beiden anderen.

»Shack wird euch holen kommen«, verspricht er.

»Okay, wir vertrauen dir«, versichert Adams.

Mit Proviant für einen Tag gehen Wild und Shackleton weiter. Sie marschieren den 28. Februar durch. Am nordöstlichsten Punkt von White Island – harter Schnee, gute Sicht – halten sie an, machen Rast. Als sie aus dem Schlafsack kriechen, ist Shackleton zu müde, um aufzustehen. Ihm ist, als ob er sich gerade erst hingelegt hätte. Eine Tasse Tee und ein Zwieback ist alles, was sie noch an Essbarem haben. Es hilft ihnen auf die Beine. Nach fünf Stunden Marsch fragt Shackleton: »Noch eine Weile?«

»Bis zum Meer«, sagt Wild.

»Was macht den Unterschied?«

»Wir müssen nur noch ein paar Stunden durchhalten«, sagt Wild hoffnungsvoll und geht voraus.

Shackleton folgt. Er trägt die Verantwortung, auch für die Zurückgebliebenen.

»Niemand zu sehen am Observation Hill«, sagt Shackleton irritiert.

»Nein. Aber warum hält niemand Ausschau nach uns?«

Als erstmals Wasser in Sicht kommt, sehen sie, dass das Eis südlich von Kap Armitage aufgebrochen ist. Nebel und starkes Schneetreiben aber verhüllen die Welt vor ihnen. Wild und Shackleton stapfen durch das Whiteout. Zwischendurch gibt es Nebellöcher, sie haben ein wenig Sicht auf das offene Wasser. Sie glauben, auf dem Eis davor Hilfskolonnen zu hören, eine Gruppe Helfer zu sehen. Die schwarzen Punkte aber entpuppen sich als Pinguine, die auf dem Rand der Barriere laufen, im Gänsemarsch. Haben sie Halluzinationen? Inzwischen aber schneit es so dicht, dass sie nur wenige Schritte weit sehen können. Ihr Proviant ist ausgegangen, trotzdem müssen sie ihren Weg bis ans Ende gehen.

Plötzlich stehen sie am Rand der Barriere. Das Eis unter ihren Füßen schwankt. Wild kennt diese Gefahr. Ihre Scholle könnte in die offene See hinausgetragen werden. Sie lassen den Schlitten liegen, um schnell zur Hütte zu kommen.

Ihre Zeit ist jetzt knapper, als ihr Proviant je war. Sie müssen Hut Point finden, ehe das Schiff ausläuft. An Castle Rock entlang balancieren sie über Gletscherspalten, klettern über Schneeverwehungen, kriechen Abhänge hinauf. Haben sie die Orientierung verloren? Ihre Füße schmerzen, das Wetter ist scheußlich, sie riskieren viel.

»Auf dem Plateau hatte ich die Rückkehr ins Winterquartier oft vor Augen«, sagt Wild in einer Verschnaufpause. »Allerdings nie so.«

»Wir sind in einer verdammt schwierigen Lage.«

»Alles andere als ein Wiedersehensfest.«

»Ja. Die Heimkehr als Überlebenskampf«, antwortet Shackleton.

»Aber selbst heraufbeschworen.«

»Vielleicht haben wir es nicht besser verdient.«

Als sie auf Hut Point im Nebel die Hütte ausmachen, sind sie erleichtert und schockiert zugleich: kein Mensch zu sehen!

»Zur Hölle, niemand da von der Nimrod«, flucht Shackleton. Es ist der 28. Februar.

Kein Rauch, kein Lebenszeichen. Sie ahnen das Schlimmste, hetzen ein paarmal um die Holzhütte, mit letzter Kraft. Dann klettert Shackleton auf das Dach des Depots und gestikuliert, lässt drei Biskuitbüchsen hinunterrollen.

»Zu essen gibt es genug«, sagt er.

»Hier, frisch gekochtes Hammelfleisch«, ruft Wild.

»Was noch?«

»All dieser Luxus ist umsonst.«

Nur Trostlosigkeit in der aufgegebenen Unterkunft. Ein Brief liegt bereit. Er gibt in Stichworten Auskunft über die Situation: Die Nordexpedition unter Davis und Mawson hat den magnetischen Pol entdeckt und ist gut zurück; das Schiff wird bis zum 26. Februar am Fuße des Tongue-Gletschers ankern.

»Haben wir nicht den 1. März? Oder ist noch Februar?«, fragt Wild.

»Adams und Marshall?«, ist Shackletons Sorge. »Verdammt!«

»Wir holen sie«, sagt Wild.

»Wie?«

»Auf dem Schlitten.«

»Wir sind zu erschöpft, um sie jetzt zu holen.«

In Panik macht sich Shackleton jetzt auf die Suche nach Informationen. Wie nach einem Rest Hoffnung. Er weiß, wenn das Schiff abgefahren ist, sind sie Gefangene auf der Barriere, sich selbst überlassen.

»Adams und Marshall sind in größter Gefahr«, sagt Wild.

»Und sie vertrauen auf uns«, sagt Shackleton.

Die Heimkehrer kochen Tee, essen von den Vorräten, die sie in der Hütte finden.

»Irgendwo da draußen muss doch unser Schiff liegen«, sagt Shackleton. »Wir müssen uns bemerkbar machen.«

Später versuchen sie, den Bretterverschlag, den sie einst für magnetische Messungen gebaut haben, in Brand zu stecken, um auf sich aufmerksam zu machen.

Es gelingt nicht. Später versuchen sie, den Union Jack am alten Kreuz über der Hütte festzubinden. Wieder erfolglos: Ihre Finger sind so starr, dass sie keinen Knoten mehr machen können.

Dann versuchen sie zu schlafen. Sie haben sich in ein Stück Dachpappe gewickelt, verbringen die Nacht im Sitzen. Ihre Schlafsäcke sind auf dem zurückgelassenen Schlitten geblieben. Die Kälte ist mörderisch, Dunkelheit kommt dazu. Zwischendurch zünden sie die Lampe an, um sich aufzuwärmen. Nach dieser Nacht sind sie zu allem bereit. Alles anzuzünden, um eine Rauchfahne aufsteigen zu lassen, selbst höher zu steigen, um zu winken. Sie müssen sich sichtbarer machen!

»Die Flagge«, schreit Wild, »höher empor!«

Plötzlich ein Blinken in der Ferne. Ist es der Widerschein des Schiffes, das hinter Eisbergen liegt?

»Nein, das Schiff selbst«, sagt Wild. »Ich kann es erkennen.«

Zwei Stunden später sind Shackleton und Wild an Bord der Nimrod. Was für Umarmungen! Alle anderen Expeditionsteilnehmer sind gesund, alle Aufgaben zufriedenstellend gelöst. Ein großes Fest ist fällig, alles Bangen vorbei. Auch die Männer auf der Nimrod sind beruhigt, erlöst von ihren Sorgen um die Südpolfahrer.

»Genau heute wollten wir die Rettungsexpedition losschicken, um wenigstens eine Spur von euch zu finden«, sagt Vince.

»Bevor gefeiert wird, wollen wir Adam und Marshall in Sicherheit bringen«, sagt Shackleton.

»Wer soll sie holen?«, fragt Wild.

Shackleton antwortet nicht, er stellt seine Hilfskolonne zusammen.

»Frank, diesmal bleibst du da«, sagt er nur.

Mit Mackay, Mawson und McGillan bricht Shackleton dann zur Barriere auf.

Am 2. März erreichen die vier Retter das Lager der Zurückgebliebenen. Alle gemeinsam treten sie den Rückweg an. Bei heiterem Himmel und in bester Stimmung erreichen sie das Meer.

Wieder ist vom Rand der Barriere aus nichts zu sehen, kein Schiff, das Wasser eisbedeckt, dazu Schneesturm. Im Winterquartier auf Hut Point wird Marshall ins Bett gesteckt, Mackay und Shackleton zünden auf dem Hügel ein Karbidfeuer an und bleiben auf Wache. Wieder kommt das

Wild, Shackleton, Adam, Marshall

Schiff in Sicht, verschwindet aber gleich im Nebel. Wild muss die Feuersignale sehen, er wird eine Lösung finden, weiß Shackleton. Am Nachmittag des 4. März sind alle an Bord der Nimrod, und Shackleton ist der neue Held der Antarktis, Wild bleibt sein Schatten, bis zuletzt.

Kurz nachdem Shackleton aus der Antarktis zurück ist, gibt Scott seine Pläne für eine neue Antarktisexpedition bekannt. Diesmal will er bis zum Südpol, nein, er muss, hat Robert Peary wenige Wochen zuvor doch den Nordpol erreicht. Angeblich. Nach mehreren Versuchen und zwölf Jahren in der Arktis jedenfalls meldet er Erfolg.

Scotts Schiff Terra Nova verlässt Cardiff am 15. Juni 1910, an Bord eine große Mannschaft, Ponys, Hunde und zwei Motorschlitten. Am 29. November 1910 läuft es von Neuseeland Richtung Rossmeer aus. Inzwischen hat auch

Amundsen seine Südpolexpediton angekündigt. Am 4. Januar 1911 schon ist Scotts zweite Expedition im McMurdo Sound. Zwei Wochen später sind alle Vorräte an Land gebracht, am Kap Evans steht ein neues Fertighaus. Scott fühlt sich wie ein General vor der Schlacht. Die Terra Nova kehrt nach Neuseeland zurück, der Showdown Scott gegen Shackleton kann beginnen. Dieser, in England jetzt berühmter als sein einstiger Vorgesetzter, wird als der Held von »Farest South« herumgereicht und gefeiert – in der Presse, bei öffentlichen Auftritten, Vorträgen. Shackleton sonnt sich in seinem Ruhm, genießt die Aufmerksamkeit einer breiten Öffentlichkeit und der Frauen.

AURORA

»Zur Ehre des Königreichs«, ruft der Kapitän, als die Terra Nova am 15. Juni 1910 in Cardiff ausläuft. Als Scott Monate später in Melbourne Zwischenstation macht, liegt ein Telegramm für ihn bereit: »Erlaube mir, Ihnen mitzuteilen, dass die Fram in die Antarktis fährt. Amundsen.« Der Norweger, der ursprünglich mit Hunden zum Nordpol wollte, hat seinen Plan gedreht, als er erfahren hat, dass der Nordpol als entdeckt gilt.

Scott weiß, was die Ankündigung für ihn bedeutet, aber er bleibt gelassen. Sein eigentlicher Rivale, den er in den Schatten stellen will, ist Shackleton, nicht Amundsen. Scott will zum Südpol, wenn möglich als Erster, mehr als alles andere aber will er Shackleton schlagen. Auf die britische Art, die Proviantschlitten selbst schleppend, wie es sein Gegenspieler vorgemacht hat. Anders Amundsen: Er hat seinen wahren Plan bis zuletzt geheim gehalten. Sogar seine Mannschaft sollte glauben, die Reise führe sie um Südamerika herum, über die Beringsee in die Arktis und weiter mit Hundeschlitten zum Nordpol. Auf hoher See erst verkündet Amundsen seinen Leuten seine wahre Absicht.

»Wer will, soll bleiben«, ist sein Angebot. »Wer nicht, darf auf meine Kosten heimreisen.« Er duldet nur Freiwillige in seiner Mannschaft. Die Zwänge kommen später.

»Wer von uns wird zum Pol reisen?«, fragt einer vorsichtig.

»Ruhe«, unterbricht ihn der kühle Norweger, er duldet keine Widerrede. Keiner aus Amundsens Nordpolmannschaft weigert sich, ihm in den Süden zu folgen. Am 14. Januar 1911 läuft die Fram in die Walfischbucht am Ross-Schelfeis ein. Darüber, auf der Barriere, richtet die kleine norwegische Mannschaft ihr Winterlager ein: in einer vorgefertigten Holzhütte, sie nennen sie Framheim. Amundsens Plan ist es, den Südpol über den kürzestmöglichen Weg und auf die schnellstmögliche Art zu erreichen. 1300 Kilometer sind es vom Pazifik zum Pol. Ebenso viele zurück.

Roald Amundsen ist jetzt einundvierzig Jahre alt, zwei Jahre jünger als Scott. Mit der Belgica-Expedition schon war er in der Antarktis gewesen, von 1897 bis 1899. Dann reiste er in der Arktis. Nach der Durchquerung der Nordwestpassage wird der Nordpol sein Ziel. Nansen hatte ihm die Fram überlassen, und Amundsen rüstete sie für eine dreijährige Reise in das Packeis der Arktis aus. Als Peary 1909 aber seinen Erfolg vom Nordpol meldete, änderte Amundsen plötzlich sein Ziel: Süd- statt Nordpol. Er will Erster sein, und weil dies am Nordpol nicht mehr möglich ist, will er zum Südpol.

Roald Amundsen ist auch als selbsternannter Leader eine Ausnahmefigur. Dazu ein erfahrener Hundeführer, ein guter Skiläufer, mit der Ausrüstung und Überlebenstaktik der Eskimos vertraut.

»Amundsen ist als Eis-Spezialist ein Tüftler«, weiß Wilson, der 1902 mit Scott und Shackleton weit im Süden gewesen ist.

»Als er 1898 mit Cook an Bord der Belgica überwintert

hat, experimentierten die beiden mit verschiedensten Eisgeräten, Kleidern und Proviant für ihre eigenen Pol-Expeditionen«, weiß Scott. »Die Nordwestpassage, die wir Engländer dreihundert Jahre lang nicht schafften, nahm er im Handstreich.«

»Dank Erfahrung, genauer Planung und einer guten Portion Kaltblütigkeit«, sagt Wilson.

»Auch Ehrgeiz war im Spiel.«

»Wie immer, wenn Besessene ihr Glück suchen.«

Amundsens Taktik beruht auf Geduld und Schnelligkeit: auf günstige Bedingungen warten und blitzschnell zuschlagen. Im Gegensatz zu Scott, der mit Unterstützung der Royal Navy reist, ist Amundsen auf eigene Rechnung unterwegs. Alles, was er tut, ist Kalkül, er ist ein Profi.

»Auf meiner ersten Antarktisreise haben wir vieles falsch gemacht, und Shackleton ist krank geworden«, sagt Scott dazu selbstkritisch, ja entschuldigend.

»Sechs Jahre später dann ist er fast bis zum Pol gekommen.«

»Sein Scheitern vor dem Pol bedeutet bessere Chancen für uns, ich werde seinem Weg folgen und ihn mit seiner Taktik schlagen.«

Scott hat die Antarktis zehn Tage vor Amundsen erreicht. Er lagert am Kap Evans, achthundert Kilometer westlich von Amundsens Framheim. Beide Gruppen nutzen den Rest des antarktischen Sommers, um ihre Ausrüstung zu testen und Vorratslager nach Süden hin anzulegen. Auf diesen Vorstößen Richtung Pol testen sie auch die verschiedenen Transportmethoden. Verfügt Scott doch über Motorschlitten, Ponys und Hunde als Zughilfen. Er ist sich sicher: »Wir sind im Vorteil.« Wilson bezweifelt es: »Shackleton hatte mit seinem Auto, den Hunden und Ponys viele Probleme«, warnt er.

»Ich weiß, ab Beardmore ist auf Shackletons Route selbst ziehen angesagt.«

»Amundsens Ausgangsbasis liegt dazu hundert Kilometer näher am Pol als unsere«, gibt Wilson noch zu bedenken.

»Die Norweger sollen 110 Schlittenhunde dabeihaben.«

»Sie wollen angeblich nur mit Hundeschlitten operieren.«

»Ob eine so große Hundemeute zusammenzuhalten ist, bezweifle ich«, sagt Scott.

»Amundsen will die Hunde sukzessive töten, um nur die stärksten Tiere bis zum Pol durchfüttern zu müssen.«

»Hund frisst Hund, nennt er die Methode. Ist sie fair?«

»Bei uns in England nicht zu rechtfertigen.«

»Sicher nicht«, sagt Scott abschätzig und im Befehlston.

Amundsen organisiert das Leben im Winterlager familiär. Die Logistik wird diskutiert, das Wetter aufgezeichnet. Sogar wann wie viel Alkohol getrunken werden darf, ist festgelegt.

»Unser Pol ist 1300 Kilometer von Framheim entfernt«, sagt Amundsen.

»Die große Frage ist, wie wir vom Schelf auf das Plateau kommen wollen«, gibt Johansen, der beste Hundeführer im Team, zu bedenken.

»Shackleton hat den Beardmore-Gletscher gefunden, wir werden unseren Weg finden«, sagt Amundsen bestimmt.

Jeder in der norwegischen Mannschaft hat den Winter über seine Aufgabe: Die Ausrüstung wird Stück für Stück überprüft, Kleider werden geflickt, die Skibindungen verbessert, neue Schlafsäcke genäht. Alle hocken eng zusammen und arbeiten.

Die Stimmung im Scott'schen Winterlager ist eine völlig andere: Denn in der britischen Unterkunft herrscht, wie schon 1902 bis 1904, die hierarchische Ordnung der Royal Navy. Proviantkisten teilen die Offiziersmesse vom Mannschaftsraum, die Kommunikation zwischen diesem und ihrem Leader ist spärlich. Scott kapselt sich mehr und mehr von der Mannschaft ab.

»Hat er Angst?«, fragen sich seine Leute.

»Zu großen Druck vielleicht.«

»Aber nicht Amundsen, Shackleton sitzt ihm im Nacken«, weiß Oates.

»Die Ehre des Vaterlands ist ihm alles, hat er bei der Abreise verkündet«, sagt ein anderer.

»Jetzt kommt dazu, Amundsen wird seine Pläne durchkreuzen.«

»Er reagiert aber überhaupt nicht auf dessen Anwesenheit.«

»Weil er weiß, dass die Norweger zu viele Hunde dabeihaben?«

»Es kann nicht Amundsens Plan sein, sie alle zum Pol zu führen! Wie sollte er sie drei Monate lang durchfüttern?«

»Amundsen allerdings kann seine Reise früher beginnen als wir.«

»Warum?«

»Für unsere Ponys ist es im Oktober noch zu kalt.«

»Richtig, Vorteil Amundsen«, meint Oates lapidar.

In den Jahren 1910 und 1911 herrscht also Hochbetrieb

in der Antarktis. Zuallererst sind Amundsen und Scott da. Beide bereiten sich am Rossmeer auf ihre Polreisen vor. Eine deutsche Expedition, geführt von Wilhelm Filchner, ist gleichzeitig auf der anderen Seite, im Weddel-Meer, mit dem Schiff Deutschland unterwegs. Der umgebaute Walfänger hat eine zerlegbare Hütte, Schlitten und Hunde geladen. Der Plan aber, so weit im Süden wie möglich eine Basis zu errichten, um von dort eine Landreise Richtung Pol zu wagen, scheitert gleich am Anfang, weil Filchner seine Hütte auf schwimmendes Schelfeis baut. Wie Amundsen, nur eben auf der anderen Seite des Eiskontinents. Filchners Schelf aber zerbricht, und seine Hütte treibt auf einem riesigen Eisberg nordwärts – mit Ausrüstung, Männern und Hunden. Die Rettung gelingt, das Schiff aber friert ein und driftet neun Monate lang mit dem Eis. Als der Kapitän stirbt, wird die unfreiwillige Drift der Deutschland zum Horrortrip. Als endlich das Wunder geschieht, Schiff und Mannschaft freikommen, ist das Packeis im Weddell-Meer so wenig erforscht wie zuvor.

Gleichzeitig mit Scott, Amundsen und Filchner führt Douglas Mawson die australische Aurora-Expedition in die Antarktis. Mit Professor Davis hat Mawson 1909, im Rahmen der Nimrod-Expedition, den magnetischen Südpol erreicht. Die Australien zugewandte Seite des Eiskontinents ist und bleibt sein Forschungsgebiet. Drei Gruppen sollen sich diesmal die anspruchsvolle Arbeit an der Küste der Antarktis teilen: eine kleine auf der Macquarie-Insel; die Hauptgruppe mit Basis am Kap Denison; eine dritte, geführt von Frank Wild, soll von einer Basis weiter westlich so weit wie möglich ins Innere des Eiskontinents vordringen. Es geht Mawson um »Landerscheinungen«, die der Seefahrer Wilkes beschrieben hat.

Amundsens erster Start Anfang Oktober 1911 wird zum Fehlstart. Wegen zu großer Kälte und heftigen Stürmen muss er zur Winterhütte zurück. Am 20. Oktober dann beginnt er mit Wisting, Bajaaland, Hassel, Hanssen endgültig die Reise Richtung Südpol. Auf vier Schlitten, von 52 Hunden aus Nordgrönland gezogen, sind Verpflegung und Brennstoff für fünf Mann und drei Monate gestapelt.

Scott startet am 2. November. Die Engländer – fünfzehn Mann – ziehen mit allem los, was sie haben: ein Motorschlitten, zehn Ponys und 23 Hunde aus Sibirien. Dreizehn schwere Schlitten werden über das Schelfeis gezerrt. Die Männer dieser beiden Expeditionen laufen auf Skiern – die Norweger gekonnt, die Briten sporadisch und gequält.

Amundsen kommt rasch voran. An jedem Breitengrad lässt er ein Depot mit Proviant und Öl für die Heimreise zu-

rück, markiert die Lager mit aufgetürmten Schneeblöcken. Am Fuß des Transantarktischen Gebirges, 550 Kilometer vom Pol entfernt, leben noch 42 Hunde. Mit all ihren Kräften schaffen die Norweger den steilen Aufstieg zur Südpolarebene. Oben angelangt, lässt Amundsen 24 seiner Hunde erschießen. Ihre Zugkraft wird nicht mehr gebraucht, auch können sie nicht weiter gefüttert werden. Ihr Fleisch wird zum Futter für die übrigen Tiere.

Spalten, Kälte und Sastrugis machen der Amundsen-Mannschaft auf der Polkappe zu schaffen. »Ballsaal des Teufels« nennen sie die gefährlichste Strecke ihrer Route auf der Hochebene – ein Spaltengebiet mit weichem Schnee und vielen Hindernissen. Der Name ihres Schiffes – Fram, übersetzt »Vorwärts« –, wird ihr Motto. Am 14. Dezember 1911 schon erreichen Amundsen und seine vier Begleiter den Pol. Sie sehen sich um. Nichts Menschliches zu erkennen: kein Zeichen, keine Spur, also sind sie die Ersten!

»Ja, wir sind die Ersten«, sagt Amundsen. »Scott ist noch nicht da gewesen.«

Ein paar Tage lang nimmt der Norweger Maß, misst Sonnenstand und Entfernungen, Temperatur und Windstärke. Zuletzt gewichtet er den Erfolg. Hat es sich gelohnt? Nein! Amundsen hat den Sieg, aber keine Genugtuung. Als stünde er am falschen Pol. Dann geht es mit vollem Tempo zurück. Tat ist Tat, ganz gleich, was getan wird oder in welche Richtung.

Ganz anders verläuft Scotts Reise zum Pol. Seine Transporthilfen fallen sukzessive aus: Die Motorgruppe muss bald schon kehrtmachen; die Ponys sterben auf der Barriere; ein erstes Hundegespann kehrt am Fuße des Beardmore-Gletschers um, ein zweites unter Atkinsons Führung am oberen Beardmore-Gletscher. Es herrscht Chaos. Vierzehn Tage später drehen die drei letzten Helfer bei. Es ist der 4. Januar 1912. Scott hat seine Truppe ein letztes Mal geteilt. Er selbst marschiert mit Wilson, Bowers, Oates und Evans weiter – Richtung Südpol. Einen schweren Schlitten im Kreuz, geht er immer weiter, tiefer und tiefer in den Eiskontinent hinein. Es ist ein Marsch ohne Rückendeckung, ein Anrennen gegen jede Vernunft. Alle seine Hilfsmannschaften sind jetzt auf dem Weg zurück zur Küste.

Scott will diesmal mehr als den Pol. Als müsse er zeigen, dass Briten zum Heldentum fähig, für ihre Sache sogar zu sterben bereit sind, zeigt er Aufopferung auf der antarktischen Bühne: »Wer sagt, wir Briten seien dekadent?«

Das Schlittenziehen soll sein Beweis für das Gegenteil sein: Ja, die Selbstaufopferung, die Mühsal, die sie ertragen und teilen, ist bewundernswert. Ihre Tagesetappen aber

schrumpfen bald auf zehn Kilometer. Scotts Mannschaft ist schon ein maroder Haufen, bevor sie den Pol erreichen.

Als sie es geschafft haben, es ist der 17. Januar 1912, stellt Scott fest, dass die Norweger vor ihm da waren – vierunddreißig Tage eher! Er hat Shackleton geschlagen, Amundsen aber ist ihm zuvorgekommen.

In diesen Tagen hat die Aurora, vollgestopft mit Proviant und Ausrüstung, die Antarktis erreicht. Die große Mannschaft muss sukzessive an drei Stellen gelandet werden. Wild sucht in schwerer See und Packeis einen ersten Landeplatz bei der Insel Macquarie. Das Schiff aber steht eineinhalb Kilometer vom Eis entfernt. Erst am 10. Januar 1912 kann mit der Löschung der Ladung begonnen werden. Dann fährt die Aurora an einer schwimmenden Eiszunge entlang weiter. Bis Wild im Süden Land ausmacht.

»Queen Mary Land«, sagt er und weist mit der Rechten zur Landmasse, die sich ost- und westwärts ausdehnt.

»Sind wir richtig hier?«, fragt Mayes, der Meteorologe.

»In diesem Gebiet hat eine Expedition vor zehn Jahren geforscht.«

»Etwa zweihundert Kilometer weiter im Westen muss die Gauß 1902 überwintert haben. Im Packeis eingefroren«, weiß Wild.

»Queen Mary Land hängt mit Kaiser-Wilhelm-II.-Land zusammen, das die Deutschen damals auf ihrer Schlittenreise übers Meereis erreicht haben«, sagt Mawson.

Wild hat inzwischen am Ufer aus zwei Funkmasten einen Ladebaum konstruiert. Eine Drahtseilbahn wird errichtet, und wieder beginnt das Ausladen der Vorräte: Lasten wer-

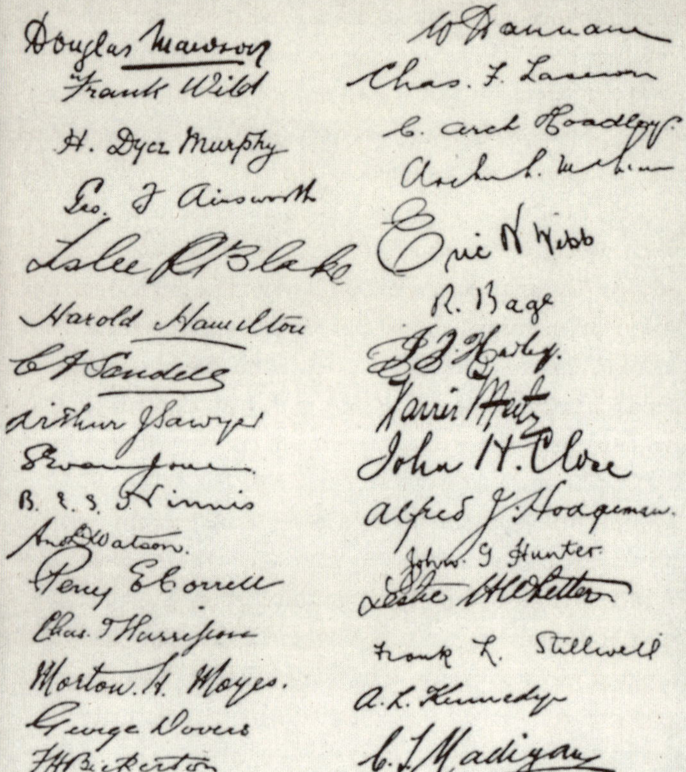

Unterschriften der Mitglieder der Landabteilungen auf der Antarktis und auf der Macquarie-Insel.

den vom Schiff aus Stück für Stück auf eine Scholle gestellt und anschließend unter großer Anstrengung auf das feste Schelfeis gehievt. Immer unter Wilds geschickter Anleitung.

Am 19. Januar ist alles Material auf dem Eis: 23 Tonnen Briketts, zwei vollständige Wohnhütten, ein Observatorium zum Studium des Magnetismus, Ausstattung für Funktelegraphie einschließlich Masten; mehr als zweitausend Lasten mit Geräten, Werkzeugen, Instrumenten, Benzin, Petroleum, Schmieröl, dazu ein »Luftschlitten« und normale Schlitten sowie die auf zwei Jahre berechneten Lebensmittel.

Abschied: Alle Mitglieder der Landabteilung und die Schiffsoffiziere versammeln sich in der Offiziersmesse. Beste Wünsche werden ausgetauscht, man feiert die früheren Erforscher der Antarktis: von D'Urville bis Wilkes. Zuletzt wird ein Toast ausgebracht: »Auf ein Wiedersehen!« Dann, während die Hauptexpedition im Adélieland ihr Heim einrichtet, verschwindet die Aurora im Westen.

Wilds Abteilung soll den Rest der hellen Jahreszeit nutzen, um die Forschungsarbeit westlich von Kap Denison beginnen zu können. Seine Aufgabe ist es, weiter nach Westen zu reisen, 650 Kilometer westlich von Adélieland eine Landung zu wagen und schließlich eine Winterstation dort einzurichten. Auf der Fahrt dorthin sollen an der Küste, wo möglich, Depots mit Vorräten angelegt werden. Andere Schlittenabteilungen könnten sie später brauchen. Die Lage solcher Depots sowie die Koordinaten ihrer Station sollen der Hauptstation per Funkspruch vom tasmanischen Hobart aus mitgeteilt werden.

Wegen Kohlenmangel wird Wilds Abteilung schon Mitte Februar auf dem Schelfeis gelandet. Vereinzelt sind Kaiserpinguine und Weddellseehunde zu sehen. Im Süden ein heller Streifen: Land! Ihr Schelf steht in einer langen Mauer, von Nord nach Süd ausgerichtet. Wild nennt es Shackleton-Schelfeis. Er untersucht die Festigkeit und entscheidet, seine Winterstation darauf aufzustellen. Die Klippe, dreißig Meter hoch, kann allerdings nur über steile Schneerampen erreicht werden. Mit Eispickel und Bergseil steigen die Männer hinauf. Was für ein Ausblick! Knapp dreißig Kilometer weiter im Süden steigt eisbedecktes Land gegen das Innere der Antarktis an. Wild und seine Leute wollen trotzdem auf der schwimmenden Eisbarriere überwintern.

Wild führt diese Westabteilung, einen Ableger der Australischen Antarktischen Expedition, nicht militärisch, aber bestimmt. Sie soll mit Anreise drei Jahre, von 1911 bis 1913 dauern. Seine Mannschaft besteht aus entschlossenen jungen Männern, alle bereit, ihr persönliches Ziel der gemeinsamen Aufgabe unterzuordnen: Watson und Hoadley sind als Geologen angeheuert; Dr. Jones ist Arzt; Harrison Biologe; Moyes Meteorologe; Kennedy Magnetiker und Dovers Kartograph.

Wild vertraut ihnen vom ersten Tag an und bekommt damit ihr Vertrauen.

Am 21. Februar 1912 verschwindet die Aurora im Norden. Die Hauptabteilung unter Douglas Mawson ist plötzlich weit, weit weg, Wild mit seiner Gruppe allein auf dem Shackleton-Schelfeis. Er trägt an dieser Verantwortung, ohne es allerdings zu zeigen. Habe ich auch in schlimmen Zeiten ihr Vertrauen?, fragt er sich, wenn er an frühere Erfahrungen denkt. Die Männer bringen inzwischen Vorräte und Ausrüstung aufs Eis, errichten Zelte und beginnen sechshundert Meter hinter der Schelfeiskante mit dem Hüttenbau. Alle packen an, jeder bringt sich ein. Nie zuvor ist Wild mit einer gutmütigeren Gruppe unterwegs gewesen. Was heute nicht gelingt, versuchen sie am nächsten Tag wieder. Entschlossen, an allem die gute Seite zu sehen, gelingt es ihnen, ein Team zu bleiben. Wild wird als ihr Leader respektiert, er zeigt seinen Leuten, was und wie er es haben will. Seine Autorität kommt von innen.

»Wild schauspielert nicht«, sagt Harrison zu Moyes.

»Und er nimmt uns ernst.«

»Er überlässt jedem von uns einen Teil der Verantwortung und stärkt damit unser Selbstwertgefühl.«

»Er kennt sich aus mit den Menschen.«

»Ja, auf Wild ist Verlass.«

Die Grönland-Huskys, die man für die Schlittenreisen mitgebracht hat, sind laut und ungestüm. Trotzdem bleiben sie Wilds Lieblinge.

»Die Hunde«, sagt er, »brauchen Zuneigung. Sie müssen einmal täglich gefüttert werden.«

»Von wem?«

»Macht es unter euch aus.«

»Bei Sturm«, sagt Jones, der Arzt, »sind sie ganz ruhig.«

»Ja, sie sind wie wir«, sagt Wild. »Bei Gefahr still.«

Eine Woche später ist ihre Hütte bewohnbar, sie misst sechs mal sechs Meter im Quadrat, dazu ein Lagerraum. Das Mobiliar wird gezimmert, und fünf Tonnen Kohle herbeigeschafft. Als der Ofen funktioniert, ist die Stimmung großartig. Alle Vorräte sind da, die Männer schlafen in sieben Kojen, die entlang den Wänden aufgereiht sind.

Die Arbeit beginnt: meteorologische Aufzeichnungen werden gemacht, Chronometer aufgezogen, Instrumente abgelesen, die Huskys gefüttert. Mit ersten Schlittenreisen werden die Hunde trainiert, Depots angelegt. Nur im Sturm ist Pause. Bei Windgeschwindigkeiten von hundert Stundenkilometern ist es vermessen, die Hütte zu verlassen: Es wäre auch unmöglich, draußen aufrecht stehen zu bleiben.

»Wohin gehen die Reisen im nächsten Sommer?«, fragt Jones.

»Zuerst dreißig Kilometer nach Süden, zum Festland«, sagt Wild.

»Ich kann es nicht sehen.«

»Es ist vollkommen im Eis begraben und liegt ungefähr neunhundert Meter hoch«, schätzt Wild.

»Ich freue mich darauf, den Versuch zu wagen.«

»Wir werden bald damit beginnen.«

Die Gletscheroberfläche, in Wellen zum Hochland hin ansteigend, ist spaltig und mit Bruchharsch bedeckt. Schritt für Schritt steigen die Männer im späten Herbst hinter Wild aufwärts. Tag für Tag ziehen sie die Schlitten über zerrissene Eisfelder, Schneewehen, Wellenkämme. Ende März hält sie ein furchtbarer Schneesturm fest. Mehr als zehn Tage lang, zeitgleich mit jenem Sturm, der Scott und seine Begleiter das Leben kostet.

Der Schneefall im östlichen Wind ist so stark, dass auch die Rückreise unmöglich ist. Man sieht keine zehn Meter weit. Einmal will Wild in seinem Burberry-Anzug nach draußen, um das Zelt zu fixieren. Er kriecht ins Freie, Wind und Treibschnee aber sind so stark, dass er zu ersticken droht.

Um Atem zu schöpfen, muss er sofort ins Zelt zurück. Wild zittert am ganzen Körper, kratzt sich die Schneemaske vom Gesicht, atmet wie ein Hund. Zusammengekauert zwischen den anderen, liegt er da. Es ist eng im Zelt. Der Schneestaub liegt sechzig Zentimeter hoch auf den Schlafsäcken, und draußen heult der Orkan. Acht Tage, acht Nächte lang. Die Zeltwand nach Südosten ist eingedrückt, alle Kleider nass, die Schlafsäcke wie Schwämme. Das Überleben ist zur Geduldsprobe geworden. Die Männer sind verzweifelt, sie fluchen, stöhnen, schimpfen.

»Es nützt alles nichts«, sagt Wild.

»Was?«

»Es wird aufhören.«

»Wann?«

»Jeder Sturm hört einmal auf.«

In diesen Tagen, am 29. März 1912, treffen sich Peary und Shackleton im Explorers Club in New York zum Annual Dinner, und während Scott mit seinen Leuten stirbt, führt Wild die Seinen durch die Hölle zurück ins Leben.

Ende März legt sich der Wind, der Schneefall hört auf. Die Männer graben die Schlitten aus und wühlen sich vorerst weiter vorwärts. Eineinhalb Meter hoch liegt der Neuschnee, weich wie Puder. Bei jedem Schritt sinken sie bis zu den Hüften ins Weiß. Himmel und Barometer aber versprechen gutes Wetter – also vorwärts. Der März ist vorbei, der Himmel klar, dreißig Grad unter null. Als der Winter naht, wieder Schneetreiben! Es weht die ganze Nacht über, voranzukommen ist jetzt unmöglich. Also zurück! Wild lässt Vorräte in einem Depot, markiert es und peilt mit seinen Männern ihre Winterstation an. Die Nasen erfroren,

Peary, Shackleton

die Füße eisig, graben sie eine Spur durch den Neuschnee. In einer Langsamkeit, die hoffnungslos macht. Oft schaffen sie nur zwei Kilometer am Tag. Und wieder Schneesturm. Zwei Tage und eine Nacht lang bleiben sie im Zelt. Der Primus-Kocher lässt sich nicht anzünden, sie essen gefrorenen Pemmikan.

»Wir kommen um«, sagt Watson.

»Nur wenn wir uns aufgeben«, antwortet Wild.

»Hört diese Hölle denn nie auf?«

»Wir müssen Geduld haben«, ist Wilds Motto.

Im Sturm ist der erste Schritt ins Freie immer ein Schock. Der Wind – Geschwindigkeit bis zu 130 Kilometer jetzt – wirft die Männer um. Sie knien nieder, gehen wie Tiere auf allen vieren. Keine Ahnung, in welcher Richtung das Lager zu finden ist – das Hinterland in Wolken, das Meer verschwunden. Wild steuert dem Wasserhimmel im Norden zu, mit einer Beharrlichkeit, die keine Widerrede duldet. Die Mannschaft folgt ihm ohne ein einziges Wort.

Zurück in der Station, zeigt sich Wild fröhlich und zufrieden mit seiner Abteilung.

»Meine Kameraden«, sagt er, »ihr habt euch bewährt.«

Ja, sie haben ihm vertraut, auch in der schwierigsten aller Situationen vertraut. Wilds Lob tut den Leuten gut, gleichzeitig wissen sie: Ohne ihn wären sie verloren gewesen.

»25 Tage unterwegs, zweihundert Kilometer Laufstrecke zurückgelegt, achthundert Höhenmeter auf dem Festland geschafft«, schreibt Dovers, der Kartograph, in sein Tagebuch.

»Nun wird die Hundemeute abgerichtet«, sagt Wild.

»Gleichzeitig können wir den Rest der Vorräte zur Hütte schaffen.«

»In Zukunft sollen die Hunde die Schlitten mit den Lasten ziehen?«

»So hoffe ich.«

Tage später ist alle Herbst-Arbeit erledigt.

»Der Winter kann kommen.« Es klingt wie aus einem Mund.

Jedes Expeditionsmitglied erledigt den Winter über allgemeine und persönliche Aufgaben: Harrison überwacht den Ölverbrauch; Hoadley die Vorräte; Jones und Kennedy die Azetylenanlage; Watson versorgt die Hunde; Jones zeigt neben seinen chirurgischen Fähigkeiten Geschick als Sattler, Kupferschmied und Klempner; Moyes ist Meteorologe und immer, wenn möglich, im Freien. Dovers hilft in der Küche. Und jeder – mit Ausnahme von Wild – ist eine Woche lang Koch. Diese Winterordnung, die Wild einführt, ist auch bei Schlechtwetter und ständiger Finsternis aufrechtzuerhalten. Nur im Schneesturm ist die wissenschaftliche Arbeit draußen unmöglich. Manchmal wagt es dabei niemand, die Hunde zu füttern.

Nach wenigen Wochen ist die Hütte tief verschneit, nur ihr Giebel bleibt sichtbar. Rundherum sind Höhlen in die Schneemassen gegraben, Nahrungsmittel darin verstaut, Eisvorräte bereitgelegt – zum Schmelzen während Sturmtagen. Die Sturmtage sind Hüttentage, ausgefüllt mit Lesen und Ausbesserungsarbeiten: Zelte, Schlafsäcke und Schlittenausrüstung werden geflickt, bei gutem Wetter hingegen Pinguine und Seehunde gejagt. Nur im Schneetreiben, wenn man höchstens zwei Meter weit sieht, ist niemand draußen. Einmal verschwinden drei Hunde in der Winternacht.

Bei Sturmstärke zehn wackelt sogar ihr Eispalast. Aber jeden Samstagabend – was immer das Wetter macht – gibt es für jeden ein Glas Branntwein.

»Auf unsere Frauen und Bräute«, sagt einer.

Dann spielt man, liest oder unterhält sich. Ihr Lieblingsspiel ist Bridge. Weitere Anlässe für einen Toast sind Geburtstage, das Mitwinterfest und des Königs Geburtstag. So zwingt das Leben im Eis zu einem ganz eigenen Alltag.

Ende Mai – es gibt noch vier Stunden Tageslicht und zwei Stunden Zwielicht – werden Sonnenauf- und -untergang zu Farbenspielen ohne Vergleich. Das Südlicht fällt steil, in hintereinander gestaffelten Vorhängen, vom Himmel. Die Lichtwellen wandern, ihre Färbung wechselt. Ein großartiges Schauspiel! Am lebendigsten ist es um Mitternacht. Mit einem Mal rollen die Lichtbogen nach Norden und schwingen in Wellen zurück.

Am Mittwintertag zeigt das Thermometer 39 Grad unter null an, und das Tageslicht reicht gerade noch für einen Schneeschuhlauf am Mittag. Das anschließende Festmahl – ein ausgefallenes Menü – wird von Toasts, Ansprachen und einem Grammophonkonzert begleitet. Wild weiß, wie wichtig Zuversicht ist.

Jetzt lässt er die Vorbereitungen für die Frühlingsreise starten, die Mitte August beginnen soll: Schlitten werden ausgerüstet; Proviantbeutel angefertigt; Konserven mit Pemmikan verteilt; Biskuits zermahlen; die persönliche Ausrüstung in Ordnung gebracht.

»Anfang Juli beginnen wir mit dem Training«, sagt er.

»Im Freien?«, fragt einer zögerlich.

»Warum nicht.«

»Sind wir ein Sportverein?«

Alle lachen. Mittags sind alle draußen: Die Sonne strahlt tiefrot durch einen Kranz von Nebelkristallen, die vom Meer herangeweht werden. An ihren Seiten drei Nebensonnen, die in den Farben des Regenbogens glänzen.

»Am 20. August fahren wir los«, sagt Wild eines Abends.

»Wir alle, mit den Hunden?«

»Auf zur großen Schlittenreise«, ruft einer dazwischen.

»Noch nicht, vorher gilt es, zu sechst ein Proviantdepot im Osten anzulegen.«

»Wozu?«

»Für die lange Sommerreise.«

»Warum nur zu sechst?«

»Hoadley und Kennedy bleiben in der Hütte zurück.«

Keiner widerspricht. Auch weil Wild sein Konzept hat, sein Vorgehen erklärt, jede Frage beantwortet.

»Unsere Rationen sind wie bei der Shackleton-Expedition berechnet«, erklärt Wild später.

»Heißt was?«

»Auf drei Schlitten verteilt, gilt es, eine Ladung von 650 Kilo zu transportieren.«

»Nein, ich meine, wie viel zu essen wir mitnehmen.«

»Tagesrationen von fast tausend Gramm pro Mann.«

Auch Schlitten und Kleidung sind ähnlich wie bei Shackletons Pol-Expedition.

Ende August schon ist die erste Reise zu Ende: die Schlafsäcke nass, der Sturm unbarmherzig, 44 Grad unter null. Fünf

Tage lang bleiben die Männer in ihren Zelten eingeschlossen. Wie in Eisbunkern. Starke Böen und heftiger Schneefall drücken auf Planen und Gemüt. Am 12. September – keine fünf Meter Sicht – tasten sie sich an Nunataks entlang zurück zur Hütte.

Wenige Tage später gibt Wild seine neuen Pläne bekannt: »Jones wird die große Sommerreise nach Westen leiten – mit Dovers, Hoadley, Adlershof und den Hunden.«

»Ich freue mich darauf«, sagt Jones.

»Bis Ende Oktober sind alle Vorbereitungen zu treffen.«

Wild selbst beabsichtigt, mit Kennedy und Watson das Depot aufzusuchen, das sie im März eingerichtet haben.

»Kennedy und Watson sollen die Küsten aufnehmen, geologische und magnetische Beobachtungen machen«, kündigt er an. »Beide Expeditionen haben Proviant und Brennstoff für drei Monate mitzunehmen, Harrison, der mich ein Stück weit unterstützen wird, für vier Wochen.«

Jones bricht am 2. November auf. Moyes bleibt auf der Station zurück, wo er seine meteorologischen Beobachtungen fortsetzt, Harrison später seine biologischen Studien.

Wilds Anweisungen sind keine Befehle, sie sollen für Übersicht und Sicherheit sorgen. Er weiß, die anderen verlassen sich auf ihn. Das Leadership ist ihm ja nicht aufgebürdet worden, es kommt von den Kameraden, und er gewinnt weiter an Respekt dadurch.

An einem wolkenlosen Tag bricht Wilds Gruppe nach Osten auf. Über das Schelfeis geht es zuerst zum Hippo-Nunatak.

»Die Hunde ziehen gut«, schreibt er in sein Tagebuch: »Im losen Schnee aber brauchen sie unsere Hilfe.

1. November 1912: Brise aus Ost, 18 Grad unter null, am Himmel Schleierwolken, die Sonne steht im Hof. Weicher Untergrund und Kälte bremsen das Vorankommen. Später dreht der Wind auf Ostnordost, aus Schneenebeln wird bald Whiteout, wir haben Mühe, den Weg landeinwärts zu finden. Am Alligator-Nunatak vorbei stoßen wir auf das Depot.«

Seine Begleiter staunen über seinen Orientierungssinn. Das Lager aber ist ziemlich verwüstet.

»Die Stürme der letzten Monate«, sagt Wild nur.

»Und die Tiere«, meint Harrison und weist in den Himmel. Er beobachtet mit dem Feldstecher Vögel: Schwärme von Schneesturmvögeln gleiten vorüber und speien ihre halb verdaute Nahrung auf die Männer. Sie fliegen paarweise, und auch Watson, der fotografiert, bekommt von der öligen Masse etwas ab. Während Wild auf den Gipfel eines nahen Nunataks steigt, führt Kennedy magnetische Experimente durch.

»Brauchst du mich noch?«, fragt Harrison Wild, als dieser zurück ist.

»Ja, es wäre von Vorteil, deinen Schlitten mitzunehmen.«

»Um die Reise zu schaffen.«

»Um länger draußen bleiben zu können.«

Harrison ist einverstanden. »Ich will bei euch bleiben«, sagt er.

Ihr Weg über Eisflächen, Wellentäler, Presseisrücken und Spalten wird weiter mit Depots – Proviant und Öl für die Heimreise – ausgestattet. Die Säcke mit den Vorräten werden eingegraben, mit Schneemännern und Flaggen markiert.

Moyes auf der Station aber, allein zurückgeblieben, muss inzwischen annehmen, Harrison sei verunglückt.

Wild führt sein Forscherteam südöstlich weiter. Zwischen Davidinsel und Festland ist die Oberfläche so zerklüftet, dass die Hunde nichts mehr bringen und freigelassen werden müssen. Die Aufgabe, die Küstenlinie weiter nach Osten topographisch zu erfassen, ist nur zu schaffen, wenn die Männer die Strecke mehrmals zurücklegen. Die Schlittenlast wird also zur Hälfte abgeladen, dann wird weitergezogen und der leere Schlitten wieder zurückgebracht, um den Rest der Ladung zu holen. Einzelne Strecken gehen die Forscher fünfmal. Dabei immerzu Gletscherspalten.

Öfter und öfter zwingen jetzt Schneestürme zum Abwarten. Nachts hören sie allerlei Geräusche: ein ständiges Glucksen, Rumpeln, Quietschen, verursacht von den Bewegungen des Eisstroms. Es klingt wie Geknatter, Hämmern, Sägen, dann wieder wie Geschützdonner, auch Stöhnen. Unheimlich sind die Töne dort, wo der Gletscher über Felsen rutscht.

Eines Morgens, es reißt auf, empfängt sie ein einzigartiges Lichtspiel: Gigantische Blöcke aus Eis türmen sich vor ihnen. Millionen winziger Lichtpunkte glitzern darüber im Sonnenlicht, Schneevögel schweben über ihren Köpfen. Im Wirrwarr der Risse und Spalten seilen sich die Männer an, um sich sicher durch das Labyrinth durcharbeiten zu können. Bald aber ist nichts mehr zu sehen. Nur noch das matte Weiß einer leeren Umgebung.

Wild klettert auf eine Schneewehe, starrt ins Weglose und schreit: »Hier durch.« Die Männer mühen sich Stück für Stück weiter: drei Stunden für eine Strecke von achthundert Metern. Oft gilt es dabei, den Weg mit der Eisaxt freizuhacken. Alle vier leiden unter der Sonneneinstrahlung: Lippen, Wangen, Nase und Stirn sind von Blasen entstellt. Dabei fühlen sie sich verloren in dieser Welt, die weder real noch in ihren schlimmsten Vorstellungen existiert. Sie kapitulieren. Im Zelt schreibt Wild ins Tagebuch: »Montag, 25. November – Mühen und Beschwerden nehmen kein Ende. Die Schlitten werden über Eishänge hinaufgezogen, um drüben wieder hinabgelassen zu werden. Nach allen Richtungen nur Spalten, Eisbarrieren, Blöcke aus Eis. Unmöglich, das Gelände auf mehr als ein paar hundert Meter zu überblicken.«

So weit Wild sehen kann, ist Chaos. Diese Welt ändert sich im Detail ständig, im Großen aber nie. Und er weiß: Der Rückweg durch diesen Hexenkessel wird nochmals die reine Verzweiflung. Also kehrt er um. Als es nicht mehr möglich ist, den Weg zurück zu finden, den sie gekommen sind, weicht er nach Süden aus. Wild will das Leben seiner Leute nicht aufs Spiel setzen.

Dann wieder Schneefall, kaum Wind, vier Tage lang.

Damit sind alle alten Spuren verwischt. Jeder Kilometer wird zur fürchterlichsten Schinderei: Die Schneebrücken über Gletscherspalten sind oft zu schwach, Umwege notwendig, der Hunger plagt Männer und Tiere. Sie fangen Skuamöwen und töten Schneesturmvögel, diese fleckenlos weißen Geschöpfe, um ihr eigenes Leben zu retten. Ihre Eier, fast so groß wie Hühnereier, helfen gegen Verzweiflung und Skorbut. Ihr Proviant reicht trotzdem nicht für den Heimweg.

Abwechselnd stürzen sie in Spalten, es kostet Stunden und Mühe, wieder herauszukommen. Die Eisoberfläche aber bleibt unwegsam, und überall sind Hindernisse. Ihre Nahrung reicht noch für fünf Tage.

»In der Zeit kommen wir unmöglich bis ins Lager«, sagt Harrison.

Um dem Hungertod zu entgehen, werden zuletzt die Hunde geschlachtet.

»Die Frage ist keine moralische mehr, die Frage ist, ob wir am Leben bleiben wollen«, sagt Wild.

»Wie weit noch bis zur Hütte?«

»193 Kilometer.«

»Laufstrecke?«

»Luftlinie«, antwortet Wild und geht weiter voran. So erreichen sie Hippo-Nunatak und den dort gelagerten Proviant.

Am 2. Januar 1913 sind sie am Alligator-Nunatak. Eine Zeltstange als Mast auf dem Schlitten, das Bodentuch des Zeltes als Segel, lassen sie sich streckenweise vom Wind treiben. An diesem Tag legen sie 56 Kilometer zurück. Am nächsten Tag schon erreichen die vier ihre Hütte.

Als Moyes sie kommen sieht, bekreuzigt er sich. Dann macht er einen Kopfstand. Wenn er es nur geahnt hätte!

»Harrison hat sich unserer Ostpartie angeschlossen«, sagt Wild entschuldigend. Moyes hat ihn für tot gehalten.

»Es war die schlimmste Zeit meines Lebens«, sagt dieser.

»Ich weiß«, sagt Wild, »auf das Unwahrscheinliche zu vertrauen will gelernt sein.«

Niemand im Winterlager weiß zu diesem Zeitpunkt, wie es der Jones-Abteilung ergangen ist. Sie sollte längst zurück sein. Hat sie ein Schneesturm aufgehalten? Ja, siebzehn Tage lang hockten sie in ein und demselben Lager. In ihrer Not und Verzweiflung zogen sie die Zeltstangen ein und ließen die Zeltplane über sich zusammenfallen.

»Wir lagen wie im Massengrab«, erzählt Jones später. »An den schlimmsten Tagen haben wir still gebetet.«

»Auf Knien?«, fragt Wild.

»Nein, in halb sitzender Stellung.«

Sie überlebten. Mit trockenen Rationen.

»Den Schnee haben wir in Bechern mit der Wärme unserer Hände geschmolzen.«

Als der Sturm aufgehört hatte, stapften sie über das Meereis heimwärts. Wild hatte sich inzwischen auf die Suche nach den Kameraden gemacht. Mit Proviant für acht Mann und vierzehn Tage. Er fand sie und führte sie zurück ins Lager.

Die Aurora-Expedition endet trotzdem als Tragödie: Zwei Mann von Mawsons dreiköpfiger Gruppe verschwinden. Er selbst kann sich retten.

»Meine Gruppe«, erzählt er, »kam zuerst ostwärts gut

voran. Wir wollten sehen, ob Adeliéland mit Oatesland verbunden ist. Bald aber hatten wir Schwierigkeiten beim Queren von Spalten, die parallel zum Kurs liegen. Fünfhundert Kilometer von unserer Basis entfernt brach dann unser letzter Schlitten mit den Hunden in eine Spalte ein, Ninnis verschwand, er fiel so tief, dass wir ihn nicht erreichen konnten. Alle verfügbaren Seile waren zu kurz. Mit dem Schlitten war auch die Verpflegung verschwunden. Unsere Notrationen reichten maximal für zehn Tage. Auch Zelt und Kochausrüstung waren weg. Der Tod von Ninnis, die Trauer, der Verlust und die Unsicherheit ließen Zweifel am Sinn meines Unternehmens aufkommen. Wir, die zufällig Überlebenden, zwangen uns, nicht über den sicheren Tod zu reden.«

Mawson zelebrierte einen Gottesdienst und kehrte um: »Gegen jede Vernunft hofften wir, die schrecklich lange Strecke zurück ins Lager zu schaffen. Als Nahrung blieben uns ein paar Bissen pro Tag und Hundefleisch, wenn wir die Tiere töteten. Zuerst trieb uns der Hunger. Wir marschieren bis zum Umfallen. Elf Tage nach dem Unglück, am Weihnachtstag, hatten wir die Hälfte geschafft. Der letzte Hund war geschlachtet. Unsere Kräfte schwanden, und damit wurde die Strecke, die wir täglich zurücklegten, immer kürzer. Nur der Wahnsinn nahm zu. Selten nur hatten wir günstigen Wind. Am Neujahrstag – wir hatten noch eine winzige Hoffnung durchzukommen – bekam Dr. Mertz die Ruhr, vermutlich vom Hundefleisch. Bald konnte er nicht mehr laufen. Er litt unter Delirien und Ohnmachtsanfällen, starb noch weit vom Basislager entfernt.«

Mawson ging allein weiter. »Gib nicht auf«, beschwor

er sich immer wieder. Im Zustand des Schocks und angetrieben von Verantwortungsgefühl, spürte er zuerst weder Angst noch Hunger. Sein Alleingang durch die grenzenlose Leere wurde zum Überlebenskampf ohnegleichen, zuletzt nur noch getragen vom Selbsterhaltungstrieb. Er kroch über Schneebrücken, schaffte ein paar Kilometer pro Tag, brauchte jeweils zwei Stunden, um allein sein Notzelt aufzubauen – für ein paar Stunden Schlaf. Halluzinationen narrten ihn, er fiel in Spalten, arbeitete sich wieder heraus, kroch weiter.

Fünfzig Kilometer vom Hauptlager entfernt stolperte er über einen Schneehügel und stieß so auf ein Paket mit Lebensmitteln, das sechs Stunden zuvor von einem Suchtrupp deponiert worden war. Drei Tage später – in einem Eisloch – fand er ein zweites Lebensmitteldepot. Ein Blizzard aber hielt Mawson auf, eine ganze Woche lang. Er lebte immer noch, kroch weiter, der vermeintlichen Sicherheit entgegen. Zu spät, sie haben mich aufgegeben, erkannte er auf den letzten Kilometern, als er die Aurora am Horizont verschwinden sieht. In diesem Augenblick stürmen sechs Männer aus der Überwinterungshütte und betasten den Totgeglaubten, um zu begreifen, dass er lebt. Sie sind zur Suche nach ihm zurückgeblieben und bereit, den Winter im Basislager mit ihm zu teilen. Die anderen Gruppen sind inzwischen auf dem Weg in die Zivilisation zurück.

Als Wild am 14. März 1913 erfährt, dass Amundsen und Scott den Pol erreicht haben, ist die Nachricht ein Jahr alt. Er ist auf der Heimreise im australischen Port Esperance an Land gegangen und feiert mit seinen Kameraden die

Rückkehr. Der »Wettlauf zum Südpol« wäre für ihn ohne besondere Bedeutung, wenn nicht das tragische Ende der Scott-Expedition hinzukäme. Es ist eine Tragödie, die alle Welt elektrisiert.

»Alle fünf britischen Polfahrer tot?«

»Ist das möglich?«

Wild sagt nichts.

Am 16. März 1913 landet die Aurora in Hobart auf Tasmanien. Wild und seine Abteilung sind wohlauf, es ist aber nicht genügend Kohle aufzutreiben, um das Schiff sofort nach Adeliéland zurückzuschicken. Es fehlt auch an Geld, um Mawson und seine Leute noch vor Winterbeginn aus ihrem Eisgefängnis zu holen. Die Aurora wird abgetakelt.

Endgültig zurück in der zivilen Welt, ist Wild allerorten und immerzu mit Scotts Heldentod konfrontiert. Dieser ist tatsächlich mit vier seiner Begleiter auf der Reise zurück vom Südpol umgekommen. Aber wie? Die Einzelheiten sind verwirrend: Scott soll zwar den Union Jack am Südpol gehisst haben, Amundsen aber ist ihm zuvorgekommen. Beim Rückmarsch sind er, Wilson, Oates, Bowers und Evans in den Winter geraten. An Hunger, Frost oder Krankheit gestorben? Heldenhaft, wie die letzten Zeilen in Scotts geborgenem Tagebuch verraten.

»Damit hat er Shackleton endgültig gebrochen«, weiß Wild, sagt es aber nicht. Er hört Kommentaren und Diskussionen um Scotts Tod schweigend zu:

»Scott hat dem britischen Empire die Ehre gerettet.«

»Und Amundsen?«

»Hat überlebt. Mit all seinen Kameraden.«

»Nur deshalb wird ihm Scotts Tod zum Vorwurf gemacht?«

»Scheint so.«

»Die beiden Expeditionen hatten doch nichts miteinander zu tun.«

»Trotzdem, in England wird Scott als Held gefeiert und Amundsen als Hundetreiber verhöhnt.«

Inzwischen kennt Wild die Fakten: Am 25. Januar 1912 kehren die Norweger mit zwei Schlitten und nur noch elf Hunden zur Basis an der Walfischbucht zurück. Für die 2600 Kilometer lange Strecke – in Luftlinie gemessen – zum Pol und zurück haben sie 99 Tage gebraucht. Durchschnittsleistung dreißig Kilometer pro Tag, die schnellste Hundeschlittenreise dieser Art. Wild weiß: Amundsen hat nur den Pol erreichen wollen und den Ruhm, Erster zu sein. Sonst nichts.

Das setzte voraus, dass er sein Unternehmen überlebt, sagt er sich.

Inzwischen sind längere Auszüge aus Scotts Tagebuch in

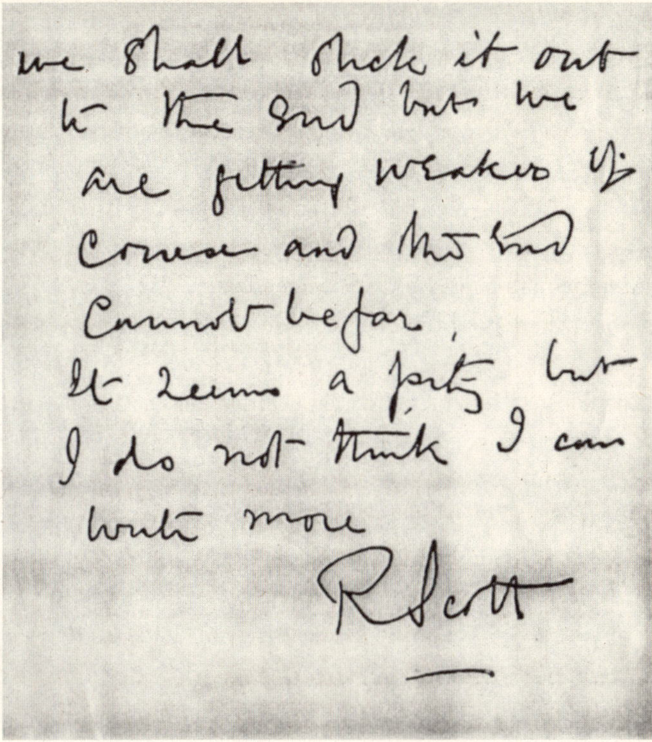

we shall stick it out
to the end but we
are getting weaker of
course and the end
cannot be far.
It seems a pity but
I do not think I can
write more
R Scott

der Presse zu lesen, und Wild versucht, sich ein Bild vom tragischen Ende der Expedition zu machen: Als Scott den Beardmore-Gletscher erreicht, hat er von seinen zehn Ponys schon fünf verloren. Die restlichen lässt er erschießen und das Fleisch in Depots einlagern. Nach dem gefährlichen Aufstieg über den spaltenreichen Gletscherbruch schickt er eine letzte Hilfsmannschaft zurück. Auf dem dreitausend Meter hohen Plateau beginnt so für Scotts Männer eine fürchterliche Schinderei. Sie hungern – aus Pietät dürfen Hunde nicht getötet werden –, ziehen die Last selbst. Mit einem Schlitten marschieren fünf Mann zu Fuß weiter: »Sich schinden ehrt den Mann«, so steht es angeblich in Scotts Tagebuch. Stürme, Sastrugis, stumpfer Schnee und Kälte bremsen ihr Vorankommen. Wild kennt das alles. Vernünftigerweise hätten sie umkehren sollen, denkt er.

Aber was ist Vernunft angesichts von Heldentum? Hat Shackleton 1909 nicht auch zu viel gewollt? Und Scott wollte noch weiter, weil er Shackleton übertreffen musste. Mit Manhauling zum Pol? Die anderen folgten ihm ins Verderben. »Weiter im Süden als Shackleton!«, steht wiederholt in Scotts Tagebuch. Wie ein Mantra.

Nichts ist gefährlicher als Obsessionen, weiß Wild. Er kennt die psychischen Hintergründe, über die geographischen Fakten hinaus. Scott wollte Heldentum, nicht nur den Applaus nach dem letzten Akt der Entdeckungsgeschichte. Seine Expedition war weniger vom Ehrgeiz des Entdeckens getragen als von der Rivalität zu Shackleton, der in Großbritannien mit ihm um die Bewunderung der Massen wetteiferte. Nicht die Natur, die Gier ist schuld.

Wie wird Shackleton auf Scotts Tod reagieren?, fragt sich Wild.

Als die genauen Umstände von Scotts Sterben die Zivilisation erreichen, weht die britische Fahne nicht mehr auf Halbmast, die Legende vom Sterben am Südpol aber wird in jedem Kinderzimmer nacherzählt.

»Weißt du mehr?«, wollen Wilds Kameraden wissen.

»Gerüchte, nichts als Gerüchte.«

»Kaum zu glauben, dass wir noch leben«, wundert sich Harrison.

»Gelingendes Leben ist nie und nirgends umsonst zu haben«, sagt Wild, wie zu sich selbst.

»Diese kindliche Rivalität!«, sagt ein anderer.

»Am Ende ist sie tödlich. Für alle«, weiß Wild.

»Wer hat die Toten im Eis gefunden?«

»Atkinson machte sich am 26. März 1912 zusammen mit Keohane auf die Suche«, sagt Wild. »Es sind die Tage, an denen auch wir im Schneesturm festsaßen. Erinnert ihr euch? Die beiden brachen also zur Barriere auf. Mit einem Schlitten. Südlich von Corner Camp aber kehrten sie um. Wegen abscheulicher Bedingungen.«

»Wussten sie damals schon, dass Scott nicht zurückkommen würde?«

»Nein, seine Gruppe war irgendwo im Süden vermisst. Am 14. April dann wurde ein zweiter Versuch unternommen, Scott zu finden. Vier Männer fuhren die Westküste hinauf, sie ahnten, dass die Polgruppe umgekommen sein musste. Aber keine Ahnung, wo und wie.«

»Es galt also, ihre Aufzeichnungen zu finden.«

»Nein, es gab andere Sorgen.«

»Ob Campbell und seine Männer noch lebten?«

»Ja. Sie durften auch die Gruppe, die weiter im Osten forschte, nicht im Stich lassen.«

»Waren denn nicht genug Männer da, um beide Gruppen zu suchen?«

»Die Polgruppe könnte an Skorbut gestorben sein, war eine Theorie. Oder alle Männer in eine Gletscherspalte gefallen.«

»Sie wären nie gefunden worden.«

Wild weiß inzwischen auch, Scott und zwei seiner Leute sind im November 1912 gefunden worden: »Am 12. November sehen die Männer einer Suchexpedition etwas Schwarzes durch einen Schneehügel schimmern«, erzählt er. »War es ihr Zelt? Es hätten auch nur die Überreste eines Cairns vom letzten Jahr oder ein Haufen Schnee sein können. Aber da steckt ein Bambus im Schnee, und der Schneehügel daneben ist weniger spitz.«

»Darunter fanden die Männer ein verschneites Zelt: Etwa 250 Kilometer von Hut Point entfernt, zwanzig Kilometer südlich von einem riesigen Depot, dem One-Ton-Depot. Vorsichtig schälten sie das Zelt aus der Schneekruste, öffneten den Eingang und gingen in die Knie: einer nach dem anderen. Scott lag in der Mitte, Wilson zu seiner Linken, mit dem Kopf zur Tür, Bowers zu seiner Rechten, mit den Füßen zur Tür.

»Alle drei sind ruhig gestorben«, sagt Wild. »Sie haben ihr Ende lange vor ihrem Tod realisiert.« Aus Scotts Tagebüchern geht das eindeutig hervor: Sie sind am 19. März 1912 in ihrem Todeslager angekommen, und Scott hat bis zum 29. März Tagebuch geführt.«

»Ist er als Letzter gestorben?«, fragt einer.

»Offensichtlich, und ein Brief von Amundsen an König Haakon war bei den Unterlagen. Der Norweger hatte das Schreiben am Pol hinterlegt.«

Alles Wichtige – Aufzeichnungen, Filme, ein meteorologisches Protokoll, das bis zum 13. März geführt worden ist – wurde von der Suchmannschaft eingepackt. Auch geologische Muster, die Scott und seine Männer auf dem Schlitten mitgeschleppt hatten. Atkinson las dann aus Scotts Tagebuch vor: zuerst das Ende, dann den Bericht über Oates' Tod. Scotts letzte Zeile zitiert er ein zweites Mal: »Um Gottes willen, sorgt für unsere Leute!«

Die Tränen froren den Männern in ihren Bärten. Am offenen Grab verlas Atkinson den Korintherbrief, Gebete folgten. Um Mitternacht war die Zeremonie zu Ende: Die Barriere lag im Schatten, am Himmel schillernde Wolken, der Cairn und ein Kreuz, das die Finder daraufgestellt hatten, stand schwarz vor der weißen Unendlichkeit. Daneben Scotts Zelt. Die Männer vergruben sich in ihren Schlafsäcken, gingen anderntags weiter, um Oates zu finden, leider vergebens.

»Ist Scott zu weit gegangen?«, wird Wild gefragt.

»Er ist auf unserer Linie bis zum Pol gekommen.«

»Er hat Shackleton übertroffen.«

»Er hat seinen Rivalen beschämen wollen, würde ich sagen – aber geschlagen?«, fragt Wild.

Scotts Tagebuch ist für Wild eine Erleuchtung. »Alle Hoffnung verschwunden«, steht da, »das Vertrauen ins Überleben aufgegeben und kein Ende der Leiden.« Am 30. Dezember schreibt Scott: »Hier hat Shackleton aufgegeben.«

Und er geht weiter, denkt Wild. Er geht bis zum Pol.

Bis zum Pol wollte 1909 auch Shackleton, sagt sich Wild. Hätte ich ihn nicht gebremst, wir wären auf dem Rückmarsch verhungert oder an Erschöpfung gestorben, vielleicht erfroren. Wie Scott.

Wild führt jetzt öfters Selbstgespräche: kopfschüttelnd, selbstkritisch, verwirrt.

Wir waren Verlierer und außerdem Todeskandidaten – noch auf dem Heimweg, vor Hut Point, dann auf der Suche nach unserem Schiff. Bis zuletzt keine Gewissheit durchzukommen.

Auch als Wild in England zurück ist, bleibt Scott Tagesgespräch. Sein Sterben hat ihn unsterblich gemacht. Niemand redet jetzt über die tiefgefrorenen Leichen, die im Eiskontinent zurückgelassen werden mussten, auch nicht über Scotts Taktik, die auf Shackletons Daten aufbaute, nicht über den Hass, der die beiden miteinander verband – auf Leben und Tod.

Scotts Fähigkeit, den Opfermut seiner Kameraden und seine eigenen Leiden und Sorgen in seinem Tagebuch plastisch darzustellen, befriedigt das Bedürfnis nach einem tragischen Helden. Besonders jetzt am Vorabend des Großen Krieges. Hat romantischer Heroismus doch mehr mit Selbstverschwendung als mit Erfolg zu tun. In Scotts »letzter Fahrt« steckt beides, und vor seinem Sterben am Südpol verstummen alle banalen Fragen. Nicht er hat Fehler gemacht – Kälte und Schneestürme haben ihn zurückgeworfen, zuletzt umgebracht steht in allen Zeitungen.

Wilds Sicht der Dinge ist eine andere: »Hätte Scott wie Shack rechtzeitig beigedreht, er hätte die Küste vor den

Winterstürmen erreicht. Scott aber litt so sehr an Shackletons Persönlichkeit, dass er dessen Rekord übertreffen musste. Das ist die Tragödie: Als habe er Shackleton in seinen Schatten stellen müssen, um zuletzt selbst daran zugrunde zu gehen. All diese Zusammenhänge werden verdrängt, mehr noch die Frage, welchen Preis seine Männer dafür bezahlten.«

»Ja, er hat zwar unser Farest South übertroffen«, sagt Shackleton, als er in London mit Wild zusammentrifft, »Amundsen aber ist ihm zuvorgekommen.«

»Sein persönlicher Wettlauf war damit gewonnen, der Sieg am Südpol verspielt.«

»Hast du die Fotos gesehen? Der Union Jack neben der norwegischen Flagge, die am Zelt, das Amundsen zurückgelassen hat, flattert«, fragt Shackleton.

»Damit ist Scotts Polfoto vor der Welt der Beweis, dass Amundsen vor ihm da gewesen ist.«

»Was für eine Ironie!«

»Warum aber«, fragt Shackleton später, »wurde sein Rückmarsch zur Katastrophe? Zuerst starben Evans und Oates. Geschwächt, verzweifelt, von Schneestürmen aufgehalten, konnte Scott dann nicht mehr. Also sollten auch Wilson und Bowers nicht mehr weiter.«

»Gibt es Beweise dafür?«, fragt Wild.

»Ihr Sterben einen Tagesmarsch vom rettenden One-ton-Depot entfernt.«

»Du meinst, Scott habe die beiden anderen vom Weitermarsch abgehalten?«

»Was sonst. Zwanzig Kilometer sind wenig, wenn es ums

Überleben geht. Erinnere dich doch an unsere sechzig Kilometer am Ende der Rückreise 1909.«

»Ein Drittel davon ist nichts«, sagt Wild. Und nach langem überlegen: »Oder die Unendlichkeit.«

Er sieht an Shackleton vorbei in die immaginierte gleißende Schneeebene der Antarktis. In diesem Augenblick glaubt er zu wissen, dass das Nichts und die Unendlichkeit das Gleiche sein können.

ENDURANCE

Shackletons Antwort auf Scotts Tod ist weder Trauer noch Kritik, es ist die Entscheidung, nochmals in den Süden aufzubrechen: Er will sich rächen, indem er das Unmögliche wagt. Sein Freund Wild soll als zweiter »in command« dabei sein. Shackleton weiß, dass dessen Motive für eine Antarktisdurchquerung andere sind als die seinen, er will ihn dabeihaben.

Mit seinem Heldentum treibt Scott Shackleton also wieder in die Antarktis. Er, der dem toten Helden den Weg gewiesen hat, will 1914 den Showdown: Scott muss endgültig übertroffen werden! Der »letzte Trip auf Erden«, wie Shackleton seinen Plan einer Antarktisdurchquerung vom Atlantischen zum Pazifischen Ozean nennt, soll nach außen hin zwar Wissenschaft und Abenteuer versöhnen, am Ende aber wird es eines der ersten modernen Abenteuer sein – für alle Zukunft ein Vorbild bei der »Eroberung des Nutzlosen«.

»So verschieden unsere Charaktere auch sind«, beginnt Shackleton bei einem neuen Zusammentreffen mit Wild in London, »unsere geheimen Wünsche sind dieselben.«

»Wie meinst du das?«

»Amundsen verfolgte am Pol nur sein Ziel, Scott ein Ideal – und du?«, fragt Shackleton und zeigt ihm eine handgezeichnete Skizze seines Plans.

»Ich will nur, dass alle überleben.«

»Und deshalb wirst du mein Stellvertreter.«

»Worum geht es?«

»Um Vertrauen, den Plan kennst du.«

»Vertrauen?«

»Ja, wie du es 1909 zwischen mir und der Mannschaft aufrechterhalten hast, bis zuletzt.«

»Was war es, was am Ende die Situation rettete?«

»Nicht was, wer ist die Frage«, sagt Shackleton.

»Einer allein kann gar nichts machen.«

»Du warst der Hoffnungsträger, mein stiller Berater.«

»Du meinst, der Kitt zwischen dem Boss und der Mannschaft?«

»Ja, und das Korrektiv meiner Irrläufe«, sagt Shackleton.

Beide wissen: Nicht Heldentum und Selbstaufopferung sichern das Überleben in der Wildnis, sondern die Gabe, zu

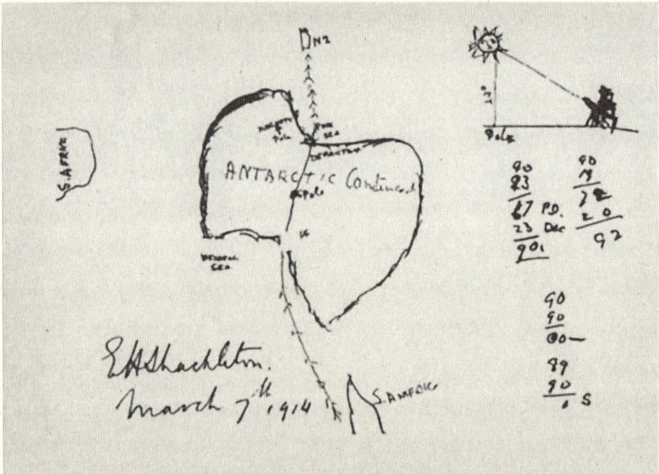

wagen, und Ausdauer bei der Umsetzung. Die Kunst besteht darin, nie aufzugeben.

»Dieses Mal kommen wir von oben«, sagt Shackleton.

»Wie, von oben?«

»Südamerika, Südgeorgien, dann durchs Packeis im Weddellmeer bis zum Festland. Dort lassen wir uns aussetzen.«

»Klingt nicht nach Gemütlichkeit«, sagt Wild.

»Das Meer ist der warme Teil der Antarktis.«

»Aber der gefährlichste.«

»Wenigstens sinkt seine Temperatur nicht unter minus ein Grad Celsius.«

»Meine Sorge sind die Eispressungen«, sagt Wild.

»Angst?«

»Nein, obwohl ich zugeben muss, dass die Nimrod-Reise schlimmer war als erwartet.«

»Erinnerst du dich an den Beardmore?«

»Ja, schrecklich.«

»Es kann also nur besser werden«, sagt Shackleton.

Monate später dümpelt die Endurance im Weddellmeer, umgeben vom Chaos aus Packeis. Seit Tagen steckt sie in einem fünfzig Hektar großen Eisfeld fest. Shackleton will abwarten. Die Mannschaft aber arbeitet fieberhaft, um das Schiff freizubekommen: Mit Sägen, Pickeln und Stangen zerren die Männer das Packeis auseinander.

»Es bringt nichts«, sagt Shackleton. Die Mannschaft nennt ihn jetzt den ›Boss‹, im Namen spiegeln sich Bewunderung und Vertrauen gleichermaßen. Wild war es, der ihm den Spitznamen verpasst hat, und alle siebenundzwanzig Mann folgen ihm.

»Es lässt sich nicht erzwingen«, sagt Shackleton.

Seine Männer aber weigern sich aufzugeben. Sie hacken weiter auf das Eis ein. Sie haben Angst um ihr Schiff, wissen sie doch, dass es, eingeschlossen im Packeis, zum schlimmsten Gefängnis wird. Erst als die Aussichtslosigkeit ihrer Befreiungsversuche nicht mehr zu leugnen ist, kehren alle aufs Schiff zurück, enttäuscht, niedergeschlagen.

»Der Boss spinnt«, sagt Crean, der schon immer seine eigene Meinung gesagt hat.

»Was, wenn wir den Winter über hier feststecken?«, fragt ein anderer.

»Ich sage euch, Shack hat es darauf angelegt.«

»Nein, seit dem 19. Januar hat nicht mehr Shack, sondern das Eis das Kommando.«

»Scheint so. Vielleicht hat er deshalb nur zugesehen, wie wir uns den Arsch aufreißen.«

»Der schüttelt doch lächelnd den Kopf, während wir alles tun, um rauszukommen in eine Wasserrinne«, meint Greenstreet.

»Will er unser Vertrauen testen?«

»Wahnsinn«, sagt Crean nur.

Am 17. Februar taucht die Sonne erstmals unter den Horizont. Für zwei Stunden. Am 24. Februar stellt sich Shackleton vor seine Mannschaft: »Wir werden den Winter an Bord des Schiffes verbringen. Die Chancen freizukommen sind null«, sagt er nur. Keine Widerrede, weil es alle längst akzeptiert haben.

Ahnt Shackleton, was es für seine Leute bedeutet? Eine Winternacht lang – mehr als vier Monate Dunkelheit – immerzu im Ungewissen zu bleiben?

Es ist Wild, der beruhigt. Als teile er Shackletons Befehl und gleichzeitig die Sorgen der Mannschaft: »Wir werden viele Nächte durchschlafen können«, sagt er.

»Einem solchen Anführer zu gehorchen wäre ein Vergnügen«, meint Orde-Lees. »Er kennt unsere Fähigkeiten und die Grenzen jedes einzelnen Crewmitglieds.«

»Und er berücksichtigt sie.«

Shackleton aber hat andere Sorgen. Er quält sich mit der Möglichkeit eines erneuten Scheiterns. In Europa ist Krieg, die Admiralität hat ihn und seine Leute trotzdem nicht zurückgehalten. Also sieht er sich mit seiner Mission in doppelter Pflicht: für die Ehre des Vereinigten Königreichs und als Mutmacher für die Soldaten im Krieg.

Shackleton hat seine Reise seit vielen Monaten geplant. Seit ihn die Nachricht von Scotts Tod erreicht hat. Seine Endurance ist auf den Spuren der deutschen Expedition unterwegs, die drei Jahre zuvor Land an der Küste vermessen hat, in der Nähe des Schelfs, wo Shackleton landen will. Die Mannschaft aber, mit der er den Kontinent auf dem Eis zu überqueren hofft, ist nicht rechtzeitig an der Küste abgesetzt worden. Zum Sommerbeginn, im Oktober, wollte er startklar sein für den Treck zum Pol und weiter nach McMurdo, wohin er ein zweites Schiff gesandt hat.

Shackleton steckt in der Klemme. Dazu kommt stürmischer Nordwind, Temperaturen um die zwanzig Grad minus, alles untypisch für die Jahreszeit. Inzwischen driftet Shackletons Endurance wie Filchners Schiff Deutschland in der Vahsel-Bay. Im Packeis eingefroren, treibt es zur Mitte des Weddellmeeres, beobachtet Kapitän Worsley, solange er Positionsmessungen vornehmen kann.

»Die Drift«, hofft der Boss, »wird uns helfen.«

Neun Monate lang aber wird es so bleiben: Starker Eisdruck hebt die Endurance immer wieder hoch, dann rutscht sie tief zwischen Eisplatten.

Was ist mit ihrer zweiten Gruppe? Funkverbindung gibt es nicht. Shackleton hat sie mit der Aurora ins Rossmeer gesandt. Die Männer sollten gleichzeitig mit ihm Ende Oktober aufbrechen und auf dem Beardmore-Gletscher Depots anlegen. Als Unterstützung für Shackletons Abstieg vom Plateau. Er kann nur hoffen, dass diese zweite Mission klappt.

»Was jetzt?«, fragt Wild den Boss.

»Die Walfänger in Grytviken hatten recht«, gibt Shackleton zu, »das Eis liegt zu dicht im Weddellmeer.«

»Und wie bessern wir unseren Proviant auf?« Es ist Wild, der Praktiker, der die richtigen Fragen stellt: »Wenn wir länger liegen bleiben, ist nicht nur die Überquerung zu vergessen, sondern auch die Heimreise in Frage gestellt.«

»Weddellrobben«, ist Shackletons kurze Antwort.

Wild merkt, dass Shackletons Gedanken anderswo sind. Dessen Plan ist wenig durchdacht, ein Scheitern nicht eingeplant. Trotzdem, auch Wild zeigt keine Zweifel an Shackletons Genie.

»Also Weddellrobben«, sagt Wild.

»Ja, Frank.«

»Leicht zu fangen?«

»Im Wasser sind sie elastisch und schnell, an Land schlafen sie ständig.«

»Und Pinguine?«

»Pinguine töten ist schwieriger.«

»Weil sie sind wie wir?«

»Vielleicht steht uns die menschliche Empathie im Wege.«

»Ihre Neugier scheint ja keine Furcht zu kennen.«

»Es ist leicht, sie zu fangen, sie zu erschlagen aber widerstrebt uns. Meinst du nicht auch?«

»Ja, im äußersten Notfall aber werden wir welche fangen müssen.«

»Um Frischfleisch zu haben gegen Skorbut.«

»Und Fett, um zu heizen.«

»Wen hattest du für die Landreise vorgesehen?«, fragt Wild später.

»Noch ist die Sache nicht verloren. Marston, Macklin, Hurley und Crean sollen mitkommen, du und so viele Hunde wie möglich.«

»Auch sie müssen gefüttert werden. Im Inneren der Antarktis gibt es weder Robbe noch Pinguin. Vögel auch nur eine kurze Strecke weit hinter der Küste. Was dann?«

»Für die Reise zum Pol und zum Depot am oberen Beardmore müssten die Reserven reichen.«

»Und dann?«

»Auf 88° 30' Süd werden die Aurora-Leute von der anderen Seite kommend Proviant und Brennstoff hinterlegen.«

»Und wenn sie es nicht bis dorthin schaffen?«

»Das obere Gletscher-Depot ist am Fuße von Mount Darwin eingeplant.«

»Du bist sicher, wir werden es finden?«

»Das mittlere Gletscher-Depot jedenfalls, beim Cloudmaker, ist leicht zu orten.«

»Sicher, der Berg ist nicht zu verfehlen.«

»Das unterste Gletscher-Depot, südlich von Gateway, auch nicht, die Enge dort lässt keinen Umweg zu.«

»Ob wir aber so weit kommen?«

»Nördlich von Gateway, auf der Barriere, folgen wir dann den Schlittenspuren, und bei guter Sicht sind Camps von weitem auszumachen.«

»Immer vorausgesetzt, sie sind angelegt und wir schaffen es bis dorthin.«

»Ein Barriere-Depot ist auf 82° 30' geplant.« Shackleton ist immer noch euphorisch. Als ob sein Unternehmen nicht scheitern könnte.

»Im Frühling«, sagt er wenig später, »wenn das Eis aufreißt, fahren wir zum Festland, und los geht's!«

»Zum Trip deines Lebens«, lacht Wild. Als ob sie nicht schon gescheitert wären.

Aber Wild lässt sich von Shackletons Visionen anstecken. Obwohl er weiß, dass sie sich in der heikelsten Situation ihres Lebens befinden. Wie nur sollen sie zum Pol und darüber hinaus kommen? Noch sind sie Gefangene des Pack-

eises. Ihre Entscheidungen zählen nicht mehr: Ob einer von ihnen im Winter an Skorbut stirbt, andere im nächsten Sommer von Robbenfleisch leben müssen oder sich gegenseitig umbringen, sie wissen es nicht. Vier Monate lang bleiben sie Gefangene, Hilfe von außen gibt es nicht. Auch keinerlei Informationen von der anderen Seite der Antarktis. Ihr Funkgerät funktioniert nicht.

Was ist mit den Männern dort? Wenn sich nur einer von ihnen ein Bein bricht – auf dem Beardmore zum Beispiel –, haben sie keine Chance, ihre Mission zu erfüllen. Die Endurance-Leute würden auf der Strecke bleiben. Jeder Schwerverletzte wäre so oder so zum Sterben verurteilt. Als einzige Lösung Selbstmord, auch den Gefährten zuliebe.

Die Endurance, von immer dickeren Eisschollen eingepackt, gleitet ganz langsam und stotternd dahin. Unmöglich, sie zu mamövrieren, die letzte Hoffnung – genährt von einem Streifen wässrigen Blaus im Norden, was auf offenes Wasser schließen lässt – wird von einem einförmig weißen Himmel wieder zunichtegemacht. Auch alles Hoffen, das Packeis würde sich noch einmal öffnen, ist umsonst, ein Weiterkommen nach Plan unmöglich. Am Leben zu bleiben ist damit zu ihrer einzigen Aufgabe geworden.

Zerrissen liegt das Packeis vor und hinter ihnen, links und rechts – endlos die Kraft und Herrlichkeit der Eisnatur. Die Sonne senkt sich vor Mitternacht unter den südlichen Horizont, am nördlichen Himmel glänzt die Ferne wie poliertes Kupfer. Dazwischen ein paar schwarze Wasserflecken, in denen sich die Sehnsüchte der Mannschaft zu spiegeln scheinen.

Der nächste Morgen, obwohl zuerst bewölkt, bringt

nochmals Hoffnung. Es klart zunehmend auf, der Himmel zuletzt ein glänzendes Azur, am Horizont etwas Grün und Rosa. Die Eisschollen treiben auseinander, liegen im tiefblauen Wasser und werfen malvenfarbene Schatten. An einem Monster-Eisberg entlang schlängelt sich die Endurance von See zu See.

Den ganzen fabelhaften Tag lang. Kommt sie frei? In der folgenden Nacht aber wird sie wieder vom Eis eingepackt, und die Drift macht mit ihr, was sie will. Schiff und Mannschaft haben keinerlei Einfluss auf ihr Vorankommen. Allein das Eis dirigiert ihr Schicksal. Die Endurance ist endgültig eingefroren.

»Was ist zu tun, Shack?«, fragt Wild.

»Weißt du es?«

»Das Eis hat sich unser Schiff genommen.«

»Gestohlen, sage ich.«

»Wir hätten auf die Norweger hören und in Südgeorgien bleiben sollen.«

»Einen Winter lang abwarten?«

»In Südgeorgien ist es gemütlicher als hier im Eismeer.«

»Noch ist nicht alles verloren.«

»Und wer sagt es deinen Leuten?«, fragt Wild.

»Du, dir vertrauen sie.«

»Du bist der Boss.«

»Ja, ich trage die Verantwortung. Ohne deinen Trost aber verkraften die Männer diese Schrecken nicht.«

»Verdammt heikle Situation.«

»Unter uns: Nur wir beide wissen, dass die Gefangenschaft im Eis einen ganzen Winter dauern wird.«

»Ob wir da je wieder herauskommen?«

»Im Frühjahr. Einen Winter lang können wir ohne Probleme auf dem Schiff ausharren.«

»Mit 26 verzweifelten Männern, die keine Lust haben zu sterben, nur weil zwei Irre unser aller Schiff in die schlimmsten Eispressungen des Weddellmeeres gesteuert haben!«

»Die Endurance hält das aus«, sagt Shackleton ruhig. Er weiß, sein Schiff, die alte Polaris, ist eigentlich für die Arktis gebaut, aber nicht bauchig wie Nansens Fram.

»Ein Holzschiff aus Norwegen«, sagt Wild.

»Mut, Frank. ›Endurance‹ ist mein Motto, mit Ausdauer können wir Wunder wirken.«

Wild sieht den Boss kopfschüttelnd an, holt tief Luft und fragt noch einmal: »Was ist zu tun, Shack?«

»Nichts, wir können nichts tun.«

»Unsere Männer aber wollen etwas tun.«

»Keine Sorge, ein paar Tage Zweifel tun ihnen gut – kommt das Schiff doch noch frei? Ansonsten geben wir jedem Arbeit, wenn auch nur zum Schein.«

»Du meinst Wissenschaft, Hausarbeit? Die Tage werden kürzer, bald ist nichts mehr zu sehen.«

»Dann organisieren wir die Überwinterung.«

Wild schüttelt den Kopf und lacht still in sich hinein. »Wir driften am Arsch der Welt ins Verderben, und du tust so, als wäre alles kein Problem. Wir haben uns verrannt, Shack!«

»Solange das Eis in die richtige Richtung treibt, kann es nur besser werden«, sagt Shackleton und weist mit der Rechten zur untergehenden Sonne.

»Du bist ein unverbesserlicher Optimist«, sagt Wild.

»Ja, nur wenn alle die Hoffnung verlieren, sind wir verloren.«

»Du glaubst also wirklich, alles im Griff zu haben?«

»Nein, das nicht. Das Eis – ein Chaos bis nahe Feuerland – hat uns in den Fängen, aber daran stirbt man nicht.«

»Wir sind ein Fliegenschiss in einer Packeisfläche größer als England, und irgendwo, viertausend Kilometer weiter im Süden, hockt unsere andere Mannschaft im antarktischen Winter, mit dem Auftrag, uns entgegenzugehen!«

»Nur keine Hysterie jetzt! Was wir brauchen, ist Ausdauer und das Vertrauen der Mannschaft. Unser aller Vertrauen ins Schiff, gegenseitiges Vertrauen.«

»Allein der Gedanke an einen Winter im Packeis lässt die Männer verzweifeln, jeden Einzelnen von ihnen.« Wild zittert jetzt wie die im Packeis eingeklemmte Endurance unter ihm.

»Es wird schon wieder. Du kannst dich auf die Endurance verlassen.«

»Nicht ich, deine Männer haben Angst.«

»Die glauben doch, mit Stange, Pickel und Blochsäge gegen die Natur anzukommen.«

»Ich jedenfalls leide mit ihnen. Was für ein Zynismus! Was für eine Überheblichkeit, über ihre Hilflosigkeit zu lästern. In jedem Gesicht deiner Leute sehe ich Angst, Hoffnungslosigkeit, Verzweiflung.«

»Ich kenne meine Leute. Alles Freiwillige – die geben nicht auf.«

»Offensichtlich kennst du sie nicht gut genug. Ich bezweifle, ob sie uns freiwillig ins Verderben folgen.«

»Es gilt nur, ihre Hoffnung aufrechtzuerhalten. Und wenn wir zu Fuß nach Hause gehen müssen.«

»Sag das ja nie laut, Shack.«

»Die Frage ist eine andere.«

»Ja?«

»Wir können nur gemeinsam überleben, ob wir weitermachen oder umkehren«, ist Shackleton überzeugt. »Die Endurance und Gottes Vorsehung werden uns nicht im Stich lassen«, fügt er leise hinzu.

»Wir haben es hierher geschafft«, antwortet Wild, »wir werden es auch zurück schaffen. Ernest, ich vertraue dir.« Shackleton versucht zu lächeln. Es gelingt ihm einen Augenblick lang, mit nassen Augen.

»Komm mit«, sagt er, »red du mit den Leuten. Mit jedem Einzelnen. Dir hören sie eher zu als mir.«

Wild sieht den Männern zu, wie sie sich abmühen, die Endurance vom Presseis, das sich die Bordwände hochgeschoben hat, frei zu kriegen: jeder Pickelhieb eine Verzweiflung, jedes Durchatmen ein stiller Schrei. Die Sonne nähert sich dem fernen Horizont, Wild macht eine Runde um das Schiff.

»Es wird schon wieder«, sagt er dem einen oder anderen beiläufig, klopft ihm auf die Schulter. Er weiß: Vertrauen ist nur auf Augenhöhe zu haben. Und weil er die Sorgen und Ängste der Männer fühlt, nimmt er ihnen Sorgen und Ängste ab. Hoffnung entsteht aus dem Gefühl des Teilhabens.

Winterbeginn. Die Sonne verschwindet. »Es ist der 1. Mai 1915: Hilflosigkeit, während sich die lange Winternacht über uns herabsenkt. Wäre das Glück der Expedition hold gewesen, wir würden jetzt bequem und sicher in einer Basis an der Küste sitzen«, schreibt Shackleton in sein Tagebuch.

Nur in Summe machen Überlebenshoffnungen überlebensfähig, denkt Wild, sagt es aber nicht. Er weiß: Ihre Zuversicht wird schwinden. Er denkt den Gedanken also nicht zu Ende.

»Nicht alle Hoffnung ist verloren«, sagt Wild später zum Boss. Er weist auf das schwarze Wasser zwischen den Eisschollen: »Wenn es nicht wieder zufriert, kommen wir davon.«

Ein paar Stunden später schon rumpeln wieder Eisschollen am Bauch der Endurance entlang. Kein Wasser mehr zu sehen. Nur Eis, so weit das Auge reicht. Shackleton steht an der Reling und schaut aufs Eismeer: Was ist wohl mit den Leuten der zweiten Expedition?, fragt er sich immer wieder.

Auch sie bleibt nicht vom Pech verschont, wird er 1917 erfahren. Ihr Schiff kann nicht anlegen, drei Mann sterben: einer an Skorbut, zwei brechen durch Eis. Die Männer an Land, das Schiff friert ein, treibt fort, nordwärts, acht Monate lang.

Shackleton weiß jetzt aber nichts von alldem. Voller Bitterkeit steht er an Deck der Endurance: auch sein Schiff jetzt eine treibende Insel im Eismeer, seine Imperial-Trans-Antarctic-Expedition ein Flop, sein kühner Plan Makulatur.

»Das Schiff muss für die langen Eisnächte winterfest gemacht werden«, kommt ein erster Befehl. »Dann sind für die Hunde auf den Eisschollen Iglus zu bauen.«

Wild händigt den Männern warme Winterkleidung aus. Ohne Kommentar.

Und Shackleton verkündet beim Abendessen seinen Winterdienstplan: »Jeder Mann hat in drei der vierundzwanzig Stunden Nacht etwas zu tun. Die Wissenschaftler haben ihr Programm, Wild koordiniert die Flickarbeiten, Worsley die Jagd.«

Ein großer Vorrat an Robbenfleisch und Blubber ist anzu-

legen, gewonnen aus der dicken Fettschicht unter der Haut der Tiere. Zuerst ist die Jagd kein Problem: Auf dem Eis wimmelt es von Robben, die in der Antarktis nicht fliehen. So wenig wie die Pinguine. Beide Gattungen zeigen keine Furcht, ihre Feinde – Seeleoparden und Schwertwale – leben im Wasser. Shackleton aber weiß: Im März wandern Robben und Pinguine weiter nach Norden, die Jagd wird dann schwieriger. Frank Worsleys Augen erspähen die Tiere im Zwielicht aus dreieinhalb Kilometer Entfernung, Frank Wild folgt ihnen auf Skiern, um sie dann mit Kopfschuss zu erlegen. Selten und seltener sind die beiden dabei erfolgreich.

Mit Anfang Winter beginnen die Hundeführer Macklin, Wild, McIlroy, Crean, Marston und Hurley ihr Training mit den Gespannen. Diese Übungsfahrten dienen auch der Jagd, vor allem dem Fleischtransport. Anfang Mai sind fünf Tonnen Fleisch und Blubber auf der Endurance eingelagert. »Damit wir satt und gesund durch den Winter kommen«, ist Wilds Kommentar. Die Männer sind zufrieden, ihr Lebensrhythmus wird langsamer, ihr Zustand der von Wartenden.

»Die Tiere sind schneller als die Eismasse, mit der wir driften«, hat Worsley beobachtet.

»Bewegt sich das Schiff nicht in die falsche Richtung?«, fragt Shackleton.

»Wohin?«, fragt Wild.

»Pro Tag zweieinhalb Kilometer nach Nordnordwest«, weiß Worsley.

»Richtung Feuerland«, sagt Shackleton, »also doch richtig. Richtung Südamerika.«

Aber die Endurance – gut vierzig Meter lang und acht

Meter breit – ist von Millionen Quadratkilometern Eis umgeben, eingebettet in Packeismassen, die sich in der riesigen Bucht des Weddellmeeres drehen. Im Sog der Winde und Strömungen. Die Expedition gehört jetzt der Drift, dem Treibeis. Wie die Menschheit der Schwerkraft im Kosmos, der sie ausgeliefert ist.

»Das Schiff«, sagt Wild eines Abends, »ist unser letzter Rest Zivilisation.«

»Bis es zerbricht«, antwortet Vincent, und alle lachen.

»Filchner hat recht«, lenkt Shackleton ab, »das Eis rotiert im Uhrzeigersinn.«

»Soll heißen, es bringt uns immer weiter von unserem geplanten Landeplatz weg?«

»Ja, immer weiter Richtung Südamerika«, bestätigt Shackleton.

Anfang Mai sehen die Männer die Sonne zum letzten Mal. Sie ist verschwunden und bleibt unsichtbar, für Monate unterm Horizont. Dann verblasst die Dämmerung, die antarktische Nacht beginnt. Mit dem letzten Tageslicht schwindet auch die Hoffnung davonzukommen, mit jeder neuen Nacht nehmen Zweifel und Ängste zu.

Im polaren Zwielicht stehen Shackleton und Wild auf der Brücke und starren in die Düsternis: die Konturen des Schiffsaufbaus vor einem verschwommenen Horizont. Das Eis liegt in Barrieren hintereinander gestaffelt, formlos im Mondlicht, weißgrau wie Wolken. Gebirge auf Gebirge getürmt. Die Männer warten in ihren Schlafsäcken. Auch im Mittwinter keine Veränderung. Im Eis ist wenig Bewegung und nirgends ein schwarzer Fleck am Horizont, der offenes Wasser anzeigt. Im Süden immerzu der gleiche schwarze

Himmel, keine Andeutung von Licht. Das Eismeer bleibt in Bewegung, aber kein Knacken ist zu hören, keine Turbulenz zu spüren. Die Männer warten auf eine Entladung: alle Hoffnung, je wieder freizukommen, jetzt geschrumpft auf die Sehnsucht nach einer Frau, die Beschwörung eines Wunders, den Glauben an einen Gott.

Zum Zeitvertreib werden Schlittenrennen veranstaltet, wird Fußball gespielt. Der Expeditionsfotograf Frank Hurley macht seine Aufnahmen. Als schwarze Silhouette steht er hinter einem Holzkasten, der auf ein hölzernes Stativ geschraubt ist. Er hantiert mit seinen Fellhandschuhen daran, lugt darüber hinweg, schaut: vor ihm und der Kamera die vereiste Endurance im Mondlicht.

Seit Wochen ist das Dämmerlicht auch hinterm nördlichen Horizont ganz erloschen. Die Männer fühlen sich der Finsternis ausgeliefert, ihren eigenen Schrecken, ihrer Sehnsucht. Nur Hurley bleibt aktiv, der Künstler hinter der Kamera tut für seine Bilder alles.

Schon vor Beginn des Winters haben sich George Marston und Frank Wild gegenseitig die Haare geschnitten. Diese Mode erfasst im Laufe des Juni dann die gesamte Mannschaft. Zuletzt lässt sich Shackleton alles Haar abrasieren. Wild ist jetzt der Witzbold – um aufkeimende Schrecken oder Sorgen zu zerstreuen, lässt er sich zu allen und allem etwas einfallen. Selbstironie, weiß er, stärkt – wie regelmäßige Aktivität – die Moral der Gruppe. Genauso wie die Musik von ihrem handgetriebenen Phonographen. Leider hat Shackleton vergessen, genug Abspielnadeln mitzunehmen. Also füllen Wild, Hurley sowie McNish, der Zimmermann, die langen Pausen mit Sketchen. Sie sorgen mit ihren Ideen

nicht nur für Abwechslung und etwas Vergessen, sondern werden damit auch zu Hoffnungsträgern.

Im finstersten Winter fordert Hurley dann Wild zum Hunderennen heraus. Zum »Großen Preis der Antarktis«. Frank gegen Frank! Der Wettlauf wird zur Mittagszeit veranstaltet, und alle sind dabei. Wilds Gespann siegt. Hurley aber behauptet, sein Schlitten sei schwerer gewesen als der Wilds, und verlangt Revanche. Wild willigt ein. Pech für den Sieger: Shackleton, beim zweiten Rennen als Wilds Passagier dabei, fällt vom Schlitten, und Wild wird disqualifiziert.

Zur Wintersonnenwende ist ein großes Fest vorbereitet. Hurley baut eine Art Bühne, auf der Shackleton zuerst als Conférencier auftritt: sein Witz eine Art Trost. Von Gaslampen beleuchtet, präsentieren die »Künstler« ihre Sketche. Dabei werden alle achtundzwanzig Mann mit Spott bedacht, inklusive Shackleton und Kapitän Worsley. Alle lachen. Es ist so komisch, dass zuletzt die Darsteller selbst kapitulieren. Als ob die Absurdität, in der sie stecken, nur mit Selbstironie zu ertragen wäre. Wie im zivilen Leben der Tod. Als Wild dann Longfellows »The Wreck of the Hesperus« rezitiert, vergessen die Männer endgültig, wo sie sind. Beim »God Save the King« ist der Winter dann zur Hälfte vorbei.

»Im Frühling, wenn die Sonne zurück ist, kommt die Endurance frei«, ruft Shackleton zuletzt in die Kälte, »ich verspreche es euch.« Sein Atem wie eine Wolke vor seinem Gesicht.

»Und was dann?«, ruft einer.

»Dann werden wir Anlauf auf die Vahsel-Bay nehmen und die Expedition fortsetzen«, ergänzt der Boss.

»Hurra«, kommt es aus mehreren Kehlen, »Hurra!« Erst verhalten, dann mit Überzeugung.

Aber was, wenn die Endurance birst? Ende Juni ist starker Druck auf das Schiff zu spüren, die Situation wird gespenstisch. Eisschollen, so weit das Auge reicht. Bei klarem Wetter ist der Mond zu sehen, Lichtkreise schwingen am sternenhellen Himmel, die Aurora australis huscht über die südliche Eislandschaft – in einer Andeutung von Unendlichkeit. Die Temperatur fällt auf minus 27 °C, die Landschaft ist vollkommen starr.

Am 26. Juli ist die Sonne wieder zurück. Erstmals! Alle sehen es: Das kurz aufleuchtende Eis aber hat die Endurance fester im Griff denn je. Südlichter flackern, unheimlich die Landschaft um sie herum. Die Männer in Panik, denn die Pressungen nehmen zu, der antarktische Horizont nachts schwärzer denn je. Untertags aber, auch bei blassem Licht, ist einer draußen und fotografiert: Hurley arbeitet im Zustand gelingenden Lebens: vor ihm eingefrorene Ewigkeit.

»Nachts wird das Dröhnen immer lauter«, sagt Worsley zu Wild.

»Du meinst das Ächzen des Schiffes?«

»Ja. Fängt langsam an und hört abrupt auf.«

»Klingt bedrohlich, ich weiß.«

»Übliche Eispressungen am Ende des Winters?«

»Mit der steigenden Sonne bewegt sich das Eis wieder mehr«, sagt Wild. »Der Frühling ist die grausamste Jahreszeit hier.« Und nach einer kurzen Pause: »Unser Schiff ist völlig ungeeignet für diese Breiten. Es hat zu viele Schwachstellen: die Rumpfform, das überhängende Heck.«

Wieder zieht ein Sturm auf: Wind aus Südwest, 36 Grad unter null. Am Abend beginnt es zu schneien. In dieser Nacht erzittert jede Planke im Schiff. Dazu die unheimliche Finsternis draußen und der Lärm im Eis. Auch das Schneetreiben nimmt zu. Der Sturm drängt alle Männer in ihre Behausung, nur ein paar von ihnen versuchen, die Luken mit Planen zu verschließen. Wild kriecht auf allen vieren an Deck. Wie ein Tier, um nicht weggeweht zu werden. Die Endurance unter ihm bebt, zittert, brüllt, schreit auf.

»Niemand geht weiter als unbedingt notwendig aufs Eis hinaus«, befiehlt er. »Maximal bis zu den Hundehütten!«

Auch Shackletons Order am Morgen ist eindeutig: Der Befehl, die Tiere zu füttern, kommt mit der Aufforderung zu äußerster Vorsicht. Das Eis um das Schiff ist voller Risse. Als die Endurance sich plötzlich zu neigen beginnt, sind alle Mann draußen. Ohne Frühstück und ohne Befehl. Die Eisschollen auf der Backbordseite sind sofort wegzuräumen, sehen alle. Aber die Temperatur ist mörderisch und sinkt weiter.

Shackleton wirkt unruhig. Auch Wild überlegt. Beide wissen: Die Kraft von Millionen Tonnen driftenden Eises drückt gegen die Bordwände. Das Schiff scheint mit Zu- und Abnahme des Drucks zu atmen. Wie lange kann es diese zerstörerische Energie aushalten? Würde die Mannschaft ohne Schiff überleben? Nicht zu ertragen die Vorstellung der totalen Zerstörung. Die Beplankung – mehr als einen Fuß dicke Balken – ächzt unter dem mörderischen Druck immer lauter. Die Männer leiden und ächzen mit ihrem Schiff. Was ist im äußersten Notfall zuerst zu tun?, denkt Wild.

»Die Endurance wird langsam zermalmt«, sagt er. »Nicht

in ein paar Tagen, aber Balken für Balken, Brett für Brett, Stück für Stück. Bis sie sinkt.«

Plötzlich ein dumpfes Geräusch: Holzbalken, die diese enorme Anspannung nicht mehr aushalten, beginnen zu brechen. Einer nach dem anderen. Oft mit einem lauten Knall, laut wie ein Kanonenschuss. Die Männer halten den Atem an, starren zum Himmel. Wie zum Gebet.

Es ist Mitte Juli 1915. McNish, der Schiffszimmermann, leidet mit jedem Stoß im Schiff.

»Es ist das Eis, das sich bewegt«, sagt er.

Shackleton bleibt der Mannschaft gegenüber optimistisch, vertraut Kapitän Worsley aber seine Zweifel an: »Das Schiff ist am Ende.«

»Der Wind heulte im Rigg, und das Schiff jammerte laut auf, mit Lauten, die wir von Menschen kennen, wenn sie Angst haben, ermordet zu werden«, schrieb Worsley später.

Trotzdem sagt er jetzt: »Ich will nicht glauben, dass die Endurance zerstört wird.«

»Das Schiff kann das nicht überleben, Skipper«, antwortet Shackleton.

Ruhelos geht er in seiner winzigen Kabine auf und ab.

»Es wäre unser Untergang.«

»Es ist besser, du gewöhnst dich an die Idee, es ist nur eine Frage der Zeit. Was das Eis bekommt, behält es auch.«

»Die letzten Tage der Endurance sind da«, schreibt Shackleton in sein Tagebuch: »Das Packeis arbeitet ohne Unterlass, das Stöhnen im Schiffsbauch unter seinem enormen Druck ist immer lauter zu hören. Alle warten wir auf die nächsten Geschiebe gigantischer Eismassen, die sich gegen uns verschworen haben.« Und weiter: »Sonntag, der

24. Oktober. Beginnt jetzt das Ende der Endurance? Position: 69° 11' südliche Breite, 51° 5' westliche Länge. Das Schiff stöhnt und zittert genauso wie wir. Als die Steuerbordseite gegen das Eis gedrückt wird, verdreht sich der Steven, die Plankenenden treten heraus.«

Und doch ist er noch hoffnungsvoll. Und es kommen wieder Tage der Ruhe, das Schiff richtet sich auf. Wochen vergehen. Nur tun die Männer nichts mehr gegen den Untergang. Als dann die Balken des Vorderdecks bersten, hebt sich ihre Welt und bewegt sich von nun an auf und ab.

»Es ist Zeit«, sagt Shackleton zu Wild.

»Ich sag es den Leuten.«

Der Befehl, das Schiff zu verlassen, kommt von Shackleton, verkündet aber wird er von Wild.

»Wir räumen das Schiff«, sagt er. »Vorläufig.«

Wilds Sachlichkeit wirkt wie eine Aufmunterung.

Die Männer brauchen jetzt keine Erklärungen mehr, alle wissen, dass das Schiff verloren ist. Jeder Rettungsversuch wäre zwecklos. Sie haben viele Wochen, Tage, Stunden geackert und zuletzt verloren. Das Eis ist stärker als sie. Sie geben es endgültig auf, gegen seine Übermacht anzukämpfen. Keiner der Männer aber zeigt Furcht – sie teilen die Besorgnis. Apathisch und müde sind sie, nicht aber hoffnungslos. Weil Frank Wild, Shackletons Stellvertreter, für Hoffnung sorgt?

Die Matrosen im Mannschaftsquartier sind der Erschöpfung nahe. Drei Tage lang haben sie an den Pumpen gestanden, ohne Schlaf, immer das Stöhnen des sterbenden Schiffes in den Ohren.

»Alles umsonst«, sagt einer.

»Nicht wir, nur das Schiff ist am Ende«, meint Wild im Gehen. Er lässt keinen Zweifel zu: So ist es!

Sie sehen ihm nach, als wäre in seinen Augen Trost.

»Zeit, von Bord zu gehen«, sagt er immer wieder leise und geht voraus. Die Männer erheben sich, ohne weitere Fragen zu stellen. Jeder steckt noch seine persönliche Habe in den Kissenbezug, dann folgen sie Wild ans Deck. Von dort steigt Wild in den Maschinenraum. Zweiundsiebzig Stunden lang haben die Maschinisten Kerr und Rickenson den Dampfdruck in den Kesseln gehalten, um die Pumpen arbeiten zu lassen. Immerzu den Brechgeräuschen von Holz und Stahl ausgeliefert.

»Alles einstellen«, sagt Wild nur, »sie ist am Ende.«

Erleichtert folgen ihm auch diese Männer. Als er zu McNish kommt, hört Wild das Geplätscher von fließendem Wasser. Das Meer strömt in den Frachtraum. Der alte Schiffszimmermann wirkt so ruhig, wie Wild selbst ist. Ein Nicken reicht, um sich zu verstehen.

»Nichts mehr zu machen«, sagt McNish, als Wild das Zeichen gibt aufzugeben, mitzukommen. Die beiden Männer sehen sich an, jeder mit Tränen in den Augen. Sie bangen um ihr Schiff, noch nicht um ihr Leben.

Clark, Hussey, James und Wordie haben aufgegeben, bevor Wild dazu auffordern kann. Sie sind Schiffbrüchige wie alle anderen auch. Die Schlittenführer versuchen die Hunde zu retten. Sie haben ein Segeltuch an der Backbordreling befestigt und damit eine Art Rutsche bis zum Boden gebaut. 49 Huskys werden auf dem Eis in Sicherheit gebracht. Die Tiere sind verzagt, jaulen aber nicht, bleiben dicht zusammengedrängt stehen. Keiner der Hunde bricht aus. Weil auch sie spüren, dass Außergewöhnliches geschieht? Oder hat Wilds Zuversicht Mensch und Tier gleichermaßen beruhigt? Alle Männer arbeiten ohne Panik, exakt, nicht in Eile. Einzelne Worte sind zu hören, Zurufe, eine Bitte, dazu das Knirschen des Eises unter ihren Füßen. Und das ununterbrochene Krachen aus dem Schiffsbauch.

Noch hat der Sturm die berstende Endurance nicht erreicht. Der Himmel ist klar, der Wind mäßig. Irgendwo, weit im Süden, weiß Wild, treibt der Sturm das Eis vor sich her, in ihre Richtung. Der Druck im Packeis nimmt stetig zu, alles vibriert: die Eisschollen immer dichter und höher um das Schiff gehäuft. Noch einmal muss Wild zurück aufs Schiff. Vom Deck sieht er aufs Eismeer: die nächste Umgebung ein riesiges Puzzle aus Eisschollen, ein Chaos ohne Ende, von unsichtbaren Kräften bewegt! Die mahlenden Packeismassen knirschen, bäumen sich auf, bersten vor seinen Augen. Immer wieder geht ein Zittern durch das marode Schiff. Auch draußen spüren die Männer den Druck, der ihre Welt in der Mangel hat. Es hört sich jetzt an wie ein D-Zug mit quietschenden Achsen im Rangierbahnhof.

Als sich die Endurance nach Steuerbord neigt, sind alle Mann auf dem Boden. Immer mehr Eis schichtet sich gegen den Bug, die Masse steigt höher und höher. Bis der Rumpf auf die Druckwellen reagiert und tischgroße Eisbrocken aufs Deck krachen. Sie drücken das Schiff nach unten, sofort bäumt es sich erneut auf, wie im Zorn. Ein Anblick, der Entsetzen auslöst.

Unter Wilds Anweisungen arbeiten ein Dutzend Männer an der Steuerbordseite. Die anderen zerren an Schlitten voller Kisten. Nicht allzu weit weg, auf einer stabilen Eisscholle, stehen erste Teile eines Behelfslagers. Alle wichtigen Ausrüstungsgegenstände sind aufs Eis gebracht, die Rettungsboote abgelassen, die letzten Hunde haben das verlorene Schiff verlassen. Es ist der 17. Oktober 1915, ein Sonntag.

»Wir haben keine andere Wahl«, sagt Wild. »Vorerst.«

»Schiffbruch ist besser als tot«, meint Tom Crean, ein Maat, der in der Irish Royal Navy gedient hat.«

Alexander Macklin, der junge Schiffsarzt, und Wild aber kehren zurück. Es gilt, Holz zu bergen. In dieser Stunde bricht die Scholle auseinander, auf der die Zelte stehen. Wild sieht es aus seiner erhöhten Position.

Gespalten in zwei Teile, treiben die beiden Eisflächen auseinander, die Expedition wird geteilt. Wild sieht ihrem Untergang nicht lange zu. Ganz kurz nur. In knapp hundert Meter Entfernung hat er eine stabile Eisinsel ausgemacht und erkennt sofort die einzige Rettungsmöglichkeit. Wild und Macklin hetzen also zurück zum Lager. Hunde werden angespannt und alles – Zelte, Vorräte, Boote – auf die stabile Scholle verlegt.

»Hierher«, ruft Wild. »Hierher!« Bis die Männer und Ausrüstung verlagert sind.

»Acht Uhr morgens. Hurley meint, ich soll eine Spalte besichtigen, die durch das Lager geht: eine Wasserrinne, die sich gerade öffnet. Inzwischen Lager von der Spalte wegverlegt. Hoffentlich nun sicher: überall Anzeichen aufbrechenden Eises. Breite 66° 59' 30", Länge 52° 46' W. Langsame Bewegung, aber ich glaube, unsere gute Zeit kommt jetzt«, schreibt Shackleton in sein Tagebuch.

Die Endurance liegt endgültig im Sterben. Wer von den

Männern traut sich zurück an Bord? Macklin zögert, Wild, der in der Notlage keine Angst zu spüren scheint, wagt es. Er ist sogar bereit, in den dunklen Rumpf des Schiffes hinabzuklettern: der Lärm unbeschreiblich, die Todesgefahr zum Greifen. In fieberhafter Eile holt er Bretter für Flickarbeiten aus dem berstenden Schiff und reicht sie Macklin. Sie tragen das Holz an Deck, wo sie stehen bleiben. Wortlos, das Zittern des Schiffbebens in den Beinen.

»Nie in meinem Leben hatte ich so viel Angst«, sagt Macklin leise.

»Ein berstendes Schiff ist eine fürchterliche Erfahrung«, sagt Wild, »auch für mich.«

Eine Stunde später sind die Bordwände der Endurance eingedrückt. Einzeln und durchgefroren stehen die achtundzwanzig Teilnehmer der Imperial Trans-Antarctic Expedition vor ihren Zelten. Die Köpfe gesenkt, als wären sie bei einer Beerdigung. Sie sind erschüttert und müde, einige wirken gleichgültig. Vertrauensvoll schielen andere zu Shackleton und Wild. Sie wissen: Ihr weiteres Schicksal hängt an ihren Leadern. In diesem Augenblick macht der Boss ein paar Schritte Richtung Schiff. Kann er Wunder wirken? Wild schließt sich ihm an und kehrt mit Shackleton zum Wrack zurück. Als könnten sie die Katastrophe im letzten Augenblick aufhalten. Neben dem kleinen Wild wirkt Shackleton – breite Schultern, kräftiger Nacken, starrer Blick – wie ein Held aus archaischer Zeit. Er aber weiß, dass seine Männer dem unscheinbaren Glatzkopf neben sich mehr Vertrauen schenken als ihm. Und dieser ahnt: Ohne dieses Vertrauen sind sie alle verloren.

Es ist der 27. Oktober 1915. Die Endurance – Position

69° 5' Süd, 51° 30' West – ist endgültig verloren. Auf halber Strecke zwischen Südpol und Feuerland, gut 1200 Meilen von jeder Zivilisation entfernt. Allen ist bewusst, dass ihre Lage zum Verzweifeln ist, Shackleton aber bleibt ruhig, ganz ruhig. Er hat Wild an seiner Seite, und dieser zeigt Empathie für jeden einzelnen ihrer Männer. Die beiden ergänzen sich durch ihre Gegensätzlichkeit, teilen nicht nur eigene Sorgen und Ängste, sie teilen auch die Verpflichtung, alles zu tun, das Vertrauen der Mannschaft aufrechtzuerhalten. Wild, indem er auf Augenhöhe mit allen umgeht, Shackleton, weil man ihm Wunder zutraut. Selbstrettung oder gemeinsamer Tod sind jetzt keine Alternativen, mit denen gespielt werden darf, ihre Angst ist nur geteilt zu ertragen. Der Schnee reflektiert die Mitternachtssonne, verbrennt den Männern die Lippen. Von Eiskristallen gespiegelt, sind im Umkreis der Sonne Halos und vier regenbogenfarbene Nebensonnen zu sehen. Das Weiß so blendend wie die Sonne selbst. Trost aber finden sie jetzt weder bei Gutwetterphasen noch in Naturphänomenen.

Seit bald einem Jahr ist die Shackleton-Expedition in den gefrorenen Meeren der Antarktis auf sich allein gestellt, und niemand in der Zivilisation weiß, dass die Männer in Schwierigkeiten stecken. Nicht einmal, wo sie sind. Jetzt beginnt für die Mannschaft die Zeit der Wunder. In ihrer Schicksalsergebenheit lernt sie zu vertrauen, ohne viel über ihre Lage nachzudenken. Die Männer haben keine Möglichkeit, Retter herbeizurufen, begrenzte Nahrungsmittel und Zweifel, ob sie je wieder heimkommen. Wie sich die Eisdrift verhält? Auch Shackleton kann nur raten. Flugzeuge, die

auf dem Eis landen können, gibt es noch nicht. Ob je eine Rettungsmannschaft – rein zufällig – zu ihnen stößt?

»Nein«, sagt Shackleton, »die Drift ist unsere Rettung. Sie bringt uns hier raus«

»Bist du sicher?«

»Ja, unsere Eisfläche ist zwar größer als Frankreich, aber sie dreht sich im Uhrzeigersinn.«

»Sicher?«

»Die Messungen zeigen es an.«

»Trotz dieses Wunders – unsere Notlage ist absolut.«

»Behalt es für dich, Frank.«

»Mit dem Eis ist zuletzt aber auch die Drift vorbei, auf dem Wasser kommen wir nicht weit.«

»Richtig«, sagt Shackleton, »ich hoffe auf ein zweites Wunder.«

»Überleben können wir nur aus eigener Kraft«, sagt Wild ein wenig später, »mit der Natur und nicht gegen sie.«

»Mit Ausdauer, Leidensfähigkeit und Gottvertrauen ist alles möglich«, ergänzt Shackleton.

»Hast du sonst noch etwas anzubieten?«, fragt Crean.

»Einen nächsten Ort, wo Nahrung zu finden ist«, scherzt Shackleton. »Eine winzige Insel: Paulet, im Moment 346 Meilen nordwestlich von uns. Vor zwölf Jahren hat eine schwedische Mannschaft dort überwintert.«

»Vor zwölf Jahren, eine gute Nachricht.«

»Ob die Schweden Vorräte zurückgelassen haben?«

»Ich denke, schon«, ist Shack überzeugt, »etwas bleibt immer zurück, und wenn es nur Müll ist.«

Shackleton ist gut gelaunt und gut informiert. Das imponiert seinen Leuten. Wie sein »Stopp« am 1. November, nachdem sie versucht haben, ihre Habe auf den Booten über das Eis zu schleppen.

Sein ehrgeiziger Plan, Land zu erreichen, ist zwar gescheitert, seiner Expedition aber ist damit Hoffnung zugewachsen. Sie driftet weiter mit dem Eis im »Ocean Camp«, wie der Boss ihr Provisorium getauft hat. Ja, das Pack im Weddellmeer kreist wirklich im Uhrzeigersinn. Shackletons anfängliche Vermutung, dass sie an der antarktischen Halbinsel entlang nach Norden treiben, ist mit den täglichen Peilungen bestätigt und der Boss damit zum Wahrsager avanciert. Für die Mannschaft aber bleibt das Empfinden einer scheinbar statischen Reise – drei Monate lang, sechshundert Kilometer weit. Kaum Abwechslung, oft Sturm. Nur die warmen Mahlzeiten sind ein Trost.

Am 21. November hat das Eis die letzten Reste der Endurance verschluckt. Einen Monat nach dem ersten Marsch befielt Shackleton einen zweiten – diesmal ist er entschlossen: Richtung Festland! Westwärts! Erbarmungslos dringen Wind und Schneestaub durch die abgenutzte Kleidung, nachts in die zerfledderten Zelte. Oft hüllen Schneewehen das Lager ein. Packeisfläche und Sicht sind am Morgen meist miserabel, die Füße immerzu eisig. Weiter Richtung antarktische Halbinsel, kommt es zur Meuterei. McNish verweigert die Arbeit, die ihm sinnlos erscheint. Wild weiß: Nicht nur das untätige Abwarten, auch Sinnloses fördert Selbstmordtendenzen. Shackleton gibt nach.

Sie bleiben im »Patience Camp«, wie Shackleton ihr neues driftendes Lager nennt.

»Wir kommen driftend weiter als zu Fuß«, tröstet Wild.

»Auch Arbeit gibt Lebenskraft.«

»Vielleicht, aber auch so sind wir im April in Südamerika«, scherzt Wild.

»Nicht, wenn das Eis unter unseren Hintern schmilzt.«

Als die Eisscholle tatsächlich unter ihrem Lager birst, lassen die Männer die drei Rettungsboote ins Wasser und rudern, rudern, rudern. Bis zur Erschöpfung. Sieben Tage lang gegen den Wind. Am 15. April 1916 stranden sie auf Elephant Island. Wild soll einen brauchbaren Lagerplatz finden und entscheidet sich für einen schmalen Streifen Fels unter einem Eishang. Es ist der 17. April, alle sind am Leben. Die erschöpften Männer ziehen die Boote ans Ufer, während Wild das erste heiße Getränk serviert. Seit Tagen haben sie nicht gegessen oder getrunken. Trostloser kann die Welt

nirgendwo sein, denkt Shackleton: Das Grau der Nebel verschwimmt mit einem festungsartigen Felsen zum Meer hin, die steigende Flut schlägt gegen Steine, Treibeis schaukelt auf dem Wasser, Robben und Pinguine weichen beleidigt zurück, als die Männer sich in ihrem Territorium hinhocken.

»Wenigstens ist genug Nahrung da«, sagt Shackleton.

»Und Süßwasser«, sagt Wild. »Gletschereis ist nahe.«

»Das einzig Tröstliche hier ist der feste Boden unter den Füßen.«

»Es tut uns allen gut auszuruhen«, antwortet Wild.

Die erste Nacht verbringen die Männer auf Steinen, unter zerrissenen Zeltplanen. Sie frieren, schlafen können sie nicht. So viel Einsamkeit und Leid sind auf Dauer nicht auszuhalten, dazu ihre Zweifel. Das alles fördert nichts als ihre aufkeimenden Selbstmordgedanken.

»Die Frage ist, Boss, wie lange die Männer das aushalten«, sagt Wild Tage später.

»Ob sie das aushalten, willst du wohl sagen.«

»Ja, ein Winter hier wäre tödlich. Für uns alle.«

»Ich werde Hilfe holen«, antwortet Shackleton, »wir haben keine andere Wahl.«

»Feuerland ist tabu«, sagt Frank Worsley, »Gegenwind.«

»Siehst du eine Chance, Südgeorgien zu erreichen?«, fragt Wild an Worsley gewandt.

Der Kapitän, der als genialer Navigator gilt, wiegt den Kopf.

»Bevor der Winter kommt?«

»Es bleibt nicht viel Zeit«, mischt Shackleton sich ein. »Das Südpolarmeer ist dann unpassierbar.«

»Der nächste richtige Hafen, wo wir Hilfe finden können, ist Port Stanley auf den Falklandinseln«, weiß Worsley.

»Wie weit?«

»Etwa 540 Meilen.«

»Wind?«

»Meist von vorn.«

Wild schüttelt den Kopf: »In einem offenen zerbrechlichen Boot unmöglich!«

»Undenkbar, in diesen Holzkisten gegen den ständigen Nordwestwind anzukreuzen«, ist auch Worsleys Überzeugung. »Auch zu kleine Segelflächen.«

»Also nach Südgeorgien«, sagt Wild. »Wie weit?«

»Achthundert Meilen.«

»Bei vorherrschenden Westwinden könnte die Überfahrt gelingen«, gibt sich Shackleton überzeugt.

»Ich gebe zu bedenken«, sagt Worsley, »dass der Ozean südlich von Kap Hoorn das stürmischste Meer der Erde ist. Gerade jetzt.«

»Die Walfänger an der Ostküste Südgeorgiens könnten dann mit ihren Eisbrechern die Mannschaft holen.«

»Vorausgesetzt, es gibt kein Packeis.«

»Mir macht der hohe Wellengang auf der Hinfahrt nach Südgeorgien Sorgen, weniger das Zurückkommen«, sagt Worsley.

»Eine kleine Mannschaft – maximal zu sechst – kann die Fahrt schaffen und innerhalb eines Monats mit dem Eisbrecher zurück sein«, sagt Shackleton, der jetzt schnell handeln will. Er weiß, sie dürfen keine Zeit mehr verlieren.

Alles ist klar: Die Gefahren einer solchen Bootsfahrt sind enorm: Achthundert Meilen weit über stürmische antarktische See, um Hilfe zu holen. Zu sechst in einem winzigen Boot! Nur weil die Zurückbleibenden ihrem Boss alles zutrauen, rebellieren sie nicht. Sie wissen, dass im schlimmsten aller Fälle ihr Leben verloren ist. Denn die Reise übers Meer ist nicht mit den Risiken zu vergleichen, denen die Männer ausgesetzt bleiben, die warten müssen, ohne genügend Proviant, ohne Ausrüstung, ihrer Verzweiflung und Hoffnungslosigkeit ausgeliefert.

»Es gibt keine andere Möglichkeit«, sagt Shackleton, »nicht die geringste.«

Die Hoffnung, dass eine Suchmannschaft die Expedition zufällig auf Elephant Island findet, ist gleich null. In Europa ist Krieg, und nicht einmal die Walfänger kennen die Insel – nackter Fels, zum Teil mit Eis bedeckt.

»Es gibt keine Suche nach uns«, sagt Wild kategorisch vor versammelter Mannschaft.

»Es gibt nur die Bootsfahrt«, erklärt Shackleton. »In zwei bis drei Wochen, vor Winterbeginn, bin ich zurück und hole euch hier heraus.«

»Einverstanden«, sagen alle.

Es klingt wie aus dem Chor der Verdammten, und doch

sind alle überzeugt, Shackleton könne die Expedition mit seiner Bootsfahrt retten. Zu Vogelscheuchen abgemagert, erschöpft und schmutzig, wie sie sind, erscheint ihnen ihr Boss wieder einmal als ein Wunder an Kraft und Entschlossenheit.

»Wir werden Verpflegung für sechs Mann und einen Monat mitnehmen«, sagt er.

Die James Caird, das größte Rettungsboot der versunkenen Endurance – 7,30 m lang, 1,30 m breit – soll vom Zimmermann McNish verstärkt werden. Mit den Brettern, die Wild im letzten Moment aus der Endurance geborgen hat. Tage später ist das Freibord erhöht, das Heck überdacht, der Rumpf mit Steinen beschwert.

»Wenn es vor dem Winter nicht nach Südgeorgien zu schaffen ist, bleibt alles umsonst«, sagt Vincent, der Kräftigste von allen.

»Die Probleme für die Zurückbleibenden wären im Winter zu viele, wir müssen es also vorher schaffen«, sagt Shackleton.

»Unser Risiko, obwohl nie gerechtfertigt, ist damit eure Pflicht geworden«, philosophiert Wild.

»Die einzig verbliebene«, sagt Shackleton.

Worsley und Wild wissen längst, dass ihnen der Versuch der Überfahrt nach Südgeorgien als einzige Rettungsmöglichkeit bleibt. In einem verwitterten Boot! Trotzdem hoffen beide, Shackleton auf dieser Fahrt begleiten zu können.

Der Boss aber nimmt Wild zur Seite, sieht ihm lange in die Augen: »Frank, du musst die Zurückbleibenden am Leben halten.«

»Ich wollte doch mit dir fahren.«

»Worsley muss mitkommen. Du, Frank, musst hierbleiben.«

»Auf zur Selbstrettung«, sagt Wild später mit einem Anflug von Zynismus vor versammelter Mannschaft.

»Frank«, bittet ihn Shackleton, als sie wieder allein sind, »du verstehst mich. Ich vertraue deiner Menschenführung. Nur du kannst die Gruppe zusammenhalten.«

»Du bist der Boss.«

»Du bist mein Stellvertreter. Während ich fort bin, wirst du die Hoffnung am Leben halten, dass Rettung kommt.«

»Kannst du mir Crean überlassen?«

»Vielleicht.«

»Was, wenn ihr nicht rechtzeitig zurück seid?«

»Wenn unser Versuch, Hilfe zu holen, fehlschlägt, wirst du alles tun, um mit deinen Leuten Deception Island zu erreichen.«

»Und was dort?«

»Ich werde dir einen schriftlichen Plan aushändigen.«

Eine Woche nach der Ankunft in Elephant Island, am 24. April, ist die James Caird startbereit: Mehr als siebenhundert Meilen schwierigste See liegen vor ihr.

»Deine Strategie?«, fragt Wild vor versammelter Runde.

»Worsley segelt mit mir. Wegen seiner nautischen Fähigkeiten. Nur er kann die Walfänger finden«, sagt Shackleton.

Crean, der ursprünglich als rechte Hand Wilds zurückbleiben sollte, will auch mit. Unbedingt. Nochmals beraten sich Shackleton und Wild.

»Ich will nur Freiwillige im Boot«, sagt Shackleton leise, schließlich geht es um Leben und Tod.

»Also wer jetzt?«, fragt Hurley.

»Neben Worsley und Crean kommen McNish, McCarthy und Vincent mit mir.«

»Gute Wahl«, sagt Wild.

»Ich werde alle fünf auf der Überfahrt brauchen.«

»Auch McIlroy und Macklin wären gerne mitgekommen«, sagt Wild.

»Kein Platz. Ihre Pflicht ist es, bei euch zu bleiben«, sagt Shackleton und schaut in die Runde: »Die Kranken werden sie brauchen.«

»Vor allem im Winter«, sagt Wild etwas spöttisch.

»Ich bin vorher zurück. Mehr Zuversicht, Frank, es wird gelingen.«

Mit Worsley und Wild stapft Shackleton dann durch das Schneetreiben. Sie wollen die James Caird inspizieren: Das Sieben-Meter-Boot scheint auf mysteriöse Weise geschrumpft. Dieses gewöhnliche Rettungsboot ist zwar ziemlich robust, trotzdem stellt sich Wild die Frage, wie sechs Leute darin Platz finden sollen. Es bleibt also ein mehrfaches Wagnis, im aufgewühlten Atlantik mit ihm in See zu stechen. Aber McNish hat das Boot seetüchtig gemacht, und alle wissen, nicht nur, weil er selbst unter den Ausgewählten ist, hat er die Aufgabe mit Hingabe ausgeführt. Shackleton ist zufrieden.

Inzwischen tobt wieder der Sturm, die provisorisch errichteten Zelte, vom Wind gebeutelt, knicken. Die Männer um Wild graben unter seiner Anleitung eine Höhle in eine Schneewächte, groß genug, der ganzen Mannschaft Schutz zu bieten. In diesem Moment springt eine Robbe aus dem Wasser, kommt an den Strand: Wild postiert eine Linie von Treibern, die das Tier einkreisen. Mit dem Eispickel setzt er den tödlichen Schlag. Shackleton ist euphorisch: Nicht weil er selbst die kühnstmögliche Seereise antritt, weil er weiß, warum er Wild zurücklässt.

Die Männer brauchen dringend Nahrung, vor allem Fett. Ihr Koch aber ist kollabiert, ganz selbstverständlich übernimmt ein anderer der Männer die Küche. Die allermeisten aber wollen sich nur noch hinlegen und sterben. Seit Tagen schon. Wild scheucht sie hoch. Er weiß: Nur Aufgaben lenken von selbstzerstörerischer Depression ab. Ehe Panik ausbricht, muss ein neues Lager stehen. Vorerst aber sollen alle Mann beim Auslaufen der Retter dabei sein.

Mit der Bootsabdeckung aus Segeltuch, zwei 45-Liter-Fässern Gletscherwasser im Rumpf und sechs Mann an Bord geht es endlich los. An die fünfhundert Kilogramm zusätzlicher Ballast – Ausrüstung, Proviant und vor allem Steine – werden mit der James Caird zu Wasser gelassen. Alle 22 Mann schütteln den sechs Hochseeseglern die Hände, man wünscht einander Glück. In diesem Moment steckt Shackleton Wild einen Brief zu.

»Der Gürtel aus Packeis vor der Bucht ist locker, wir werden einen Durchschlupf finden«, sagt Shackleton.

»Los jetzt«, sagt Worsley, »bevor das Eis einen geschlossenen Ring um Point Wild bildet.«

Mit diesem 24. April 1916 – Start der James Caird – beginnt eine der härtesten Seereisen der Menschheitsgeschichte. »Die Gefahren der Reise, die wir uns vorgenommen haben, sind extrem«, schreibt Shackleton später: »Das Meeresgebiet südlich von Kap Hoorn gilt Mitte Mai als das aufgewühlteste Gewässer der Erde. Ständig herrschen Orkane hier. Und wir wollten diesen Bedingungen in einem kleinen, in den vergangenen Monaten arg strapazierten Boot die Stirn bieten, das Risiko nur gerechtfertigt, weil wir dringend Hilfe zu bringen hatten.«

Worsley und Wild wollen noch etwas sagen, keine Ansprache, nur eine Aufmunterung zum Abschied. Wind und Wellengang tragen ihre Worte fort, Shackleton bleibt still, während die James Caird durch seichtes Wasser geschoben wird.

»Wir schaffen es«, ruft Shackleton noch in den Wind und, zur Mannschaft gewandt: »Haltet durch, ich komme euch holen. Frank, ich habe es dir versprochen.« Er winkt mit einer unsicheren Handbewegung, und die James Caird schaukelt davon

»Auf ein Wiedersehen in zwei, drei Wochen«, ruft Wild und fügt leiser hinzu: »Solange sind wir der Situation gewachsen.« Er sagt es wie zu sich selbst, die anderen sollen seine Zweifel nicht hören.

»Alle vertrauen dir«, hört er noch eine Stimme im Wind, während die James Caird Richtung Nordost gerudert wird.

Shackleton hat das Schicksal von 21 Männern an Wild übergeben. Endgültig. Der Boss selbst flüchtet sich ins Tun. Wie immer, wenn die Situation heikel wird. Als ob er sich seiner Verantwortung so entziehen könnte, verschwindet er ins offene Meer. Die Zurückgebliebenen sind zuerst nur erstaunt darüber, nicht schockiert. Es ist zu kalt, um zu jammern, das winterliche Wetter macht sie alle gleich verzagt, es gilt, sofort eine Unterkunft zu schaffen. Da ist sonst

nichts, gegen das sie rebellieren könnten, nur menschenfeindliche Wildnis, so weit sie sehen können

»23. April 1916, Elephant Island«, liest Wild im Brief von Shack: »Lieber Herr Wild, sollte ich die Bootsreise nach Südgeorgien nicht überleben, so werden Sie Ihr Bestes für die Rettung der Männer tun. Sobald mein Boot diese Insel verlässt, übernehmen Sie das volle Kommando, und alle Männer müssen Ihren Anordnungen gehorchen. Sollten Sie nach England zurückkehren, übernehmen Sie die Information des Ausschusses. Ich möchte, dass Sie zusammen mit Lees und Hurley das Buch schreiben. Sie vertreten meine Interessen. In einem weiteren Brief finden Sie die ausgehandelten Vertragsbedingungen für die Vorträge in England, Großbritannien & Kontinent. Hurley in den USA. Ich setze alles Vertrauen in Sie, habe es immer gehabt. Möge Gott Ihr Tun und Ihr Leben beschützen. Versichern Sie meine Leute meiner Zuneigung und sagen Sie Ihnen, dass ich mein Bestes versucht habe. Mit freundlichen Grüßen, Ernest Shackleton«

Inzwischen treibt der Westwind das Boot auf eine Packeislinie zu, hinter der es verschwindet. 22 Mann, ausgesetzt am Rande der Erde, bleiben zurück: Alle starren ins gleiche Nichts, ein jämmerliches Bild. Nie waren Menschen verlorener. Aber noch hält sie die Hoffnung, gerettet zu werden, wenn das Vertrauen auf ein Wiedersehen auch vage bleibt. Von der Fahrrinne geht ihr Blick zu Wild.

Höhere Priorität aber als der Gedanke an seine Rückkehr ins eigene Leben hat für Wild die Frage der Verpflegung und des Lagerplatzes. Ein paar der Männer sind krank, von den Strapazen der letzten Wochen ausgezehrt. Rickenson hat Herzprobleme; Blackborrow und Hudson können sich kaum bewegen; alle leiden an oberflächlichen Erfrierungen. Seit zwei Wochen, seit dem Tag, an dem sie Point Wild erreicht haben, tobt – nur für Stunden unterbrochen – ein Schneesturm. Die Zelte sind zerrissen, Schlafsäcke und Kleidung nass, mehr als die Hälfte der Mannschaft leidet an Depressionen.

Am Tag von Shackletons Abreise notiert Hurley in seinem Tagebuch: »Auf seiner Mannschaft – sechs erprobte Veteranen, wettergegerbt und mit viel Erfahrung auf See – ruht unser gesamtes Vertrauen. Die Caird ist ein exzellentes Segelboot und sollte, geleitet von der Vorsehung, Südgeorgien in vierzehn Tagen erreichen. Wie werden wir diese Tage zählen!«

Wild aber weiß auch: Die Überfahrt ist die Hölle und trotzdem leichter zu ertragen als das Nichts-tun-Können auf Elephant Island.

Im Dunst der Dämmerung liegt der Horizont verloren im Nirgendwo. Die James Caird ist fort, und die 22 Männer in Point Wild fühlen sich verlassen, ohne Ausbruchsmöglichkeit – wurden die beiden verbliebenen Boote doch ausgeschlachtet, um Shackletons Boot seetüchtig zu machen. Wild muss jetzt verhindern, dass Depressionen die Männer in den Wahnsinn treiben; die trübe, feuchtkalte Atmosphäre das Lagerleben verdüstert; wochenlange Schneestürme ihren Lebensmut vernichten. Der Freiraum auf dem felsigen Kap ist aufs Äußerste eingeschränkt und höchst unsicher, Lagerkoller also vorhersehbar.

»Zuallererst brauchen wir eine trockene Behausung«, sagt Wild. Es ist kein Befehl, nur ein Vorschlag.

»Lohnt sich die Arbeit?«, fragt einer.

»Nicht, wenn der Boss in ein paar Tagen wirklich zurück ist«, meint ein anderer.

Die 21 Männer, die mit Wild auf Elephant Island abwarten, setzen ihr Hoffen immer noch auf Shackleton. Ist seine Fähigkeit, unter extremen Bedingungen zu überleben, nicht legendär? Wild aber reicht dieser Ruf und ihr Vertrauen nicht. Was wenn ...?, fragt er sich.

Die Eishöhle, die Wild in den Schneehang hat graben lassen, steht ständig unter Wasser. Es rinnt von der Decke, von den Wänden. Also lässt er flache Steine sammeln und eine Mauer in Form eines Rechtecks aufschichten – ein Meter dreißig hoch, sechs Meter lang, vier Meter breit: die Grundmauern für eine Hütte. Dann werden, immer unter Wilds Anleitung, die beiden verbliebenen Boote als Dach umgedreht, Kiel nach oben. Eines liegt auf Schnee, das andere auf Steinen. Die kaputten Zeltbahnen werden darübergelegt.

»Solche Steine konnte ich früher leicht allein hochheben, jetzt sind sie zu schwer für zwei von uns«, beschwert sich Hurley.

»Wir sind alle schwach. Also machen zwei oder drei von uns, was sonst einer allein schaffen könnte«, sagt Wild.

»Wir sind einfach zu geschwächt für die schwere Arbeit«, meint ein anderer der Männer.

»Wenn wir es jetzt nicht schaffen, dann nie mehr«, antwortet Wild.

»Aber vielleicht, wenn der Boss zurück sein wird, ist alles umsonst.«

»Nur, wenn unsere Hütte nicht fertig wird.«

Alle nicken. Wild hat das Kommando und bald auch wieder alles Vertrauen seiner Leute. Das endgültige Lager entsteht in Tagen und steht zwischen zwei großen Felsblöcken, die gegen den Wind schützen sollen. Nordseitig ragt, wie ein Schutzwall, der »Pinguin-Hügel« in das Schwarz des Himmels. Die Mauer ist bald vereist, die beiden Boote, kieloben und nebeneinandergestellt, werden gegeneinander verkeilt und an Felsen festgezurrt.

»Ein paar Holzbalken«, schreit Wild, »um sie quer über die Kiele zu legen!«

»Schlittenkufen?«

»Gehen auch.«

»Wir breiten jetzt die Planen der zerfetzten Zelte darüber und überspannen das Ganze mit Seilen.«

»Baumeister Wild«, lobt einer anerkennend.

Die restlichen Zelte und Tücher werden als Bodenbelag über die Steine gelegt, und fertig erscheint der Palast. Wenigstens von außen. Mit Kisten und Brettern wird drinnen

ein Unterbau gebastelt: Das doppelstöckige provisorische Lager ist bewohnbar. Wild weist die Schlafplätze zu. Es gibt nicht den geringsten Streit dabei. Die Kranken bekommen die besten Plätze. Wild selbst nimmt sich die unangenehme Liegestelle am Eingang. Der mit Zeltplanen abgedeckte Unterschlupf hält ein wenig die Wärme. Bald schon packt Neuschnee ihn ein. Die Hoffnung nimmt zu, wird mehr und mehr: Ein Ölbrenner surrt, die Kleider können trocknen. Das Wichtigste für Wild: Keiner darf benachteiligt oder ausgegrenzt sein. Nur zusammen in einem Raum sind alle überlebensfähig. Also werden Hängematten in die Zwischenräume gehängt.

Die Männer auf Elephant Island sind einfallsreich: Sie flicken, basteln, jagen. »Der bunteste, ungepflegteste Haufen, der je auf eine Fotoplatte gebannt wurde«, schreibt Hurley am 10. Mai 1916 in sein Tagebuch. Die »Hütte der Schiffbrüchigen« – eine Art Iglu aus den zwei übriggebliebenen Rettungsbooten – bietet zuletzt allen Unterschlupf, auch wenn die Grundfläche winzig ist und man drinnen nicht aufrecht stehen kann.

»Diese katakombenähnliche Szene«, schreibt Hurley weiter, »mit Figuren, die an Mumien erinnern, ist unser Alltag, und die Wesen darin sind wir selbst – in Rentierschlafsäcken oder vereisten Kleidern, wobei sich Stöhnen und Schnarchen mit dem Pfeifen der Blizzards mischt.«

Gekocht wird anfangs draußen, im Windschatten zwischen Felsblöcken. An zwei Tranöfen aus alten Ölfässern. Verpflegungskisten dienen als Hocker und Tische. Beim nächsten Schneesturm aber muss die Küche in die Hütte verlegt werden. Später, der Wind treibt immer mehr vom feinen Schneestaub durch die Ritzen der Außenmauern ins Innere, werden draußen Mäntel auf die Steinwälle gelegt. Sie frieren bald fest und isolieren so ihr »Schloss«, wie sie das Iglu in der beginnenden Winternacht nennen.

Es ist finster und finsterer geworden, die Anzahl der Tiere draußen schwindet, und langsam verlieren die Männer ihren Mut. Dann ihre Demut. Draußen, in Dunkelheit und Schneesturm, sehen sie nicht einmal die Hand vor Augen. Und innen diese Enge! Ihre Beweglichkeit im Bootshaus ist so eingeschränkt, dass keiner immerzu dort bleiben will. Dazu das Schnarchen, Stöhnen, der Gestank! Wild weiß, er muss den Männern in ihrer Apathie helfen – aber wie? Jetzt packt auch ihn das Gefühl des Verlorenseins, für ein paar Tage fehlt sogar ihm seine Heiterkeit. Woher also sollte Trost noch kommen? Aber er kennt die Natur des Menschen, und er bleibt bei seiner Erkenntnis: Nur in gemeinsamem Leid ist die alltägliche Not zu ertragen.

»Nicht auszuhalten, diese Winternacht«, stöhnt es öfter aus der Finsternis.

»Jeder von euch muss wissen, wozu er imstande ist«, sagt dann Wild beiläufig.

Gegen die Verzweiflung hat er das Heilmittel der Tat entdeckt, er ist also bemüht herauszufinden, wovor sich der eine oder andere drückt. Er muss für jeden die richtige Aufgabe finden, Härtetests verschreiben, Ziele vorgeben. In der Zivilisation ist es so leicht, sich zu drücken. In der Wildnis nicht. Es ist nicht wichtig, was der Einzelne macht, es darf nur keinen Drückeberger geben. Jeder Einsatz zählt, ganz gleich, wie groß, denn nur im Mitmachen ist Selbstheilung. Weder der Stärkste noch der mit den besten Nerven überlebt, es sind allein psychische Energie, Lebensmut und Phantasie, die zuletzt über Leben und Tod entscheiden.

»Wie schafft es Wild, in diesem Zustand heiter zu bleiben? Als könne er auf Ressourcen zurückzugreifen, die ihm auf den ersten Blick niemand zutraut«, sagt Macklin zu McIlroy, während sie draußen über die Steine stolpern, um Pinguine zu jagen.

»Indem er sich selbst vertraut.«

»Vielleicht, weil er mehr Verantwortung trägt.«

Wild gibt keine Befehle, nur Anregungen. Er lebt die gleiche Misere wie alle anderen, erträgt die gleichen Leiden: ein Dasein in Kälte, Hunger, Schmutz, mit der gleichen Sehnsucht, nach Hause zu kommen, wie sie. Er ist einer von ihnen, alle Wünsche reduziert auf animalische Bedürfnisse. Der Zusammenhalt ist zu einem Teil ihres Instinkts

geworden, nur Jagen und Kochen sind überlebensnotwendig, man wechselt sich dabei ab. Diese Art des Zusammenseins schafft Vertrauen, gleichzeitig üben sich die Männer in Geduld.

Robben töten und zerlegen ist grausam und doch einfach, weil notwendig: Ein großer Stock und ein Messer reichen dafür aus. Dem Tier wird ein heftiger Schlag auf die Nase verpasst – so ist es betäubt, spürt nichts mehr – und anschließend ins Herz gestochen. Nur zwei Handgriffe. Zuletzt wird das Fleisch vom Gerippe gelöst, die Leber herausgeschnitten und alles Essbare stückweise im Eis vor der Hütte eingefroren. Die harten Brocken werden bei Bedarf aus dem Schnee gescharrt, mit dem Beil zerhackt, gekocht und gegessen.

In der Antarktis sind die Tiere nicht flüchtig, an Land

haben sie keine Feinde – ein Glück, es hilft, Patronen zu sparen. Das Problem ist, dass Pinguine und Robben im April und Mai in Point Wild nach und nach schwinden und im Winter dann ganz fehlen.

»Was, wenn unsere Fleischreserven aufgebraucht sind?«, fragen sich die Männer.

»Wir werden nicht verhungern«, sagt Wild.

»Aber erfrieren.«

»Solange es an Tran und Fleisch mangelt, haben wir eine Aufgabe. Das Überleben wird uns nicht geschenkt«, ist Wilds Kommentar.

Er steht vor der Hütte und raucht. Es tut ihm gut, draußen zu sein, die Pflichten des Alltags zu spüren: den Kocher mit Tran zu füllen, Proviant auszugraben oder irgendeine Flickarbeit zu erledigen. Das Meer bricht an der Eiskante. Die Gischt sprüht bis aufs Dach ihrer Behausung.

Ohne Arbeit wäre das Leben hier nicht zu ertragen, denkt er. So beschwerlich es ist, mit dem Schlitten im Kreuz über eine stumpfe Schneeebene zu stolpern, alles ist leichter zu ertragen als dieses Abwarten. Dem toten Weiß zwischen Himmel und Horizont nicht näher zu kommen und trotzdem dagegen anzugehen – jeder Schritt ein Stöhnen, jeder Meter ein Erfolgserlebnis, jeder Tag ein paar Kilometer Befriedigung – ergibt Sinn. Hier aber kommt mit der Hoffnung auch der Sinn abhanden.

Am Mittag zeigt das Thermometer Plusgrade an. Erstmals, seit sie in Point Wild gelandet sind: Wasser tropft von Eiszapfen, der Boden in der Hütte wird zum See. Ein verflixter Zustand in ihrer feuchten Kleidung. Nachts liegen sie im Wasser, Kleidung und Schlafsäcke vollgesogen. Wild, der mit seinen Männern leidet, gestattet ausnahmsweise drei Mahlzeiten. Dankbar, dass keiner um sich schießt, repariert er am Nachmittag Fausthandschuhe. Ein paar seiner Männer sehen ihm wortlos dabei zu. Schlimmer, denkt er, wäre es, wenn keiner mehr aus unserer Höhle käme. Hat es doch etwas Beruhigendes zu beobachten, wie ihr Mut wächst, nur weil sie sehen, dass ich etwas tue.

Das Problem ist plötzlich nicht mehr die Kälte, sondern das Tauwetter. Bei Plustemperaturen muss Wasser aus der Hütte abgeleitet und vom Gletscher Abstand gehalten werden, weil auf der anderen Seite der Bucht Eisblöcke abbrechen. Sie stürzen ins Meer, und die dadurch ausgelösten Wogen überspülen ihre Lagerstelle.

»Frühstück fertig«, krächzt anderntags eine Stimme in der Dämmerung. Es ist gegen zehn Uhr.

Koch und Gehilfe – alle außer Wild machen abwechselnd Dienst – servieren die Mahlzeit. Auf Vorratskisten hockend, im Kreis um den Ofen gedrängt, wird gegessen. Später wird die Kleidung daran getrocknet. Jeder rückt – auf Wilds Anregung – Tag für Tag einen Sitz weiter. So kommen alle in den Genuss der Ofenwärme. Nur der Tranqualm bleibt ein Problem. Er wird zwar durch einen Schornstein aus übereinandergeschobenen Zwiebackdosen abgeleitet, Zeltplanen und Wände sind trotzdem mit fettigem Ruß überzogen. Auch in der Hütte stinkt es nach Tran. Dazu kommt die Finsternis. Wild hat zwar winzige Fenster in den Wänden ausschneiden lassen, sie reichen aber nicht aus, um das Gefühl aufzuheben, in einer Gruft zu leben.

Der Zustand, den die Männer teilen – Nässe, Enge,

Dunkelheit –, lässt ihre Flüche immer mehr werden. Und doch wird die Hoffnungslosigkeit weniger. Weil Wild seine Männer zu trösten weiß, indem auch er seine Qualen nicht verbirgt.

»Wir alle leiden gleichermaßen«, sagt er.

»Alle gleichermaßen?«

»Auch meine Gelenke schmerzen, das Liegen auf dem harten Boden ist auch für mich eine Folter. Ja, es ist alles zu viel, trotzdem will ich es aushalten.«

»Unsere Hütte wird mit jedem Tag schmutziger«, stellen mehrere der Männer fest.

»Überall dieser schwarze Ruß.«

»Er ließe sich abschaben.«

»Ob es sich lohnt? Shack kann morgen schon zurück sein!«

»Ich habe nur einen Trost«, sagt Wild, »dreckiger können wir nicht werden.«

Alle lachen. Einige greifen an ihre Kleider.

»Der Mensch ist ein anpassungsfähiges Tier!«

»Kann sein«, sagt Hurley, »was aber, wenn der Boss uns nicht rechtzeitig holt?«

Keine Antwort. Wild sieht in die Runde. Auch wenn sie es nicht aussprechen, noch sind alle seine Männer bereit, ihm zu vertrauen. Es ist sein Blick, der ihre Ängste verscheucht, wenn auch nur zum Teil. Wild kann abschätzen, wie es ihnen geht, ist er doch gezwungen, ihre Nöte und Ängste mit ihnen zu teilen. Jeder, der ihn ansieht, schöpft neue Hoffnung.

»Frank«, fragt einer in die Düsternis ihres Unterschlupfs hinein, »wie kannst du darauf schwören, dass Shack zurückkommt?« Absolute Ruhe. Die Frage betrifft alle.

»Ich setze auf sein Versprechen.«

»Wie bitte soll einer Wort halten, wenn er womöglich umgekommen ist?«

»Shack kommt nicht um, solange er uns in Todesgefahr weiß.«

»Nichts als eine Behauptung.«

»Wir kennen doch unseren Boss: Ich vertraue seinem Instinkt, seinen Entscheidungen, seiner Überlebenskunst.«

»Und wir vertrauen dir, Frank«, sagt ein anderer, um den Streit zu beenden.

»Vertrauen hält sich nur im gegenseitigen Vertrauen«, sagt Wild, und leiser: »Es ist schon gut so.«

Wären sie ganz sicher, dass sie gerettet würden, sie müssten sich nicht immer von neuem für das Weiterleben entscheiden. Das Risiko, sich gehenzulassen, wäre größer, denkt Wild. In ihrem Zustand zwischen Wissen und Nichtwissen ist die Lebensgefahr Bedingung, gegenseitiges Vertrauen die Voraussetzung, um alle Überlebensinstinkte zu provozieren. Wild versucht, seine wirren Gedanken zu ordnen, sie anders zu formulieren. Es gelingt ihm nicht.

»Wir leben hier wie Vierbeiner, die Decke so niedrig, dass wir nur herumkriechen können. Wann ist es so weit, dass wir endgültig den aufrechten Gang aufgeben?«

»Und dieser Schmutz!«

»Wer leidet darunter?«, fragt Wild.

»Wir alle.«

»Dreck und Kälte gehören zusammen. Wie bei den Eskimos.«

»Was soll das heißen?«

»Sieben Monate ist es her, seit wir das Schiff verlassen haben. Und nie haben wir uns waschen können«, sagt Wild.

»Womit auch?«

»Aber nicht, weil Seife und Handtuch fehlen. Warmes Wasser ist der Luxus – es kostet zu viel Brennstoff.«

Seit die Expedition kampiert, wird Eis geschmolzen. Nur für Trinkwasser. Gegen den Durst. Eis lutschen kann man bei niedrigen Temperaturen nicht, weil die Lippen aufspringen, sich Blasen auf der Zunge bilden.

Hellere Stunden sind jetzt selten, das Licht hängt von der Tönung des Himmels ab. Weit draußen das offene Meer: Spiegelungen von Eisplatten und Schneeflächen, dazwischen Wasserflecken von Schwarz bis Grün. Das dünne Seeeis entsteht und zerbricht fortwährend, bildet sich immerzu neu. Diese Antarktis ist kein weißes Land: Berge, Felsinseln und

Schneewehen glänzen im Mondlicht in Variationen von Stahlgrau bis Alu. Auch der Schnee ist schattiert, nie wirklich weiß. Alles unberührt und unerbittlich. Im Mondlicht haben die Berge etwas Erhabenes, dahinter grenzenlose Finsternis. Ehrfurcht und Schrecken werden eins.

Im beginnenden Winter sind die Nächte wie Prüfungen. Ein grauenvoller Schneesturm folgt dem anderen. Sechs Wochen lang. Draußen verfrachtet der Wind den Schnee, drinnen friert der Atem an den Bootswänden. Die Bedingungen, unter denen die Männer in ihrem Unterschlupf leben – kaum Schlaf, zerrissene Träume, der viele Schmutz –, sind härter als im schlimmsten Gefängnis.

Auch Wild friert in seinem Schlafsack. In seinen Wachträumen flieht er in ein Leben danach. Nacht für Nacht. Liegt der größere Teil seines Lebens doch noch vor ihm. An seine früheren Reisen in der Antarktis denkt er jetzt mit Vergnügen, als wäre es heilsam, so die Angst vor der Angst zu vertreiben. Schon ist der Kältetod kein willkommener Freund mehr. Einige der Männer schnarchen laut, andere unregelmäßig, wieder andere reden im Schlaf. Ob Angstträume auch ihren Schlaf stören? Nach so viel Not, Gefahr und Zweifel, denkt Wild einmal, haben wir uns Erlösung verdient. In Sturmnächten aber ist kein Schlaf zu finden. Die Boote vibrieren, Wasser, Eis und Kiesel, vom Wind aufgeworfen, schlagen ans Holz.

»Zum Kotzen«, schreit einer auf, »es reicht!«

Wild sieht zu ihm hin. Er kann ihn aber im Dunkel nicht erkennen.

»Wir alle haben Seehund und Pinguin satt«, sagt Wild und dreht sich, ganz langsam, weg vom Protestierer. »Wollt ihr morgen Gänseleber und Kaviar zum Frühstück?« Die Frage ist an alle gerichtet.

»Ich rede nicht vom Essen, ich will nach Hause, zu meiner Frau.«

Kein Wort, nur ein Hüsteln ist zu hören. Als hätten alle den Geschmack von Hoffnungslosigkeit im Mund. Im Dunkel ihrer Unterkunft riecht es nach Fisch, Fuß- und Genitalschweiß. Ihre Kleider sind feucht, die Öllampe rußt, Rauch beißt in der Nase.

»Seit vier Wochen sind wir jetzt hier«, sagt Wild ruhig.

»Schon eine Woche länger als verabredet.«

»Wir können nicht einfach von hier verschwinden.«

»Aber auch nicht länger überleben. Der Winter beginnt erst.«

»Wir müssen durchhalten. Bis uns der Boss rausholt.«

»Und was, wenn er nicht kommt?«

»Er wird kommen«, sagt Wild bestimmt.

»Wissen wir denn, ob sie die Überfahrt überlebt haben?«

»Nein und ja«, sagt Wild, »das Wintereis könnte sie an unserer Rettung hindern.«

»Nichts wissen wir. Vielleicht hat dein Boss uns schon vergessen.«

»Das meinst du nicht ernst, oder?«

»Verdammt ernst. In der kalten Jahreszeit kommt kein Eisbrecher bis zu uns durch. Das weiß auch Shack, sollte er noch leben. Möglich auch, dass er schon in Südamerika ist. Vielleicht amüsiert er sich ja dort.«

Verhaltenes Lachen.

»In Punta Arenas mit ein paar Bräuten«, sagt ein anderer.

»Schlimmer wäre, die James Caird ist mit Mann und

Maus untergegangen. Shackleton und seine Männer von der Erdoberfläche verschwunden. Wie wir für den Rest der Welt auch.«

»Was dann? Aus! Ende! Auch wenn wir den Winter überleben!«

»Niemand wird uns rausholen, wenn Shackleton nicht überlebt hat.«

»Er wird kommen«, sagt Wild.

»Wir haben keine andere Chance, mit unseren Booten ist im Südpolarmeer kein Durchkommen.«

»Richtig, wir bleiben, bis es wärmer wird und das Packeis schwindet.«

»Bis uns der tote Boss im Hungerdelirium als Retter erscheint.«

»Shack wird kommen, er hat es uns versprochen«, sagt Wild.

»Frank, du bist ein unverbesserlicher Optimist – oder ein Narr.«

»Shack wäre längst da gewesen, wenn die Überfahrt gutgegangen wäre.«

»Shit, wir sitzen mutterseelenallein auf dieser gottverdammten Insel und wissen gar nichts. Also, wer soll uns retten?«

»Männer, es bringt nichts, den Untergang zu beschwören. Wer zweifeln will, muss nicht verzweifeln. Ich vertraue auf Shack«, sagt Wild. »Noch bin ich für euch verantwortlich. Shacks Verantwortung ist es, uns hier rauszuholen. Uns alle! Allein deshalb ist er durchgekommen. Haben wir ihm nicht unser Vertrauen mit auf den Weg gegeben? Er wird uns nicht enttäuschen. Ich weiß es, vertraut mir.«

»Na gut, dein Versprechen, deine Verantwortung«, sagt einer leise.

»Nur eins noch«, unterbricht ein anderer aus dem Dunkel des Raums: »Was ist, wenn …?«

»Wenn er es im August nicht schafft, kommt er im September. Aber er wird kommen. Versprochen!«

»Unsere letzte Chance?«

»Die einzige«, sagt Wild.

Keine Fragen mehr, und Anweisungen gibt Wild nicht. Im Stillen vertrauen die Männer ihm, wissen, was zu tun ist, wollen sie über den Winter kommen. Es gilt nur noch zu überleben, warten, ohne in Panik zu geraten. Bis der Boss kommt.

Es ist nie still im Unterschlupf. Ein ständiges Murmeln und der Atem der Männer sind immer zu hören, ein Stöhnen, wenn sich einer im Schlafsack bewegt. Alle sind der Enge und den gleichen Ängsten ausgeliefert. Wie dem Gestank auch. Als sich Wild später aus dem Schlafsack schält und ins Freie kriecht, verblasst der Vorhang der Aurora am Himmel. Der Schnee knirscht unter seinen Schritten. Es ist dunkelste Nacht: die Sterne stählerne Punkte, der Gletscher darunter Silber. Irgendwo knackt das Packeis, und noch einmal flackert die Aurora auf. In Strähnen hastet sie zum Zenit – bis der Farbbogen von Grün bis Orange verschwindet. Nur ein heller Schleier bleibt und Stille.

Wild weiß, dass die schrecklichste Tortur noch vor ihnen liegt. Sie haben gerade genug Fleisch zu essen und Tran, um im Iglu warm zu bleiben. Nicht mehr und nicht weniger.

»Nicht auszuhalten!« Es ist, als sagten es alle im Chor.

»Es gibt ein armseligeres Dasein als das unsere«, weiß Wild.

»Nicht in der zivilisierten Welt.«

»Die Zivilisation ist Luxus.«

»Nicht in unseren Breiten.«

»Überall.«

»Willst du zurück in die Steinzeit, Frank?«

»Nein«, sagt Wild, »aber eines weiß ich: Der Luxus der Zivilisation erfüllt Bedürfnisse, die diese erst geschaffen hat.«

»Für so schwierige Gedankengänge ist es hier zu kalt«, antwortet Macklin. Dann kriecht er zurück zu seinem Lager.

Die ersten Winterwochen verlaufen trotz allem ruhig. Nicht weil die Bedingungen besser werden – tatsächlich werden sie immer schlechter –, aber die Männer haben das Gefühl für ihr Leiden verloren. Keiner fragt mehr nach Rettung. Ob sie ohne Schmerzen sterben können, ist ihre stille Sorge.

Scott hat in seinem Tagebuch den Heroismus des Sterbens zelebriert. Dabei ist es leichter zu sterben, als im Elend zu leben. Das Leiden von Wilds Männern besteht darin, im Bewusstsein des nahen Todes weiterzumachen.

Immerzu Frost, alles gefroren: ihre Kleidung, die Schlafunterlage, die Schlafsäcke. Das Problem dabei ist die feuchte Atemluft, jede Art von Ausdünstung sammelt sich nachts in der Kleidung und wird anderntags draußen zu Eis. Die Männer schütteln es dann aus Hosen, Schuhen, Westen und Unterhemden. Ganz können sie es aber nie loswerden, und nachts, in ihren Schlafsäcken, taut das Eis wieder auf. Die Feuchtigkeit der Atemluft klebt am Morgen als Raureifschicht auch außen am Schlafsack, ein anderer Teil bleibt in der Kleidung. Untertags stapfen sie dann wie in eisgestärkten Rüstungen einher. Tagsüber stört der Atem weniger, nur beim Jagen, weil durch die Atemwolke schlecht gezielt werden kann. Dazu bedeckt eine Eisschicht den unteren Teil des Gesichts. Der Reif in Bart und Haaren löst sich erst im Lager wieder, wenn der Kocher läuft.

Anfangs haben die Männer noch längere Zeit an der frischen Luft verbracht, sie wollten nicht ununterbrochen in engster Gemeinschaft in ihrer unwirtlichen Hütte bleiben. Der Winter gibt jetzt kaum mehr Gelegenheit dazu. In ihrer Sardinendose ähnelt ihre Existenz der von Winterschläfern – tagsüber und nachts. Das Nichtstun bleibt zwingend, Alleinsein ein verdrängter Wunsch.

Auch die Stille ist dahin. Immerzu dringen Geräusche in ihr Leben: der Wind, der an Planen zerrt; ein Knacken des Eises, das sich zusammenzieht; das Schnaufen und Stöhnen von 22 Schiffsbrüchigen, die, von Tag- und Nachtträumen geplagt, ums Überleben ringen.

»Solange wir Appetit haben«, tröstet Wild, »geht alles gut. Zu essen finden wir, Tran auch. Wir kommen schon durch.«

Wild weiß, er muss der Gruppe Halt geben: Immerzu geduldig, selbstbeherrscht und ruhig, strahlt er Hoffnung aus. Das Wichtigste jetzt ist, die 21 frierenden Männer unter den beiden Booten bei ein bisschen Tranlicht bei Laune zu halten.

Eines Morgens aber kann Wild den Kopf nicht mehr bewegen. Man hilft ihm ins Freie. Schon nach einer Minute ist seine Kleidung hartgefroren. Wild ist so schwach und unterkühlt, dass Macklin und McIlroy, ihre Ärzte, Angst um sein Leben haben. Sie zwingen ihn, sich zu bewegen und stecken ihn dann am Tranofen unter mehrere Decken. Langsam weicht die Halsstarre aus seinem Körper, er kann wieder sprechen. Alle atmen auf. Als wüssten sie, dass mit seinem Abgang auch ihr Leben zu Ende ginge. Wild weiß jetzt endgültig, dass es besser ist, ständig gefordert zu sein. Wer verzagt, ist verloren, denn nur Einsatz hält die Hoffnung aufrecht. So ist er weiter dagegen, größere Mengen an Vorräten – Robben- und Pinguinfleisch – anlegen zu lassen. Die Männer sollen sich mit der Jagd auch ihre tägliche Ration Überlebenskraft sichern.

Wild leidet weder an seiner Verantwortung noch an der Einsamkeit. Wenn er allein ist, spricht er oft zu sich selbst oder zu den Steinen, die herumliegen. Er hat beobachtet, dass die anderen das Gleiche tun, wenn niemand in der Nähe ist, und es ist gut so. Jeder hat sich selbst und das Beispiel an den anderen, das muss genügen. Sie haben also nichts und damit doch alles, was sie zum Überleben brauchen.

Immer wenn die Nebel bis tief herab an den Gletschern hängen und die Luft nach Schnee riecht, sind ein paar von ihnen draußen, um zu jagen oder sich im Gehen aufzuwärmen. Vor allem wollen sie dabei das Leben spüren.

»Man wird leicht trübselig bei so einem Nebelwetter«, sagt einer, zurück in ihrer Behausung.

»Bald ist es Frühling«, hört man eine Stimme aus dem Dunkel.

»Spürst es auch du in den Knochen?«, fragt Wild.

»Ja. Beim Gehen auf dem Eis, unter und in den Stiefeln.«

»Ich sag es ja, es ist wichtig hinauszugehen.«

»Um zu spüren, dass es Frühling wird?«

»Dass es nicht zu Ende geht mit uns!«

»Um Hoffnung zu schöpfen.«

»Trotzdem, es ist zum Verzweifeln.«

»Das sagen die, die nicht draußen waren«, weiß Wild.

»Richtig. Gleichgültigkeit in der Finsternis ist tödlich.«

Langes Warten wird durch kleine Erfolgserlebnisse erträglicher, hat nicht nur Wild erkannt. Untätigkeit, kombiniert mit Unsicherheit, ist auf Dauer schwer auszuhalten. Deshalb die tägliche Jagd, das Herumstreifen im Lager. Wild selbst blickt dabei nie wie andere nach Norden, aufs Meer. Er weiß: Shackleton kann erst kommen, wenn das Wintereis aufgebrochen ist.

»Wie sieht's aus?«, fragt Wild, an Hurley gewandt, der länger draußen war.

»Wir sind eingeeist«, sagt Hurley. »Die Bucht ist zu, überall Eisschollen, stellenweise vier Meter hoch.«

»Und weiter draußen?«

»Ich konnte nur fünfhundert Meter weit sehen, aber es sieht schlimm aus.«

Beide liegen auf ihrem Schlafplatz.

»Ich hab's gewusst.« Die Stimme aus dem Dunkel des Raums ist heiser, nicht zuzuordnen. »Von Anfang an hab ich's gewusst.«

»Wir hätten mit ihm fahren sollen – fliehen wie er. Ja, geflohen ist er, unser Boss, abgehauen. Über alle Meere.« Ein zweiter Mann schimpft im Dunkel.

»Er ist umgekommen.«

»Mehr als umkommen hätten auch wir nicht können.

Immer noch besser, als in diesem Drecksloch zu verrotten, zu verhungern, zu erfrieren oder zu verfaulen!«

»Keiner hat auf mich gehört. Brav dageblieben, hieß es. Jetzt sitzen wir in der Scheiße, nein, viel schlimmer, wir haben uns in diesen Sarg gelegt – unsere letzte Hoffnung bleibt die Auferstehung zum Jüngsten Gericht.«

»Tiefgefroren, als Einzige unversehrt«, witzelt ein anderer.

»Was sollen wir noch wollen?«

»Warten«, sagt Wild bestimmt.

»Warten auf das heroische Ende? Wie Scott, der zehn Tage sterbend im Zelt lag, ehe er in den Himmel aufgefahren ist?«

»Wenn es eine Möglichkeit gäbe, wir wären längst in Sicherheit«, sagt Wild und fügt leise, fast beschwörend hinzu: »Shack hat die einzig richtige Entscheidung getroffen, und er hat versprochen, uns hier rauszuholen.«

»Und? Wo ist er?«

»Jetzt im Winter ist kein Durchkommen im Packeis, wir sehen es doch alle«, sagt Wild.

»Nur, wenn man zu feig ist, es zu versuchen!«

»Wissen wir denn, ob er es versucht hat? Nein, wir wissen gar nichts.«

»Wenn er genug Mumm hätte, er hätte sein Gelübde längst erfüllt.«

»Das Packeis, die Blizzards, die Dünung – all diese Risiken sind einfach zu groß«, sagt Wild. »Zwischen hier und Südgeorgien ist nur schwarzes Meer, Düsternis und eine Dünung mit Monsterwellen bis zum Himmel.«

»Geht es darum? Nein, sein gottverdammtes Versprechen war, uns hier rauszuholen, uns nicht verrecken zu lassen!«

»Ja«, sagt Wild. »Deshalb haben wir auf ihn zu warten. Shack setzt auf unsere Ausdauer, vertraut auf unsere Überlebensfähigkeit, und ich vertraue euch und auf unser aller Durchhaltevermögen.«

»Was?«

»Ich setze auf euch, auf jeden Einzelnen, auf alle 21!«

»Und ich frage mich schon lange, wie wir uns gegenseitig umbringen können, ohne zu leiden.«

»Gemeinsam haben wir eine Chance zu überleben.«

»Welche Chance?«

»Shacks Rückkehr. Er hat es versprochen.«

»Und wenn nicht?«

»Wenn er im August nicht zurück ist, kommt er im September. Ich weiß es. Spätestens im September.«

Wilds Worte sind wie eine Beschwörung – gegen die Möglichkeit des Sterbens. Ja, er weiß auch: Selbstmord ist für einige seiner Männer mehr als ein Gedankenspiel. Er hat sich mit ihrer Verzweiflung auseinandergesetzt, denkt sich ständig neue Strategien aus, den allgemeinen Zusammenbruch zu verhindern. Unter diesen Umständen weiterzuleben erfordert weit mehr als Leidensfähigkeit. Jetzt kann nur noch Shackletons Geist die Männer retten. Deshalb sein immergleiches: »Unser Boss holt uns hier raus.« Er sagt es bei jeder Gelegenheit.

Trotzdem, das Risiko der Selbstzerstörung wächst. Wild macht ihr Leid zu schaffen. Nicht weil er selbst leidet – unter seinen erfrorenen Füßen, seinem Herzen, das immer langsamer schlägt, der Zeit, die stehengeblieben ist. Er fühlt den Zusammenbruch der Gruppe näher kommen. Alle haben schmerzhafte Blasen auf den Fingern, das Kochen ist längst mehr Qual als Notwendigkeit, die Nächte sind zum Heulen. Die Formel, die Wild immerzu aufsagt – »Haltet durch!« – ist inzwischen leer wie eine Litanei. Wilds letzter Trick besteht darin, seinen Geist über Tausende von Kilometern fortzuschicken und Shackleton zu beschwören, ihn nicht zu enttäuschen. Gleichzeitig zu wissen, dass es nicht hilft, und diese Absurdität zu ertragen ist seine Kunst. Die Probleme aber bleiben: Kein Ende der Leiden in Sicht, sie können nichts dagegen tun. Wild aber weiß, dass alles jetzt rasch verloren ist, wenn auch er sein Vertrauen in die Rettung aufgibt. Nur aus diesem Grund hat ihn Shackleton als Chef der Schiffbrüchigen zurückgelassen. Er weiß, dass nur Wild die Kraft hat, seine Männer durch die Hölle zu führen.

Wochenlang weht der Sturm über die schmale Landzunge, auf der die Männer unter ihren Booten gefangen sind. Zwischen einem vergletscherten Hang und dem felsigen Pinguin-Hügel. Sie liegen benommen unter einem Haufen Eis, der von außen aussieht wie ein angewehter Schneebuckel. Sie bewegen sich nur noch, wenn sie ins Freie müssen, um sich zu erleichtern. Mit jedem Mal treibt dann ein Schwall kalter Luft in ihre düstere Höhle. Es kostet mehr und mehr Überwindung, nach draußen zu kriechen. Oft halten sie das Wasserlassen stundenlang zurück, bis der Schmerz im Unterleib sie dazu zwingt. Der aufrechte Gang, die allererste menschliche Selbstäußerung, gehört schon nicht mehr zu ihren Gewohnheiten. Thomas Hans Orde-Lees träumt jetzt in eine ferne Zukunft: »Ohne Zweifel werden die Entdecker des Jahres 2015, wenn es dann überhaupt noch etwas zu entdecken gibt, nicht nur ihr drahtloses Taschentelefon mit drahtlosem Teleskop mit sich herumtragen, sondern auch ihre Nahrung und die Wärme drahtlos empfangen können.«

Wild ist kraftlos und nass bis auf die Haut. Trotzdem schiebt er den Schnee in der schmalen Ausstiegskuhle mit den Händen zur Seite, kriecht ins Freie, blinzelt mit den Augen, tritt ein paar Schritte zur Seite und lässt Wasser. Eiskalte Luft fährt ihm in die Lungen. Dunkelheit und Mief, in die er sich dann zurücktastet, nehmen ihn gleich wieder auf. Während er mit geschlossenen Augen weiterdöst, hört er die Angstschreie der Kameraden.

Den Großteil des Winters verbringen die Männer schlafend. Knie an die Brust gezogen, versuchen sie die eigene Körperwärme zu stauen. Wach oder schlafend, ihr Verstand arbeitet gedämpft. Nur Wild weiß, warum noch keiner verrückt geworden ist: Alle notwendige Tätigkeit wird nach Plan und arbeitsteilig erledigt. Die Rationen, Liegeplätze und Sitzgelegenheiten sind gerecht verteilt. Bequemlichkeit gibt es für keinen, Privilegien auch für Wild nicht. Also vermisst sie keiner. Wenn aus dem Stöhnen und Brummen Verzweiflung zu hören ist, hat Wild immer ein Wort des Trostes oder einen Witz als Antwort. Als wäre die Absurdität ihrer Lage mit etwas Humor leichter zu ertragen. Leid kennt kein Maß, nur den Wahnsinn oder den Tod als Erlösung. Menschliches Durchhaltevermögen aber kann stärker sein als alles Leid.

Frost und Finsternis werden im Mittwinter schier unerträglich. Trotzdem, die Männer gehen weiter auf Robbenjagd. Abwechselnd sind sie auf dem frisch entstandenen Eis unterwegs. Der Boden unter ihren Füßen hebt und senkt sich, offenem Wasser weichen sie aus. Meistens kehren sie ohne Beute zum Lager zurück. Am nächsten Tag aber wird die Eisfläche wieder untersucht, in alle Richtungen. Ein Schneesturm erwischt die Jäger, und im Nu ist die Sicht gleich null. Nur das Fauchen des Windes um die Felsen sagt den Männern, dass sie in der Nähe der Insel sind, also nicht auf die See hinaustreiben. Die Luft ist schneeschwanger, Lawinen sind zu hören. Wild behauptet, das Lager sei sicher, alle glauben es ihm.

Der monatelange Bewegungsmangel hat den Großteil der Männer bewegungsunfähig gemacht: Ihre Glieder sind wie verknotet. Allein beim Versuch, in ihre Schlafsäcke zu kommen, leiden sie schreckliche Schmerzen. Auch wenn sie nur ein Bein bewegen, packt der Krampf zu. Dazu Schüttelfrostanfälle, Magenkrämpfe, eisige Füße. Ob im Schlafsack – Stunde um Stunde, Nacht für Nacht – oder beim Essen, ihr Zittern nimmt kein Ende. Die Erfrierungen werden mehr, die Gespräche weniger. Das Brüllen des Eises draußen setzt sich in ihrer Brust fort. Was einer sagt, fühlen alle: Würde sich die Erde unter ihnen öffnen und sie verschlingen, sie könnten nichts dagegen tun. Den Glauben an ein Morgen hält nur Wild noch wach. Nach wie vor vertraut er auf Shackleton, Gott und die Menschennatur.

Als Wild aufhört zu zittern, liegt er in seinem Schlafsack. Ihm ist, als müsse er sich ausziehen. Plötzlich hat er es zu warm in seiner Gruft, spürt, wie der Boden unter ihm weicht, schläft ein, wacht wieder auf, als Arme und Beine aus seinem Bewusstsein schwinden. In Schüben überkommt ihn wohlige Wärme, er liegt auf dem Schlafsack.

Fiebernd dämmert er dem Kältetod entgegen, befreit und eingeklemmt zugleich. Ein Geräusch weckt ihn auf: Hat jemand Robbenspeck in den Ofen gelegt? Es ist nicht wichtig, wer es ist, nur dass es getan wird, ist ein Zeichen, dass ihre Gemeinschaft funktioniert. Also muss auch er zwischen den zitternden Körpern dem Tod trotzen. Es wären keine guten Aussichten für die ausgelaugten Männer: Würde auch seine letzte Hoffnung kollabieren, ihr Leben ginge rasch zu Ende.

Kurz taucht Wilds Kopf über den Schlafsäcken auf, und alle halten den Atem an.

»Es geht mir besser«, sagt er nur.

Als die Sonne am Mittag endlich über den nördlichen Horizont lugt, gilt es, noch eine lange Zwielichtphase durchzustehen und dabei die tägliche Routine nicht zu vernachlässigen. »Wir brauchen mehr Tran«, sagt Wild.

Alle wissen, dass es stimmt. Die Männer aber drehen sich im Schlafsack um und zittern weiter. Doch Wild hat es wieder einmal geschafft, vom Ende abzulenken: Soll doch keiner die Hoffnung auf Rettung aufgeben. Auch nur für einen Augenblick. Wann immer einer den Tod herbeisehnt – ein Ende in Dunkelheit und Kälte –, Wild ist wach. Jeder Tag wird so zur Dehnung nackter Existenz. Es sind nicht religiöse Zukunftsaussichten, für die sie sich entscheiden – Höllenqualen oder Glück im Himmel –, sie beklagen höchstens die im Gestern verpassten Gelegenheiten.

Draußen ist es ruhig. Zirruswolken huschen über den Sternenhimmel im Norden. Zum Süden hin aber sieht die Welt trüb aus. Es ist schwierig, in dieser Finsternis das Wetter zu beurteilen: kaum Wind, die Temperatur im Bereich von minus 40 °C. Wild späht nie nach dem Schiff. Immer aber, wenn einer der Männer niedergeschlagen zu ihm kommt, weiß er ihn zu trösten.

»Es geht jetzt schnell«, sagt er, »das Eis liegt lose, ein kurzer Sturm, und wir sind frei.«

»Diese gottverdammte Barriere.«

»Geduld«, sagt Wild, »nur noch ein paar Wochen Geduld.«

»Und wenn Shack vor der Barriere kapituliert?«

»Der Boss weiß, was zu tun ist. Er geht kein zu großes Risiko ein.«

»Käme er durch, wenn –?«

»Wenn er da wäre, meinst du?«

»Ja.«

»Er wird kommen. Mit der ersten offenen Wasserrinne. Was hätten wir davon, wenn das Rettungsschiff zermalmt würde wie die Endurance.«

»Ist eine Ewigkeit her.«

»Ein ganzes Leben, lass mich rechnen.«

»Sieben, nein acht Monate.«

Die Männer sehen sich an: Sehnsucht in ihren Augen, als glänze die froststarre Endurance vor ihnen im Eismeer, ganz in Weiß, beleuchtet vom Wintermond. Ein seltsames Gefühl der Hilflosigkeit packt Wild. Einen Augenblick lang zittert sein ganzer Körper, dann lächelt er über den Anflug von Angst vor der Angst, die ihn sofort verlässt, als ihm das Spiel bewusst wird, das die Furcht mit ihnen treibt.

»Keine Sorge«, sagt er nur, »diesmal ist Shack vorsichtig. Und er kommt mit erfahrenen Walfängern.«

Wild tritt aufs Meereis hinaus. Es ist heller und wärmer geworden.

»Frank«, sagt einer der Männer, während sie stumm auf die Eisfläche blicken.

»Was ist?«

»Der Winter ist bald vorbei. Wie lange noch?«

Wild steht da, durchfroren, die Kleider eisverkrustet, und sieht dem Mann in die Augen. »Ich kann und will euch nichts vormachen, Leute«, sagt er und weist mit der Rechten hinaus. »Wir müssen bleiben, bis der Boss zurück ist.«

»Wie lange, hab ich gefragt. Wie lange wird es noch dauern?«

»Zwei, drei Wochen, vielleicht einen Monat.«

»Es gibt kein Fleisch mehr; die Tiere sind fort, den Rest des Winters überlebt hier keiner. Alle haben Angst.«

»Glaubst du, ich nicht?«

»Du belügst dich doch selbst.«

»Nein, spätestens im August ist Shack zurück. Er hat es versprochen. Und ich verspreche euch, dass es stimmt.«

»Noch einen ganzen Monat!«

»Höchstens«, sagt Wild.

»Oder zwei Monate«, murmeln einige der Leute, die dazugekommen sind.

Wild versucht, sich ihre Hilflosigkeit in Summe vorzustellen, den Dauerzustand, wie sie eingerollt in ihren feuchten Kleidern, unter den Rettungsbooten liegen und frieren. Nicht messbar die Strapazen, die hinter ihnen liegen.

»Es bringt nichts, das Gestern mit dem Morgen aufzurechnen«, sagt Wild. »Alle gemeinsam werden wir weiter unser Überleben sichern. Stunde um Stunde, Tag für Tag.

Denkt an die Heimfahrt. Wir werden sie erleben, ich weiß es.«

Wieder Sturm. Er treibt den Schnee um den Unterstand, die Wechten wachsen. In ihrer tiefen Höhle sind für die Männer die Nächte immer noch entsetzlich lang, die Tage vergehen wie ein letzter Rest Vergangenheit. Woche für Woche ertragen sie den Frost, das feuchtkalte Wetter, die traurige Kost. Dann ist es wieder windstill und relativ warm, Temperaturen über dem Gefrierpunkt, die Hütte eine Tropfeishöhle. Am anderen Tag dann ist es wieder windig und bitterkalt, der Unterstand ein kümmerlicher Eispalast. Um die Mittagszeit ist es draußen inzwischen zwar hell, aber so kalt, dass die Kleider im Nu an den Leib frieren. Jeder für sich stehen die Männer unter dem grauen Himmel, eine einzige Trostlosigkeit. Einmal nun gelingt es Hurley, die Schiffbrüchigen zu einem Haufen zusammenzutreiben und ihn zu fotografieren.

Die Frostblasen werden jeden Tag mehr, und das Wetter bleibt scheußlich: die Luft erfüllt von aufgewirbeltem Schnee, der von den nahen Hängen geblasen wird, die Insel immer noch vom Packeis eingeschlossen, auf dem feuchte Nebel liegen, unverändert der Frost. Bis Ende Juli immerzu Wind. Nachts fegen Orkanböen vom Gletscher herab, Eisstücke und Steine fliegen auf das Dach der Hütte.

Wild muss jetzt annehmen, dass vor August keine Rettung kommt. Seine Sorgen um die Verpflegung seiner Männer und ihre Depressionen kaschiert er mit Jagdausflügen. Tag für Tag, nur bei Sturm bleiben alle im Lager. Trotzdem, das Vertrauen, das Shackleton in ihn gesetzt hat, sieht er weiter als Geschenk, nicht als Pflicht. Als die Schneestürme

aus Südwest das Packeis von der Insel wegtreiben, kommt bei ihm gleich Hoffnung auf baldige Befreiung auf. Nordostwinde aber füllen kurz darauf die Bucht wieder mit Eis. Unmöglich, die Insel jetzt anzulaufen. Pinguine und Robben, seit Beginn des Winters auf Wanderschaft, sind noch nicht zurückgekehrt, die männlichen See-Elefanten, nach denen Elephant Island einst benannt wurde, längst ausgerottet. Nahrung ist knapp.

Mitte August steht die Sonne schon länger am Himmel. Immer dann, wenn das Eis fortgeblasen wird, späht die Gruppe geschlossen hinaus. Umsonst. Kein Schiff in Sicht.

»Nicht verzweifeln«, sagt Wild nur, »Shack hat uns die Rettung versprochen.«

»Wir sind ohne Tran und ohne Essen!«

»Geduld. Wir haben genug Munition, und die Vögel sind zurück. Pinguine werden folgen, bald.«

Ende August, ein starker Südwest hat das Eis wieder aus

der Bucht getrieben, ist Rettung in Sicht. Zwischen Eisbergen könnte Shackleton jetzt seinen Weg ohne viele Probleme nach Elephant Island finden.

»Hast du nicht versprochen, dass all das Warten einmal aufhört?«, fragt einer mit brüchiger Stimme.

Wild zeigt sein ruhigstes Gesicht, sieht an den ölverschmierten Kleidern seines Gegenübers hinab bis zu den Stiefeln und wieder hinauf bis zu den Augen. Einzelne Schneeflocken tanzen zwischen den beiden. Vor lauter Wut bringt der Mann keinen Laut mehr hervor. Der Wind, der die ersten Schneeflocken gebracht hat, nimmt zu. Wild kneift die Augen zusammen, beißt die Zähne aufeinander und gräbt seine Hände tief in die Jackentaschen. Auch er friert, seine Gesichtshaut ist fleckig rot.

»Du hast gesagt, wir kommen hier weg, ehe der Winter zu Ende ist«, fährt sein Gesprächspartner fort.

»Es bleibt noch etwas Zeit«, sagt Wild.

»Ich habe es gewusst, wir werden betrogen!«

»Wir sind doch freiwillig hier«, sagt Wild mit gepresster Stimme. »Wir alle.«

Er entspannt seinen Kiefer und sieht dem Mann wieder in die Augen. Sie stehen sich gegenüber – mit hängenden Schultern, nasser Kälte unter der zerschlissenen Kleidung, Angst im Herzen. Im Gefühl, den Zustand der Verzweiflung seit Wochen zu teilen, endet der Streit. Ohne ein weiteres Wort.

In diesem Augenblick wird der Wind noch stärker. Er fällt von den Bergen herab, wirft Schneekristalle zwischen ihre Gesichter, wirbelt sie herum. Die Flocken schmelzen und frieren in den Falten ihrer Kleider. Ohne ihre Hände und Füße zu spüren, schieben sich die Männer in ihre

Schlafsäcke, die tauben Finger zwischen die angewinkelten Schenkel geklemmt. Die Hände schmerzen, wenn das Blut wieder zu pochen beginnt, die Füße aber sind für Stunden ohne jedes Gefühl. Im Lager tauen jetzt auch Jacken und Hosen wieder auf.

»Wir Dummköpfe.«

Wieder schimpft einer in der Tiefe des dunklen Raums.

»Alles hier steht auf dem Kopf.«

»Stell dich auf die Füße, und dein Problem ist gelöst«, sagt ein anderer.

»Wie soll ich in diesem Straflager stehen können?«

»Draußen ist Platz genug.«

»Zum Erfrieren ja, nicht aber zum Überleben. Ich will aber nicht sterben, noch nicht.«

»Allen ist kalt«, sagt Wild tröstend. »Aber unser Boss erwartet, dass wir durchhalten.«

»Ich habe genug gewartet.«

»Wir haben sein Vertrauen, er hat ein Anrecht auf das unsere.«

Wilds letzter Satz wird nicht weiter kommentiert. Es wird ruhig, als würden alle schlafen. Einer mahlt mit dem Kiefer, zwei schnarchen in verschiedenen Rhythmen, andere klappern so laut mit den Zähnen, dass man es hört.

»Bis jetzt«, bricht eine rauchige Stimme die Stille, »bis jetzt habe ich getan, was ihr beide wolltet. So wie ich dem Boss gefolgt bin, war ich bereit, dir zu folgen. Aber Shack hat sich davongemacht.«

»Er holt Rettung«, sagt Wild.

»Ich bin bei euch geblieben in der Hoffnung, dass Shack Wort hält. Hat er aber nicht. Jetzt ist es zu spät. Ich will nichts mehr hören von Vertrauen und Ausdauer. Die Endurance ist untergegangen und mit ihr mein Vertrauen in die Welt. Ich habe die Nase voll von dieser Kälte, dem Geruch von Angst und eurem Gestank. Es ist genug.«

Wild räuspert sich. Sein Hals schmerzt.

»Genug, habe ich gesagt, ich habe genug von euch Dreckskerlen!«

»Wir sind aufeinander angewiesen«, sagt Wild ganz ruhig. »Ich will euch keine falschen Hoffnungen machen, aber ich weiß, dass er kommt. Shack hat immer Wort gehalten.«

»Bist du Hellseher oder was?«

»Nein. Ich bin bei euch geblieben, weil Shack es so wollte. Um unsere Überlebenshoffnungen am Leben zu halten. Alle zusammen. Wenn wir das Vertrauen in den Boss aufgeben, geben wir unser Leben auf.«

»Ich will aber nichts mehr damit zu tun haben.«

»Ja, du hast recht, es geht uns miserabel. Trotzdem sehe ich keinen Grund aufzugeben. Wir kümmern uns umeinander, ihr seid alle stark.«

»Nein, wir sind alle verzweifelt. Bis auf dich, Frank.«

»Glaubt ihr, mir geht es besser als euch? Aber ich weiß, dass Shack alles, aber auch alles tut, um uns zu holen. Und wenn es uns noch so miserabel geht, es wird nie so schlimm sein, dass wir aufgeben dürfen.«

Das Abflauen des Orkans bringt Erleichterung, auf Vogeljagd aber geht an diesem Tag keiner mehr. Sie könnten sich jetzt ohne Schwierigkeiten bewegen, zu sagen aber haben sich ein paar von ihnen nichts mehr. Wer von den 21 Männern will diese Art Leben noch verlängern?

Die Sonne steht hinter schillernden Wolken, hat aber keine Kraft. Die Männer starren in den Sturm: Dort, wo sonst der Horizont erscheint, schwindet das Licht. Wie das Vertrauen ins Überleben. Die Schrecken der Polarnacht nehmen kein Ende, auch mit dem Zwielicht jetzt am Ende des Winters nicht. Der Widerschein des Sonnenlichts am nördlichen Horizont täuscht Wärme nur vor. Wild aber besteht weiter auf lebenserhaltenden Maßnahmen.

»Jeder kennt seine Aufgabe«, sagt er.

Man erledigt sie schweigend. Während der Wind um die Boote brüllt, liegen die Männer anschließend wieder stumm, nass und wach in ihren Schlafsäcken. Zwischendurch die Vorstellung, dass sie die beiden Boote über ihren Köpfen flottmachen und Shackleton folgen könnten. Andere spielen wieder und wieder mit Selbstmordgedanken. Es gibt nichts Ärgerlicheres als diese Wichtigtuer, die ihren Gefühlszustand ständig kommentieren müssen. Sie schaffen Unfrieden und lassen jene Zweifel aufkommen, die schließlich zum tödlichen Gift werden können. Entschlossen, sich gegenseitig zu erschießen, ist keiner, und die Ankündigung von Mord und Selbstmord macht das Warten auch nicht erträglicher. Denn nicht der Tod ist unerträglich, sondern Schmerzen ohne Ende. Gewehre und Munition sind zur Genüge da, niemals aber würden 22 Mann in die beiden winzigen Rettungsboote passen. Auch fehlen Handwerkszeug und Material, um sie seetüchtig zu machen.

Ob der Mensch noch schlechtere Zeiten aushalten kann?, fragen sich die Männer oft. Die Sonne hat noch immer keine Kraft; Schlafsäcke und Kleidung trocknen seit Monaten nicht mehr; die Mahlzeiten – Fleischstücke, die sie aus dem

Eis pickeln – sind nach wie vor rationiert. Vollkommen durchnässt liegen die Männer in ihrer Gruft, die Hände durchweicht wie die von Wäscherinnen. Nicht Mitleid, nur das Mitgefühl hält sie zusammen und am Leben. Oft zittert einer so heftig, dass er sich die Knochen brechen könnte.

»Robben- oder Pinguinfleisch für zwei Tage noch«, sagt einer.

Keinerlei Aussicht, frisches Fleisch zu bekommen. Wild rollt seinen Schlafsack zusammen wie an jedem anderen Morgen. Er unterstreicht damit seine Haltung: Rettung wird kommen.

»Macht eure Sachen fertig«, sagt er.

»Warum?«

»Vielleicht ist der Boss schon da.«

Und wirklich, die Nebel lichten sich, das Schiff – über vier Monate herbeigesehnt – taucht auf. Wie aus einer anderen Welt.

Marston ist der Erste, der es sieht.

»Das Schiff!«, ruft er.

»Schiff in Sicht!«

In ihrer Unterkunft hören es nicht alle.

»Wild, ein Schiff!«, schreit einer aufgeregt.

Alle Mann drängen nach draußen. Zuerst Stille, als habe es ihnen die Sprache verschlagen. Dann glaubt einer, ein kleines Schiff mit chilenischer Flagge zu sehen. Ein anderer sieht nur einen Eisberg.

»Das Schiff, ein Wunder!«, schreit ein Dritter.

Was für ein Schauspiel: Mit jeder neuen Wolkenformation am Himmel wird das Schiff – zwischen Packeis und offener See – in ein anderes Licht getaucht. Einmal steht es in der Sonne, dann als grauer Fleck im tiefblauen Meer. Fortwährend wechseln die Szenen – von Licht in Schatten und zurück ins Licht. Die 22 Schiffbrüchigen balancieren über Granitblöcke, vor ihnen die Erlösung, ein Schimmer von Glück, Zukunft. Alle wissen jetzt: Sie sind der Hölle entkommen.

Wild handelt als Erster: Er tränkt Mäntel, Handschuhe und Socken mit Benzin, schleppt sie hinauf zum Pinguin-Hügel und macht Feuer. Das Schiff stoppt, ein Boot wird zu Wasser gelassen, ein paar Männer klettern eine Strickleiter herunter. Wild erkennt Shackleton an seinen Bewegungen.

»Es ist der Boss!«, ruft er.

Jubel bricht aus.

»Der Boss ist da!«

Wiederholt brechen sich die Freudenschreie an den umliegenden Felsen. In Rufweite zu Wild zählt Shackleton die Figuren am Strand ... siebzehn, achtzehn ... zweiundzwanzig. Dann wölbt er die Hände zu einem Trichter vor dem Mund und ruft: »Sind alle wohlauf, Frank?«

»Alle heil und gesund!«, antwortet Wild mit fester Stimme. Ein Lächeln huscht über sein Gesicht.

»Gott sein Dank«, stammelt Shackleton. Er hat Tränen in den Augen.

Einer nach dem anderen werden die Männer mit Beibooten auf die Yelcho gebracht. Ihre Augen sind entzündet vom ständigen Rauch in der Hütte, ihre rußgeschwärzten Kleider dreckstarr, zerrissen, imprägniert mit Tran. Frank Wild ist guter Laune: Dieser 30. August 1916 ist auch für ihn zum »Tag der Wunder« geworden. Seine Leute sind am Leben geblieben, alle! Die Männer taumeln ins Schiff, die chilenischen Seeleute gratulieren. Shackleton ist genauso aufgewühlt wie die Geretteten.

Wild kommt als Letzter zum Boot. Bevor er einsteigt, schaut er noch einmal zurück: Point Wild liegt im Schatten. Daneben, zwischen zum Teil tischgroßen Felsen, ein formloser Schneebuckel. Darüber der grauweiße Himmel. Sein Blick ist unscharf, als ihm Shackleton die Hand reicht, um ihm ins Boot zu helfen.

»Wie hast du es nur geschafft?«, fragt Shackleton.

»Sieh dir schnell noch unsere Hütte an.«

»Lieber nicht, mir graut vor der Hölle.«

»Wir haben über Monate Robbenspeck mit Tran verkocht, auch den Ofen mit Tran geheizt. Unter den Rettungsbooten war trotzdem kaum Schutz vor der Kälte.«

»Danke«, sagt Shackleton nur und wischt sich die Tränen von den Wangen.

Auch Wild hat Tränen in den Augen. Mit dem rechten Ärmel wischt er sie weg, und Shackleton sieht ein helles Stück Haut in Wilds rußigem Gesicht. In seinen chinablauen Augen spiegelt sich ein Stück vom Himmel, als dieser zu ihm aufschaut.

»Es war Zeit«, sagt der kleine Mann im Boot.

»Übernimm du jetz, du bist ein Held.«

»Danke, Shack, bring du uns nach Hause, Boss.«

Mit diesem Moment ist Wild wieder Shackletons zweiter Mann. Er zeigt keinerlei Ambitionen, das Leadership, das ihm angeboten wurde, zu übernehmen.

Am Nachmittag bricht die Sonne durch stahlgraue Wolken, der Dampf zieht über Shackleton und Wild hinweg, während sie sich – jeder ein Glas Whisky in der Hand – auf

der Brücke der Yelcho ihre Abenteuer erzählen. Wie nach langem Schlaf sehen sich Wild und sein Boss zwischendurch an. Sie wissen beide um das Geheimnis völligen Vertrauens, das sie aneinander bindet. Als sie zurückschauen Richtung Elephant Island, ist da nur das Gleißen der Eisberge in der Unendlichkeit. Stunden später sind sie auf dem Weg nach Norden, zurück in die Zivilisation, von der sie 22 Monate lang abgeschnitten waren.

JAMES CAIRD

Die Reise in der kleinen James Caird – 7,30 Meter lang und 1,30 Meter breit – bedeutete ein ultimatives Risiko. Shackleton hatte das Rettungsboot der Endurance nach einem Sponsor der Expedition getauft und von McNish verstärken lassen, der auch Mitglied der Überfahrtscrew sein sollte. Als die Reise eine Woche nach der Ankunft auf Elephant Island mit fünf Kameraden losging, war Shackleton die Euphorie selbst. Die große Seereise im winzigen Boot würde sein Scheitern bei der Durchquerung der Antarktis kaschieren und seinen Ehrgeiz befriedigen. Hatte er sich diese Art Probe nicht immer schon gewünscht? Mit dem offenen Boot über das schwierigste Meer der Erde!

Frank Worsley, der geniale Navigator, steuerte das kleine Boot. Nur die Höhe der Himmelskörper über dem Horizont erlaubte es ihm, die Position der James Caird zu berechnen und den Kurs zu halten, um im stürmischen Ozean eine winzige, 1500 Kilometer entfernte Insel zu finden. Die James Caird aber, mit ihrer runden Kimm und ohne Kiel, driftete mächtig ab. Die Navigation wurde zur Summe aus Berechnung und Intuition. Die Gewissheit aber, dass alle seine Männer sterben würden, wenn er nicht durchkäme, ließ Shackleton zur Hochform auflaufen. Es gab nur diese eine Chance, keine zweite! Er wusste: Wenn sie Südgeor-

Frank Worsley

gien verpassten, war alles verloren. Unmöglich gegen den Wind zurückzukreuzen, das Meer würde die sechs Segler verschlingen und der Winter die 22 Schiffbrüchigen töten. Es war schwierig genug gewesen, das Boot über Wasser zu halten, noch schwieriger, Südgeorgien zu durchqueren, bis sie auf Walfänger stoßen würden.

Inzwischen mit der Yelcho zurück in der Antarktis, erzählt Shackleton von der Überfahrt.

»Keine Angst, dass die James Caird auseinanderbricht?«, fragt Wild neugierig.

»Nein«, sagt McNish, »sie war kein offenes Boot mehr.«

»Wir segelten zuerst nordwärts«, beginnt Shackleton. »Über das Treibeis hinaus. Dann erst änderte ich den Kurs auf Nordost, Richtung Südgeorgien.«

»Der Wind immer von achtern?«, will Wild wissen.

»Ja, wie die langen Wellen auch, die der Westwind auftreibt.«

»Andere Probleme?«

»Das Meer tobte fürchterlich, das Boot segelte immerzu vor dem Wind, es war das Härteste, was wir sechs je ertragen mussten: Die James Caird, von den Wellen gepeitscht, rollte, schlingerte und stampfte. Dazu oft Regen. Wir stiegen hoch und fielen zurück in die Wellentäler, mussten ständig das Boot ausschöpfen, alles ohne wasserdichte Kleider. Wir froren jämmerlich.«

»Wie habt ihr das ausgehalten?«

»Krisen überstehen und durchhalten heißt Shackletons Lebensmotto«, sagt McNish und grinst.

»Die Hoffnungslosigkeit, der wir auf der aufgewühlten See ausgeliefert waren, wurde schlimmer als die Seekrankheit. Aber Überlebenswille und Vertrauen gingen nie ganz unter.«

»Ein Tangstück«, erzählt Shackleton später weiter, »war das erste Zeichen von Land. Am nächsten Tag erste Vögel. Wo aber war festes Land? Wir hatten null Sicht im Nebel und Regen. Als es plötzlich aufklart, sehen wir schwarze Felsen: festes Land. Nach fünfzehn Tagen auf stürmischer See ist Worsley das Kunststück gelungen, Südgeorgien zu finden.«

»Bravo!«, rufen die Männer im Chor.

»Wir waren erleichtert und gleichzeitig dem Zusammenbruch nahe.«

»Weiter«, drängt Wild.

»Es war ein Albtraum: Ein Sturm, Orkanstärke, trieb die James Caird auf die Küste zu. Geringe Wassertiefe, die Wellen hart, eine ganze Nacht Angst, Schiffbruch zu erleiden.«

»Dann Rettung?«

»Nein«, sagt Shackleton, »Worsley, hart am Wind, bringt das Boot aus der Gefahrenzone. Plötzlich aber Gefahr aus der anderen Richtung: ein Wirbel rettet die James Caird vor der Steilküste. Im letzten Augenblick. Als der Wind abflaut, treibt das Boot in einen Fjord, in die King Haakon Bay.«

»Gerettet?«

»Vorerst ja. Auch euer Leben.«

»Seit zwei Tagen ohne Trinkwasser, stürzten wir uns auf eine Süßwasserquelle, fielen auf die Knie, schlürften, glucksten, schnaubten. Wir tranken wie verdurstende Tiere«, erinnert sich McNish. »Es war der 10. Mai, siebzehn Tage nachdem wir euch in Elephant Island verlassen hatten. Wir waren aber nicht am Ziel, wir hockten an der falschen Seite der Insel. Und wir waren am Ende. Aber nach ein paar Rasttagen ruderten wir tiefer in den Fjord hinein: McCarthy, Vincent und ich blieben, wir sollten dort warten, meinte Shack. Vincent war ziemlich verwirrt. Walfangstationen und Rettung aber gab es nur an der Nordküste der Insel.«

»Die einzige Möglichkeit, die uns blieb«, sagt Shackleton, »war, Südgeorgien zu Fuß zu durchqueren, um Hilfe bei den Walfängern in Stromness zu holen.«

Mit Worsley und Crean will Shackleton also das Unmögliche wagen: 36 Kilometer, in Luftlinie, ein verworrener

Weg über Berge, Gletscher und Schneefelder liegt vor ihnen. Erschöpft und ohne spezielle Ausrüstung beginnen sie den Marsch. In ihren Schuhsohlen stecken Nägel, von McNish aus dem Boot gezogen, die Zimmermannsaxt dient als Eispickel. Ohne Karte tappen sie über das Eis, suchen Übergänge, rutschen Abhänge hinab. Sie verlieren Hunderte Höhenmeter, steigen zum nächsten Bergkamm wieder auf. Zum Glück sind Sicht und Wetter ungewöhnlich gut. Gespenster und die Angst treiben sie an, ohne Schlaf und ohne zu rasten, gehen sie einem immer neuen Horizont entgegen. Wie in Trance und halluzinierend stapfen sie immer weiter, 36 Stunden lang.

Bis sie eine Dampfpfeife hören: den Ton, mit dem die Walfänger zur Arbeit gerufen werden. Jetzt kann sich Shackleton orientieren. An einem gefrorenen Wasserfall entlang und über Grashänge erreichen sie Stromness, die norwegi-

sche Walfangstation auf Südgeorgien. Eine erste Ahnung von Zivilisation löst ihr Verlorensein auf.

Ausgezehrt, schmutzig und unrasiert, mit einem irren Blick im rußigen Gesicht, stehen die drei vor dem Haus des Stationschefs. Thoralf Sorlle erkennt Shackleton nicht wieder, andere Walfänger machen sich davon. Als hätten sie Angst vor den Außerirdischen. Dann werden Geschichten vom Schiffbruch und Nachrichten vom Krieg ausgetauscht.

Die Walfänger, grenzenlos in ihrer Bewunderung für Shackleton, setzen ihren Eisbrecher gleich am nächsten Tag unter Dampf.

»Shackleton machte sich große Sorgen um euch«, erzählt jetzt Worsley, der sich zu Wild gedreht hat. »Fast einen Monat nach unserem Aufbruch, am 23. Mai, war die Southern Sky, das Transportschiff der Norweger, unterwegs zu euch, Richtung Elephant Island. Vom Eis gestoppt, drehten wir bei und erreichten die Falklandinseln, die näher liegen als Südgeorgien.«

Dort angekommen, verschickt Shackleton am 31. Mai 1916 ein Telegramm nach London – ein erstes Lebenszeichen.

Auch zwei weitere Versuche, die Männer auf Elephant Island zu retten, scheitern. Die Admiralität in London sieht sich nun veranlasst, selbst über einen Rettungsversuch nachzudenken.

Shackleton aber bleibt entschlossen, seine Männer selbst herauszuholen. Im chilenischen Punta Arenas gelingt es ihm, obwohl ohne Geld und Kredit, die Yelcho zu leasen, einen Schlepper, in bedauernswertem Zustand. Aber er schwimmt. Am 25. August ist Shackleton unterwegs nach

Elephant Island, Crean, Worsley und Mc Nish sind mit an Bord. Diesmal haben sie Glück: Wind, Strömung und Gezeiten haben das Packeis weggetrieben. Am 30. August ist die Yelcho dort, wo Shackleton 22 seiner Männer zurückgelassen hat.

Shackleton weigert sich allerdings, die Küste der Insel ein zweites Mal zu betreten. Er will sein Schicksal nicht weiter strapazieren und bleibt an Bord. Nach einer Stunde dampft die Yelcho zurück nach Punta Arenas, wo sie am 3. September 1916 ankommt. Wie die Männer in Schneepflugformation der jubelnden Menschenmenge entgegengehen – in der Mitte voraus Shackleton, links von ihm Wild – ist nicht Heldenpose, es ist Haltung.

Shackleton überstrahlt alles: Er ist dem Eis des Weddellmeers entkommen; hat die Seereise im »offenen Boot« gemeistert; vier Rettungsexpeditionen organisiert und schließlich alle seine Männer ins Leben zurückgeholt. Er ist mit seiner Idee, die Antarktis zu durchqueren, gescheitert, hat aber dabei – wie es aussieht – keinen einzigen Mann verloren. Von den drei Toten der Aurora-Mannschaft auf der anderen Seite der Antarktis kann er noch nichts wissen.

Das Überlebthaben macht ihn stolz, das Scheitern verdrängt er. Die Illusion aber, aus einer Niederlage als Held hervorzugehen, bleibt ihm genauso versagt wie die Illusion, als Abenteurer reich werden zu können.

SPITZBERGEN

Im November 1916 ist Frank Wild aus der Antarktis zurück. Zurück in England. Jetzt erst erfährt er, dass sein Vater tot ist, im Jahr zuvor gestorben. Shackleton ist unterwegs nach McMurdo, um jene Männer abzuholen, die seine geplante Antarktis-Durchquerung vom Rossmeer aus unterstützen sollten. Auch Wilds jüngerer Bruder Harry gehört zu diesem Team. Ob er noch lebt? Niemand weiß, was mit dieser Expedition los ist. Ob sie ihr Ziel erreicht hat, ob Depots am Beardmore-Gletscher angelegt wurden? Ihr Schiff Aurora hat in Hobart auf Tasmanien gelegen, als Shackleton 1914 Buenos Aires auf der Endurance verlassen hat. Die Aurora hatte den McMurdo Sound im Mai 1915 erreicht, ist aber vom Südweststurm aufs offene Meer hinausgetrieben worden, wo sie im Packeis gefangen blieb. Ein Teil der Männer war schon an der Küste, Vorräte aber noch an Bord. Nach dem Freikommen aus dem Eis hatte die Aurora in Port Chalmers in Neuseeland auf den Südsommer gewartet, um die ausgesetzten Männer bergen zu können.

Die Regierungen Großbritanniens, Australiens und Neuseelands hatten sich inzwischen darauf verständigt, die Suche nach den Verschollenen zu organisieren. Shackleton aber lieh sich Geld und reiste über Valparaíso, Panama, New Orleans auf eigene Faust nach San Francisco. Nach einer Pazifiküberquerung kam er nach Neuseeland und ging gegen den Willen der Behörden an Bord der Aurora. Er wollte bei der Rettung seiner zweiten Mannschaft unbedingt dabei sein. Der Kapitän John Kind Davis, einst Maat auf der Nimrod, überließ Shackleton stillschweigend das Leadership. Worsley musste zurückbleiben,

Als die Aurora am 10. Januar 1917 den McMurdo Sound erreicht, erfährt Shackleton von der Katastrophe im Rossmeer: Wie von ihm geplant, sind Depots angelegt worden, aber von zehn zurückgelassenen Männern sind nur noch sieben am Leben. Sie sind verwirrt und voller Wut, fühlen sich im Stich gelassen.

Sieben Männer haben in Scotts alter Winterhütte überlebt – dank der Vorräte des toten Helden. Shackleton, der die Verantwortung auch für ihr Geschick übernimmt, wird, als die Aurora in Wellington einläuft, in Neuseeland als Überlebenskünstler gefeiert. Seine Heimkehr nach England am 29. Mai 1917 aber findet kaum Beachtung. England ist erschöpft und erschüttert von Verlusten anderer Art, Shackleton größtes Abenteuer geht im Kriegsgeschehen unter.

Schon als sich Shackleton und Wild Tage später in London treffen, interessiert sich niemand mehr für ihr Endurance-Drama im Eiskontinent.

»Mein Gott«, sagt Wild, »du hast sie wirklich gefunden?«

»Ja.«

»Und?«

»Sie haben ihren Teil der Arbeit getan.«

»Sie haben uns nicht für tot gehalten?«

»Nein, aber sie hatten ihr Schiff verloren.«

»Alle wohlauf?«

»Leider nein. Drei sind tot.«

»Mein Bruder?«, fragt Wild.

»Ist o.k., hat gute Arbeit geleistet.«

»Was ist passiert?«

»Einer ertrunken, beim Ausladen auf dem Packeis. Ein anderer Skorbut, der dritte Spaltenabsturz.«

»Trotzdem haben die anderen weitergemacht und die Depots angelegt?«

»Haben sie, ja«, sagt Shackleton, »so wie ich es befohlen hatte.«

»Alles umsonst.«

»Ja«, sagt Shackleton, »es ist tragisch.«

»Gescheitert und drei Männer verloren.«

»Noch dazu bin ich pleite, so oder so«, sagt Shackleton.

»Und es ist Krieg. Niemand will unsere Story hören.«

»Heldenhaftes Sterben ist jetzt wohl mehr wert als grandioses Scheitern.«

»Die halbe Welt steht unter Waffen, von Spitzbergen bis zum Äquator. Und wir?«

»Ist bald vorbei, sagen die Leute.«

»Einige unserer Männer sind als Freiwillige im Krieg.«

»Auch wir sollten uns einbringen, am besten im Norden, in der Arktis. Schließlich hat niemand im Eis so viel Erfahrung wie wir«, meint Shackleton.

»Mir reicht's. Ich habe genug von Kälte, Eis und Wind.«

»Verstehe, Frank«, sagt Shackleton. Er dreht sich einmal um die eigene Achse, sieht seinen Freund an: »Es ist unsere Pflicht, unsere verdammte Pflicht!«

»Ich bin mit meinen Männern nicht dem Tod entkommen, um in irgendeinem Schützengraben zu verrecken!«

»Wir können uns nicht drücken.«

»Ich wüsste nicht, welche Pflicht wir hätten.«

»Wir sind freiwillig in die Antarktis aufgebrochen – nicht um Länder zu erobern oder Märkte oder irgendwelche Rechte. Nur um den Eiskontinent zu durchqueren – auch zur Ehre Englands.«

»Das war vor dem Krieg.«

»Auch jetzt braucht uns das Vereinigte Königreich.«

»Du hast uns als Freiwillige gemeldet?«

»Zum Kriegseinsatz im Norden, in der Arktis.«

»Was? Wir schweben vier Monate lang zwischen Leben und Tod, um uns nach unserer Rettung freiwillig abschlachten zu lassen?«

Eine Zeitlang ist es still. Keiner der beiden Männer sagt ein Wort. Wie angewurzelt stehen sie sich gegenüber.

»Weißt du noch, wie wir aufgebrochen sind?«, fragt Shackleton nach einer Weile.

»28 Mann Euphorie!«

»Was genau wollten wir in der Antarktis?«, fragt Shackleton.

»Weißt du es?«

»Neu anfangen. Und weitermachen, wo Scott aufgehört hat.«

»Vor dem Sterben wurde mir allerdings klar, dass es nichts bringt, den Helden zu spielen.«

»Nein, gebracht hat es nichts, Anerkennung aber wird nicht ausbleiben.«

»Vielleicht nach dem Krieg oder als Heldentümelei wie in den letzten Zeilen von Scotts Tagebuch nachzulesen.«

Keinerlei Begeisterung, nur das Grauen des Krieges erwartet die Heimkehrer. Trotzdem, sie melden sich als Kriegsfreiwillige. In London wartet Wild auf seinen Einsatzbefehl, vertreibt sich die Zeit mit seinem jüngsten Bruder Stanley. Sie besuchen Bars, gehen ins Theater. Wild, obwohl keine Berühmtheit, wird zu offiziellen Essen eingeladen, trinkt dabei zu viel. Seit der Discovery-Expedition mit Scott und dessen tragischem Tod wird er mehr mit diesem als mit Shackleton in Verbindung gebracht.

»Warum«, fragt er sich, »interessiert sich in London niemand für die Trans-Antarctic Expedition?«

Sie sind knapp vor Kriegsbeginn ausgelaufen, die Endurance war zwei Jahre lang verschollen, Shackleton erst 1917 nach England zurückgekommen.

Hatten die selbsternannten Helden nichts Besseres zu tun, als in der Antarktis auf Eisschollen zu driften?, fragen Offiziere und Admiralität.

Scott hat seinen absurden Kampf wenigstens mit dem Leben bezahlt, denkt das kriegsmüde Volk, war sein Sterben nicht Aufopferung wie das unserer Soldaten?

Tatsächlich folgte Scott dem Weg zum Pol mit hohen Idealen und außergewöhnlicher Hartnäckigkeit. Scott war wie ein General, und wenn seine Strategie auch fehlschlug, war es anscheinend nicht seine Schuld: »Die Ursachen für die Katastrophe sind nicht in der fehlerhaften Organisation begründet, sondern in unglücklichen Umständen.« So steht es in Scotts Tagebuch, das er mit erfrorenen Fingern geführt hat. Bis er starb. Scotts letzte Expedition ist so zum Symbol der Kriegszeit geworden, die scheinbar stärkste Einsatztruppe, die England je hatte: »Die fünf Männer hatten nur Pech, viel zu viel schlechtes Wetter, zuletzt keine Chance mehr.«

Auch Shackleton und Wild sind hohe Risiken eingegangen, viel größere als alle anderen Abenteurer vor ihnen, zuletzt hatten sie keine andere Wahl gehabt, als weitere Risiken auf sich zu nehmen. Aber sie sind durchgekommen. Scott und seine Männer hingegen haben das Sterben durchgestanden, ohne sich zu beschweren. Sie haben ihr Ziel erreicht und ihr Leben verloren.

Im Frühjahr 1917 wird Wild nach Archangelsk geschickt. Als Leutnant der Marine. Es gilt, den Transport von Material zu koordinieren. Denn seit Kriegsbeginn ist Russland auf die Unterstützung aus England und Frankreich angewiesen.

Gleichzeitig wartet Shackleton ungeduldig auf seinen Kriegseinsatz im hohen Norden und erreicht schließlich bei der Admiralität, dass ihm Wild für eine Expedition nach Spitzbergen zur Seite gestellt wird. Das Kriegsschiff Ella bringt Wild und seine Männer, ausgerüstet mit sechzig Gewehren und 100 000 Schuss Munition, nach Spitzbergen, wo sie die Northern Exploration Company übernehmen, die Landansprüche Englands markieren soll. Die Operation soll dem British Empire eine starke Position bei künftigen Verhandlungen um den Archipel geben. Es gibt keine Zwischenfälle, die Deutschen sind schon weg.

Auf Spitzbergen wird Eisenerz abgebaut. Vor allem aber Kohle – fünftausend Tonnen im Jahr –, die mit einem »Flying Fox« und einer Mini-Bahn an die Küste verfrachtet wird. Wild ist jetzt für das Empire tätig, ist mehr oder weniger sein eigener Boss. Er hat einen Crash-Kurs in Russisch hinter sich. Zusammen mit Dr. James McIlroy, den er auf seiner letzten Antarktisreise schätzen gelernt hat, organisiert er ein Camp am Cross-Fjord, wo siebzig Mann – Bergleute, Ingenieure, Vorarbeiter, Koch, Lagerverwalter – in vorgefertigten Armeehütten unter lausigen Bedingungen hausen. Im Verhältnis zu ihrer Zeit auf Elephant Island erscheint den beiden dieser Zustand aber paradiesisch. Sie haben Vorräte für vierzehn Monate und die Behausungen, obwohl nicht winddicht, sind geräumig. Trotzdem, die Winterkälte und Skorbut bleiben auch hier ein Problem.

Als die Sonne im Winter endgültig verschwindet – Minustemperaturen um 50 °C, Stürme und Dunkelheit – lassen Wild und McIlroy Verantwortung und Kriegszeit hinter sich und brechen zu einem anderen Bergbau-Camp auf, das sie über einen zugefrorenen Fjord erreichen wollen. Im Mondlicht liegen die schwarzen Berge wie Scherenschnitte, dazwischen fahle Gletscher. Unterwegs in dieser archaischen Welt des Nordens, ähnlich wie sie sie aus der Antarktis kennen, überqueren sie Gletscher und Bergketten und kommen vierzig Kilometer weiter zu einer norwegischen Siedlung. Von den Norwegern als Pioniere gefeiert, gibt es nach solchen Wintermärschen Aquavit und Rum.

Wild und McIlroy suchen im Winter immer wieder solche Abenteuer: übers Meereis, Pässe und steile Bergflanken hinauf, unbekannte Gletscher hinab. Sie erleben dabei Momente des Glücks und des Schreckens. Einmal fällt McIlroy, es ist auf dem Weg ins Schweden-Camp, in eine Wasserrinne und kommt unterkühlt und zu Tode erschöpft dort an. Ein Grund mehr, auf die Liebsten daheim anzustoßen und das Überlebthaben zu feiern. Das Eis, das sich inzwischen um ihre Inselwelt gebildet hat, und der Sturm, der darüberfährt, sind wie Gefängnismauern, hinter denen sie sich verschanzt haben, um daraus ausbrechen zu können. Als liebten sie Finsternis und Chaos. Das Eis ist überall und immerzu in Bewegung und deshalb gefährlich. Wenn sie in Nacht und Eis herumlaufen, ist ihnen wie einst auf dem Meereis von Elephant Island.

Eine halbe Tagesreise vom Camp entfernt bauen die beiden später eine kleine Jagdhütte, staffieren sie mit Decken und Proviant aus, jagen Rentiere, Füchse und Wölfe – bis ein Eisbär die Behausung zerstört. Wie oft hocken sie in dieser verrauchten Hütte – Wild mit seiner Pfeife – und entwickeln Pläne für die Nachkriegszeit.

»Was wäre mit einer Tabakplantage in Portugiesisch-Ostafrika?«, fragt McIlroy im Licht der Paraffinlampe.

»Klingt verlockend: nie Winter, weder arktische noch antarktische Nacht.«

»Aber kein Abenteuer.«

»Eines für Krämerseelen vielleicht«, lacht Wild.

»Warum?«

»Weil es nur um den Nutzen dabei geht.«

»Du meinst Dividende?«

»Aber auch in Afrika zählt die Leidenschaft!«

»Ängstliche tun viel, nur weil sie immerzu ihren Mut beweisen müssen.«

»Wenn ich nach Afrika gehe, dann nicht eines Geschäfts wegen. Dividende erwarte ich auch dort nicht. Vielleicht ein Auskommen im Alter.«

Vorläufig aber sitzen sie in Spitzbergen fest und haben andere Sorgen als die ferne Zukunft.

Ernest Shackleton

Einer der Bergleute ist dabei, den Verstand zu verlieren. Er rennt über das Eis, tobt, droht davonzulaufen.

»Es ist genug«, schreit er, »ich gehe nach Hause!«

McIlroy kann den Mann beruhigen, und Wilds Empathie lässt ihn genesen. Mitgefühl ist das einfachste Heilmittel bei psychischen Zusammenbrüchen, weiß er. Auf Elephant Island hat er die selbstzerstörerische Kraft der Hoffnungslosigkeit beobachtet und lernen können, mit ihr umzugehen.

»Wofür Scott zu sterben bereit war«, bringt McIlroy das Gespräch Tage später wieder auf alte Zeiten, »waren hundert Kilometer. Hundert Kilometer weiter als Shackleton.«

»Oder Vollkommenheit?«

»Haben nicht auch wir alles geopfert für Shackletons Idee?«

»Glaubst du, ihr hättet die Reise durch die Antarktis geschafft?«

»Nein, im Rückblick sage ich: Unmöglich.«

»Shack hatte also Glück im Unglück.«

»Nicht nur er, wir alle.«

»Ihr Polquerer wärt umgekommen?«

»Mehr als wahrscheinlich«, sagt Wild.

McIltroy schweigt. Dann sagt er: »Der Mensch in seinen eigenen Angelegenheiten ist also ein Narr?«

»Laufen Fanatiker nicht grundsätzlich neben der Spur, weil sie glauben, Gründe für ihren Humbug zu haben?«

»Auch weil sie jede Rücksicht aufgeben, sogar den eigenen Untergang ausblenden.«

Shackleton, von seiner Undercover-Operation in der Arktis zurück in London, wird zum Major auf Zeit ernannt und nach Nordrussland geschickt. Kurz vor dem Waffenstillstand ist er noch beim alliierten Interventionskrieg gegen die Bolschewiken dabei – als Experte für winterliche Transportlogistik. Im März 1919 wird er entlassen. Nordrussland-Feldzug und Svalbard-Abenteuer sind umsonst gewesen. »Schlittenfahrt im Winter mit ein bisschen Kampf am Ende«, kommentiert Shackleton. Seit er von der Endurance-Expedition zurück ist, erscheint er ziellos, fahrig, melancholisch. Er trinkt auch zu viel. Er will es nicht wahrhaben: England kann auf Männer wie ihn verzichten!

Shackleton scheint jetzt endgültig aus der Zeit gefallen. Er hält Vorträge über sein Endurance-Abenteuer, ist in Live-Kommentaren zu Hurleys Stummfilm über den Untergang der Endurance zu hören, 1919 erscheint sein Buch zur Expedition. Es ist ein Flop, wieder einmal hat Shackleton kein Geld. Allein seine Fähigkeit, Kontakte zu knüpfen und Menschen zu überzeugen, ist ihm geblieben.

NJASSALAND

Als der Große Krieg zu Ende ist, will Wild endlich sein eigenes Geschick wagen. Ist er doch seit bald zwanzig Jahren von einer Eiswelt in die nächste gefallen, mit einer zuletzt unüberbietbaren Steigerung. Mit McIlroy und Frank Bickerton, den er bei der Mawson-Expedition kennengelernt hat, bricht er 1919 nach Kapstadt in Afrika auf. Ist es wahr, dass man in Ostafrika mit Tabakplantagen reich werden kann? Die Männer haben ihre Ersparnisse zusammengelegt, landen nach einigen Umwegen am Delta des Sambesi und reisen nach Norden weiter, nach Malawi, damals britisches Protektorat. Im Zug erreichen sie Blantyre, die Hauptstadt von Njassaland, wo kaum mehr als tausend Weiße leben – Farmer und Missionare. Es ist umständlich, mit den Behörden zurechtzukommen, denn seit sechzig Jahren, als Dr. David Livingstone das Herz des subtropischen Afrika bereist hat, hat sich hier wenig verändert. Die drei Pioniere kaufen den Einheimischen tausend Hektar Land ab und beginnen damit, ihr Eldorado zu roden. Südlich des Njassasees – Wildnis mit Nashörnern, Elefanten, Löwen, Büffeln und Springböcken – wollen sie sesshaft werden.

»Das Land ist fruchtbar, die Einheimischen arbeiten für wenig Geld und Hunderte Kilometer im Umkreis kein Missionar«, stellt Wild erfreut fest.

Bald schon steht ein einfaches Haus dort – mit Küche, Lagerraum, Veranda und Schlafzimmer –, dazu bauen die drei Männer Unterkünfte für fünf einheimische Familien. Ihren Lebensrhythmus diktiert die Natur: Gemüse und Früchte gibt es in Fülle, die Jagdgründe sind nahe, Einheimische versorgen sie mit Eiern und Geflügel. Wild genießt sein Leben als Pionier, auch wenn Gefahren und Plagen – Skorpione, Taranteln, Hornissen und vor allem Ratten – die Idylle stören. Schlangen töten Hühner, nachts streunen Hyänen um die Farmhäuser. Wild muss einen Löwen erschießen, der wiederholt die Feldarbeiter angreift, später einen Leoparden, der Ziegen reißt. Nur der Malaria kommt er nicht bei: Bickerton muss nach England zurück. Wild bleibt, das Leben als Farmer gefällt ihm. Die Zuversicht, dass der wirtschaftliche Erfolg kommen wird, nährt seine Ausdauer und sein Selbstwertgefühl. Anders als der antarktische Schlittenfahrer, der in einer menschenfeindlichen Welt einem erfun-

denen Ziel hinterherhetzt, um es schließlich hinter sich zu lassen, ist der Pionier Wild ein Abenteurer mit Verantwortung für ein Stück Erde.

Innerhalb eines Jahres bepflanzen die Männer 250 Hektar Land mit Baumwollsträuchern, lernen, mit der Hitze und den Wildtieren umzugehen sowie ihr Fernweh zu ertragen. Noch sind die Erinnerungsbilder aus den Monaten auf Elephant Island stark – wie sie hundert Nächte lang die Sonne herbeisehnten; wie sie Witze rissen, nur um das mögliche Sterben kurz aufzuschieben; wie sie Lieder sangen, die alle kannten, um das Gemeinschaftsgefühl gegen ihr Elend zu setzen; wie sie mitfühlten bei erfrorenen Füßen, Hunger oder losen Zähnen der jeweils anderen; wie sie sich gegenseitig von üppigen Mahlzeiten und warmen Nächten vorschwärmten. Die Zeit im Eis ist vorbei, und doch hat Wild nichts davon vergessen oder verdrängt. Im Gegenteil, ein Zustand des Anstands, der ihn seit dem Winter auf Elephant Island ausfüllt, bleibt sein größter innerer Schatz. Den Lebensmut, den er dort bis in Todesnähe aufrechtzuerhalten vermochte, gibt ihm das Pionierdasein in Afrika, so nützlich es sein mag, nicht.

Dann steht ein junger schwarzer Läufer vor der Farm. Er hält Wild ein Telegramm hin: Es ist Shackletons Aufforderung, ihn auf seiner nächsten Antarktisexpedition zu begleiten.

McIlroy wütet über Wilds spontane Entscheidung, alles stehen- und liegenzulassen, um dem Boss ein weiteres Mal in den Eiskontinent zu folgen. Er werde, sagt Wild, nach Njassaland zurückkommen, vorerst aber ruft ihn ein ferner Horizont. Sein Entschluss ist unumkehrbar.

Zu Fuß trekkt Wild nach Fort Johnston, um den Zug nach Port Herald zu erwischen. Von dort reist er weiter nach Kapstadt, wo er ein Schiff nach Southhampton besteigt.

QUEST

Frank, gut, dass du da bist«, begrüßt Shackleton in London seinen Freund. Mit weniger Haaren und kleiner als in der Erinnerung kommt ihm Wild entgegen. Keine Fragen danach, wo Wild in der Zwischenzeit war, was er getan hat. Auch keine Erkundigung nach seiner Gesundheit. Wilds Aussehen ist unverändert, das Gesicht sonnenverbrannt, seine chinablauen Augen strahlen vor Lebenslust. In Shackletons Gesicht aber steht die Enttäuschung des Gescheiterten. Nur sein Charme ist der alte.

»Es geht wieder los«, sagt er.

Das offizielle Ziel der Reise ist die Umschiffung der Antarktis: »Vielleicht finden wir irgendwo im Polarmeer eine unentdeckte Insel.« Shackleton ist entspannt, fast teilnahmslos, weitere Entscheidungen will er Wild überlassen. Ihm würden alle vertrauen.

Wild schüttelt den Kopf: »Was soll diese Expedition?«

»Willst du im Chaos Europas versauern?«

»Ich lebe in Afrika.«

»Hast du dort Erlösung gefunden?«

»Die antarktische Küste entlangfahren, das kennen wir doch.«

»An alte Zeiten anknüpfen«, versucht es Shackleton.

»Wozu?« Wild ist mit Vagem nicht zu überzeugen.

»Unsere Endurance-Geschichte ist vergessen. Ich will sie ins Gedächtnis der Menschen zurückholen.«

»Hast du Entzugserscheinungen oder ein Problem damit, dass alle Aufmerksamkeit dem Durchhaltewillen Scotts gilt?«

»Nur einmal noch, ein letztes Mal ins Eismeer«, sagt Shackleton mit Nachdruck.

»Eine gemeinsame Reise, ja. Deshalb bin ich gekommen.«

»Das Leben in der Zivilisation ist unerträglich«, sagt Shackleton wie zur Entschuldigung.

Wild ist in Gedanken schon weit weg. Er sieht, wie graue Nebelbänke an schwarze Felsen drängen; riecht das Salzwasser, das an die steinige Küste von Elephant Island schwappt; hört das Pfeifen des Windes, der von den Berghängen auf die umgedrehten Boote trifft. In seiner Erinnerung ist diese schmutzig graue Welt das lebendigste Stück seines Lebens geblieben: jeder Tag gelingendes Überleben. Wild schüttelt den Kopf. Als versuche er, diese Zeit aus seinem Gedächtnis zu werfen, die Bilder loszuwerden, die ihn narren, seit er aus der Antarktis zurück ist.

»Du hast recht«, sagt Shackleton nach einer Weile. »Wir können es ebenso gut seinlassen. Seit zwanzig Jahren sind wir in der Antarktis unterwegs, ohne ersichtlichen Grund und immerzu mit einem Fuß im Grab. Verstehen kann ich meine Eissucht nicht, verzichten darauf aber noch weniger.«

»Hatten wir nicht eine Aufgabe und erlebt, wie Todesgefahr schmeckt? Es ist am Ende das Überleben, das glücklich macht.«

»Auch das Dabeisein.«

»Beim Umsetzen verrückter Ideen?«

»Fange ich an, darüber nachzudenken, warum wir das machen, es kommt nichts dabei heraus«, unterbricht Shackleton seinen Freund.

»Letzten Endes, meinst du, sollten wir es wagen oder ganz seinlassen.«

»Ja. Erst die Gabe, es zu wagen, macht uns zu Abenteurern.«

»Die Leute sehen es so. Und sie trauen dir alles zu.«

Mehr sagt Wild nicht. Shackleton streckt ihm die Rechte entgegen, die Finger ausgestreckt, den Blick auf einen Punkt zwischen Wilds Augen fokussiert. Während sie sich die Hand drücken, geht ein Grinsen über ihre Gesichter. Beiden ist anzumerken, dass sie nichts besser können, als ihr Überleben zu sichern, wenn es in der Wildnis in Frage gestellt ist. Sie wirken jetzt wie zwei Buben vor einem verbotenen Spiel, verstehen sich über alles Gegensätzliche in ihren Charakteren hinweg. Sie können miteinander reden und trinken, manchmal so hemmungslos, als ob das Leben in der Zivilisation anders nicht auszuhalten wäre. Ahnt Shackleton, dass ihn der Alkohol umbringt, wenn er nicht wieder aufbricht? Es ergeht ihm wie allen, deren Instinkte erst wach werden, wenn sie mit dem Rücken zur Wand stehen.

Dem Überlebenskünstler Shackleton fehlt ein Sieg, der nach Krieg und Zerstörung etwas wert wäre. Ja, er hat den Weg zum Südpol gefunden, sein Makel aber ist es, dass er diesen Weg nicht zu Ende gegangen ist. Er hat alle möglichen Auszeichnungen, aber keine Befriedigung. Roald Amundsen hat das Rennen zum Südpol gewonnen, Scott sein Sterben als zeitlose Heldenstory inszeniert und sich in die Herzen aller Romantiker geschrieben.

Shackleton und Wild sind als Team unschlagbar, ohne Vergleich. Sie ergänzen sich auf symbiotische Weise, auch weil Wild sich unterordnet. Sie haben sich unter Todesgefahr um ihre Männer gekümmert, viele Monate lang – bis alle gerettet waren. Selbstaufopferung aber wird jetzt nach Kriegsende höher eingeschätzt als Überlebenskunst.

Trinkend zerstört Shackleton sein Leben, weil er im bürgerlichen Leben keinen Platz zu haben scheint.

Ein alter Schulfreund, John Quiller Rowett – mit Rum zu Geld gekommen –, gibt ihm zuerst Arbeit, dann Geld für eine letzte Chance. Es ist Shackletons Begeisterungsfähigkeit, sein Charme, seine Gabe, Menschen zu überzeugen, die seine nächste Expedition möglich machen – Glück und Unglück zugleich.

Wieder wird ein norwegischer Robbenfänger gekauft und von Foca in Quest umgetauft. Das Schiff ist in schlechtem Zustand, trotzdem, am 17. September 1921 dampft es vom St. Katharine's Dock unter der Tower Bridge in den Ärmelkanal. Mit an Bord Shackletons beste Freunde: Worsley, Macklin, McIlroy und Wild.

Notdürftig ausgerüstet, soll es wieder in die Antarktis gehen, der Zeitlosigkeit entgegen: alle Zivilisation zurückgelassen, das Ziel vage, ein paar Männer, das Gefühl von Freiraum herbeisehnend. Aber Antarktis und Südpol als Bühne, wo Heldengeschichten gespielt werden, gibt es nicht mehr.

Während dieser Seereise macht sich Shackleton ständig über Scott lustig. Nur um sein neues Abenteuer zu rechtfertigen? Oder ist er neidisch auf den toten Helden? Trinkt er, um die

Zeit zwischen seinen Reisen vergessen zu können oder die Stimmung der Mannschaft zu heben? Abhängig von Anerkennung und Whisky, merkt er nicht, wie er sein Genie aushöhlt, das seine Abenteuer erst möglich machte.

»Scotts Heldentum«, sagt Shackleton eines Abends, »gaukelt Verantwortung nur vor.«

»Ja, sein Bedürfnis, grandios zu wirken, ist entlehnt, nicht aus ihm selbst geboren«, antwortet Macklin.

»Er wurde zum Leader gemacht, von oben berufen. Aber er ist nie einer geworden.«

»Da hast du recht, seine Expeditionen waren ihm reine Pflicht«, ergänzt Wild.

Obwohl in ihrer Psyche grundverschieden, sind Wild und Shackleton seelenverwandt. Nun sitzen sie sich wieder gegenüber – älter geworden, abgekämpft. Der eine nimmt sich zurück, den anderen beflügelt die eigene Größe. Wild nimmt andere als seinesgleichen wahr, Shackleton kontrolliert sie.

»Frank«, sagt Shackleton, »was Scott von seinen Leuten gefordert hat, war unmenschlich.«

»Hast du uns etwa nicht gefordert – beim Rückmarsch 1909 oder auf Elephant Island 1916?«

»Ich weiß, meine Pläne waren vermessen. Ohne dich, Frank, wären wir schlimmer gescheitert als Scott.«

»Lass endlich Scott aus dem Spiel, er ist tot.«

»Er hat alles falsch gemacht, mich nach Hause geschickt, und trotzdem ist er zum Helden des Südpols geworden. Wie erklärst du dir das?«

»Die Menschen lieben das Melodram.«

»Vor allem, wenn wirklich dabei gestorben wird!«

Es entsteht ein Pause, dann sagt Wild: »Immerhin, wir leben noch.«

»Was für eine Ironie!«

»Was für ein Glück!«

»Auch du hast es in England nicht ausgehalten, Frank.«

»Deshalb habe ich mein Glück in Afrika gesucht!«

»Und gefunden? Nein? Mein Glück, Frank, bist du. Du hast am Ende doch alle gerettet.«

»Nein, Boss, ohne dich wäre unser Vertrauen in sich zusammengebrochen.«

»Dein Vertrauen in mich?«

»Das Vertrauen ineinander! Ich habe nichts anderes gemacht als meinen Männern deine Wiederkehr versprochen. Sie haben mir vertraut, weil sie dir vertraut haben.«

»Du warst mein Stellvertreter, ja.«

»Ja«, bestätigt Wild, »wir hatten nichts als dein Versprechen.«

»Du hast es vertreten, über jeden persönlichen Ehrgeiz hinweg.«

»Nein«, sagt Wild, »ich habe mit meinen Leuten gelitten, mit jedem Einzelnen. Wir waren ein verlorener Haufen, der zwei Möglichkeiten hatte: Vertrauen in den Boss oder kollektiven Selbstmord.«

»Sie vertrauten dir, Frank«, sagt Shackleton, »bis zum Ende.«

»Ja. Obwohl du verschwunden warst.«

»Ich weiß: Vertrauen hat mit Glaubwürdigkeit zu tun und mit Empathie.«

»Du meinst, nur wenn du auf Augenhöhe mit deinen Leuten bist, vertrauen sie dir?«

»Wenn du hungerst, frierst, leidest wie sie, ja.«

»Was hätten wir nicht alles anstellen können, wenn es nicht Krieg gegeben hätte«, sagt Shackleton später.

»Ich wäre früher schon nach Afrika gegangen, mehr nicht«, antwortet Wild.

»Keine Entzugserscheinungen?«

»Nein, ich habe genug erlebt.«

»Bald aber ist es zu spät.«

»Zu spät wofür?«

»Frank, in ein paar Jahren sind wir alte Männer.«

»Zu alt für ein nützliches Leben, meinst du?«

»Nein«, sagt Shackleton.

»Hast du es denn noch nicht begriffen? Wir haben bald zwanzig Jahre in der Antarktis vergeudet, uns bis zum Beinahetod geschunden, und was hat es gebracht? Nichts! Zwanzig Lebensjahre für die Träume zweier Narren.« Wild zelebriert seinen trockenen Humor.

»Nein«, sagt Shackleton noch einmal. »Nicht, was wir nicht getan haben, was zu tun ist, zählt.«

»Und, was bleibt zu tun?«

Shackleton schweigt, um sich zu fassen: »Nicht, was bleibt, zählt, es ist das Tun, das ein Menschenleben ausfüllt. Dreimal bin ich gescheitert, trotzdem rede ich mir ein, die vierte Expedition könnte gelingen.«

»Wie heißt unser Schiff?«, fragt Wild, Ironie in der Stimme.

»Quest.«

»Guter Name für ein vages Ziel!«

Bis auf die ungefähre Richtung, die das Schiff einschlägt, wissen die anderen wenig oder nichts über Shackletons Pläne. Wenn er denn welche hat. Nur wohin es gehen soll, ist klar: in die Antarktis. Später würde ihm sicher einfallen, was es zu finden und zu erforschen gilt. Geht es ihm doch nie um die Wissenschaft oder irgendeine Eroberung, das Unterwegssein in der Wildnis ist es, das ihn am Leben hält.

Die Stimmung auf der Quest ist melancholisch. Shackleton sitzt oft mit seinen Männern auf der Brücke zusammen, sie trinken und tauschen Erinnerungen aus. Alle genießen sie den Freiraum des Unterwegsseins. Auch den Alkohol.

»Der Boss mag es, über die alten Tage zu plaudern«, sagt Macklin.

Wild nickt.

»Leider ist ihm sein früherer Elan abhandengekommen«, findet Worsley, der Kapitän, nachdem Shackleton in seine Kabine gegangen ist.

»Du hast recht«, stimmt Wild zu, »trotzdem, er scheint unsere kleine Gemeinschaft zu schätzen.«

In Rio de Janeiro hat Shackleton einen Brief an seinen Gönner Rowett geschrieben: »Niemals werde ich das Banner einholen, nie sagen, es war das letzte Mal.« Ist er wieder der Alte, der Furchtlose, der in der Wildnis aufblüht, der begnadete Leader? Worsely, Navigator auf der Seereise mit der James Caird, ist jetzt Kapitän auf der Quest. Shackleton bewundert die Schnelligkeit und Genauigkeit seiner Navigation. So wie er Wilds Menschenführung schätzt und die Kunst des Arztes Macklin. Nur will er ihn nicht konsultieren. Obwohl oder weil er Herzprobleme hat.

Das Schiff fährt durch schwere See. Von Rio Richtung

Kapstadt in Südafrika folgt Sturm auf Sturm. Fünf Tage und vier Nächte lang steht Shackleton auf der Brücke. Vor Südgeorgien dann gerät das Holzschiff ins Rollen, es schlingert – das aufgewühlte Meer vor ihnen schwarz, der Himmel darüber eine jagende Wolkenwand.

Die Männer erleben eine ungemütliche Weihnacht. Alle Delikatessen – Truthahn, Schinken, Puddings, von Rowetts Frau Helen für das Fest zum Proviant gepackt – bleiben unangetastet: aufgesparter Luxus. Und sollten sie mit dem Schiff untergehen!

Am 4. Januar 1922 segelt die Quest durch die Cumberland Bay und wirft im Hafen von Grytviken die Anker. In der Walfangstation, wo die Leute Shackleton und seine Geschichte kennen, gibt es ein großes Hallo. Wie er im »offenen« Rettungsboot das Südpolarmeer und danach ohne spezielle Ausrüstung die vergletscherten Bergkämme ihrer Insel überquert hat, ist Legende. Unter Walfängern ist Shackleton und nicht Scott der Held der Antarktis. Es tut ihm gut.

Mit dem Stationsmanager Jacobson geht Shackleton durch Lagerhallen und Hütten, schüttelt Hände, besucht die kleine Kapelle. Er fühlt sich wohl unter den Walfängern: lauter harte Männer, Einzelgänger, die ihn bewundern. Und er kann ihr Leben nachempfinden – als Ausgegrenzter unter Ausgegrenzten. Gegen Abend steht er am Hafen, über schmale Wege kehrt er auf die Quest zurück.

Shackleton, zurück in Eis und Vergangenheit, ist ganz der Alte. Und hemmungslos offen. In Südgeorgien ist sein ehrgeizigstes Projekt zu Ende gegangen, hier ist er wie aus dem Jenseits aufgetaucht, auch in Grytviken hat er nur Bewunderer. Nach den vielen Glückwünschen der Arbeiter wirkt er selbstsicher und euphorisch. Wieder und wieder schimpft er auf Scott, als verachte er ihn, und der Whisky schürt seinen Groll.

»Stellt euch vor«, schreit Shackleton irgendwann. »1906 musste ich einen Vertrag unterschreiben, ich sollte mit der Nimrod nicht in den McMurdo Sound einfahren.«

»Ich weiß«, sagt Wild. Wie zur Beschwichtigung.

»Wir wären zum Pol gekommen, hätten wir bei der Suche nach einem erlaubten Anlegeplatz nicht so viel Zeit verloren.«

Niemand widerspricht.

»Was soll die Wichtigtuerei um seinen Heldentod?«, fragt Shackleton weiter. »Scott ist mit seinen Leuten umgekommen, aber wir sind damals alle durchgekommen – 1909 und 1916, alle!«

Das Abendessen ist aufgetragen. Shackleton wütet weiter.

»Dieser Dilettant! Wie kann er nur hoffen, den März auf dem Ross-Schelf zu überleben.«

Keiner antwortet. Wild schaut in die Runde. Als wolle er sagen, lasst ihn, er ist betrunken.

»Er hat mich mit seinem Tod ruiniert! Endgültig!«, ist Shackleton überzeugt.

»Nein, Boss«, sagt Wild ruhig. »Wir leben, er ist tot.«

Alle nicken. Shackleton, weiß im Gesicht, flüstert Wild etwas ins Ohr: »Es ist genug«, glaubt einer zu hören.

»Take over now, Frank«, sagt er leise noch, zu Wild gewandt. Langsam steht er auf und dreht sich zur Mannschaft.

»Gute Nacht, Boys«, sagt er, »wir hatten eine harte Zeit. Schlaft gut, morgen feiern wir Weihnachten nach.«

Seine Verachtung für Scott, denken alle, rumort in ihm.

Es ist, als sei der Rivale – bei ihrer Reise zurück in die Vergangenheit – immer zugegen.

Weit nach Mitternacht wird Macklin in Shackletons Kabine gerufen.

»Wo fehlt's?«, fragt der Arzt.

»Mack, bist du es?«, fragt der Boss. »Ich kann nicht einschlafen, es geht mir nicht gut. Hast du ein Schlafmittel für mich?«

»Hast du schon etwas genommen?«

»Fünfzehn Aspirin. Ohne Effekt.«

Es ist kalt, die Nacht sternenklar, das Wasser ruhig. Macklin packt Shackletons Bettdecke fester um den Patienten.

»Du willst immerzu, dass ich aufgebe«, sagt Shackleton im Fieberwahn. Er ist verwirrt. Oder verfolgt ihn Scotts spektakulärer Tod bis in seine Träume? Jagt er durch sein Herz, Schlag für Schlag, Nacht für Nacht?

»Was meinst du? Dass ich aufgebe?«, fragt Shackleton wenig später nochmals.

Es bleiben seine letzten Worte. Kurz darauf ist er tot: Herzinfarkt, wahrscheinlich. Um drei Uhr wird Wild geweckt, er kommt zu seinem Freund in die Kabine. Es ist der 5. Januar 1922.

»Er ist tot?«, fragt Wild.

»Ja«, sagt Macklin.

»Wir können nichts mehr für ihn tun«, antwortet Wild – er weiß in diesem Augenblick, dass er die Führung übernommen hat. Es ist wie ein Reflex.

Wild bleibt sachlich: »Geht schlafen«, sagt er, »morgen überlegen wir, was zu tun ist.«

Shackleton ist nur 47 Jahre alt geworden.

»Hast du eine Idee?«, fragt Wild Macklin am Morgen. »Was ist mit der Leiche zu tun?«

»Wir sollten den Toten nach England schicken.«

Die Männer überlegen einen Tag und eine weitere Nacht lang. Wild hat seinen engsten Freund verloren, bleibt aber ruhig und zugleich bestimmend. So wie es der Boss von ihm erwartet hätte.

»Ich übernehme das Kommando«, sagt Wild am zweiten Morgen nach Shackletons Tod. »Die Expedition wird fortgesetzt.«

An diesem Morgen beginnt es zu regnen, und es regnet mehrere Tage lang. Sie sind knapp an Kohle, und dichtes Packeis driftet vor der Küste der Antarktis. Allzu weit werden sie nicht kommen, weiß Wild. Er möchte zum Überwinterungsplatz auf Elephant Island zurückkehren, wo er lebendig gewesen war wie nie zuvor und niemals nachher in seinem Leben, die Inschriften in den Felshöhlen dort lesen.

Nach zwei Monaten Forschungsarbeit im Eismeer – vor Elephant Island und auf den Süd-Shetland-Inseln – kehrt die Quest nach Südgeorgien zurück, wo es gilt, ein Denkmal für Shackleton zu errichten, dessen Leiche inzwischen nach Grytviken zurückgebracht worden ist. Dort ist der Tote auf Lady Shackletons Anweisung auf dem Walfängerfriedhof begraben worden.

Auf einem Felsvorsprung hoch über der Cumberland Bay baut Wild mit Shackletons Getreuen – Worsley, Macklin, McIlroy, Green und McLeod – eine Steinpyramide mit einem Holzkreuz obendrauf. Dann erst besuchen die Männer sein Grab.

»Er hatte Fehler, aber keine Laster«, sagt der Arzt.

»Warum sind wir wieder und wieder mit ihm gereist?«, sagt Wild. »Ohne zu fragen und immer mit Begeisterung?«

»Wir würden es wieder tun«, ist Worsley überzeugt. »Nochmals unter seinem Befehl bis ans Ende der Welt!«

»Ja«, sagt McIlroy, »es war seine Loyalität – wir werden sie vermissen.«

»Er fehlt mir jetzt schon«, sagt Green leise.

Mit den Worten »Good-bye, old Boss« endet ihr Besuch am Grab.

»Viermal war ich mit ihm auf Expedition, ich glaubte, ihn gut zu kennen«, erzählt Wild den anderen auf dem Weg zum Schiff: »Wenn er seinen letzten Rastplatz selbst hätte wählen können, es wäre hier gewesen. Genau hier.«

Etwas von seiner kurzen Kindheit steht in Wilds Gesicht, als er den Befehl zur Heimreise gibt: Nicht Enttäuschung, eher etwas vom verspielten Glück, zu früh zu weit gegangen zu sein, bleibt beim Grab Shackletons zurück. Ja, es ist zu

spät, die Zukunft gehört ihnen nicht mehr. Ihre Geschichten aber – ahnt es Frank Wild? – würden noch hundert Jahre später nachempfunden und als Mythen weitererzählt werden, so als stünde hinter den Krisen und Katastrophen ihres Lebens eine griffige Botschaft als Wahrheit: Nur der Mensch, der wagt und dabei Mensch bleibt, ist ein wahrer Leader.

QUEST II

Ein Jahr nach Shackletons Tod geht Frank Wild endgültig nach Südafrika. Inzwischen ist er verheiratet. Er hat 1917 in Archangelsk Vera Alexandra Almann kennengelernt, nachdem sie mit ihren beiden halbwüchsigen Söhnen Valor und Nigel Russland durchquert hatte – von Wladiwostok Richtung England. Am Beginn der Revolution ein Abenteuer. Nach dem Tod ihres zweiten Mannes schiffte sie sich nach New York ein, kam 1921 nach Plymoth zurück und heiratete Frank Wild.

Ursprünglich wollte Wild nach Njassaland zurückkehren, Vera und ihren beiden Söhnen ist das malariaverseuchte Land aber nicht zumutbar. Dank Feldmarshall Jan Smuts – der Premierminister von Südafrika ist ein Bewunderer von Frank Wild – kann er jetzt tausend Hektar Land in Mkuze, im nördlichen Zululand, erwerben. Die Farm mit Blick auf die Umbombo-Berge, nennt er »Quest«, wie das Schiff, auf dem er ein letztes Mal in die Antarktis gereist war. Wild weiß inzwischen, wie schwierig es ist, ein Stück Wildnis – Akazienbusch mit vielen Wildtierarten – in nutzbares Land zu verwandeln. Diesmal soll es eine reine Baumwollfarm sein. Seine Kunst aber ist es, in der Wildnis zu überleben, nicht sie zu zivilisieren.

Vera bleibt nur kurze Zeit – auch hier Malaria. Dann

zieht sie mit ihrem Sohn Nigel in die Küstenstadt Durban und beginnt zu trinken. Wild bleibt mit seinem Stiefsohn Valor in der Einsamkeit zurück, wo sie roden, pflanzen, jagen, Zäune ziehen. Die Hoffnung, dass seine Arbeit Früchte trägt und weitere Reisen möglich macht, bleibt ein Traum: Wenn er über sein flaches Land auf die Umbombo-Berge zugeht, Tafelberge, die aus der dunklen Ebene aufragen, sieht er sich wieder auf dem Schelf der Antarktis. Nur die Temperatur ist eine andere. Oft, wenn er auf seiner kleinen Veranda sitzt und die Augen schließt, hört er Eisberge vorbeiziehen. Er weiß, Wind und Meeresströmungen tragen sie weiter. Die Zeit im Eis ist ihm zu einem Zustand der Zeitlosigkeit geworden. Die Eisbrocken, die ihm einst den Weg versperrten, treiben jetzt nordwärts, wo sie in wärmeren Gewässern schmelzen. Auch Felsgebirge, weiß er, bleiben, wie Eisberge, nur scheinbar stehen. Sogar die Tafelberge vor ihm werden verschwinden. So unvorstellbar es auch ist, eine Eisinsel, zehnmal so groß wie sein Land, schwindet und verschwindet zuletzt. Hellglänzende Schwundformen – Eisberge zu filigranen Plastiken geschmolzen – waren im Eismeer vor Elephant Island oft nur noch vom schärfsten Auge auszumachen, was ihre Gefahren erhöhte. Und ihre Schönheit.

Mit den Jahren verschwimmen antarktische Eisberge vor Wilds innerem Auge mit dem Tafelgebirge vor seiner Haustür. Er muss nur seine Augen schließen, und schon kreuzen tafelgebirgsartige Eisberge im Polarmeer, von der Barriere gebrochen, über die er monatelang gezogen ist. Als vermisse er die Stille, die Farben, die Endlosigkeit, und er vermisst Shackleton.

In den Nächten nach der schweißtreibenden Arbeit auf

den Baumwollfeldern hört er das Packeis rumpeln, sieht Eisberge vorbeiziehen, schmeckt den Nebel am Horizont. Er spürt das dumpfe Bersten des Eises, die Winddrift, wenn sie über Sastrugifelder fährt, und die sonore Stimme von seinem Boss. Er hört das Heulen des Windes, der um Felskanten jagt, und verengt die Augen zu Schlitzen wegen der Lichtreflexion von Millionen von Eiskristallen.

Wild war nie der selbstmächtige Einzelgänger, seit er aber von seinen Träumen getrennt ist, bleibt er für sich, zum sozialen Leben nicht mehr fähig. Shackleton ist immer noch sein Gefährte. Der Weg zurück in ihr Reich, zurück in eine Welt ohne Vorgaben, ist von Sehnsucht getragen, aber nicht mehr möglich. Um Geld für eine Expedition zu sammeln, müsste er zurück nach England.

1924 hat man ihm die Goldmedaille der American Geographical Society nachgeschickt, später kommt sein Bruder

Perny, um ihn zu unterstützen. Er hilft beim Bau der Eisenbahn, die durch Wild-Land führt. Vera, inzwischen zurück in England, hat ihn längst vergessen. Wild ist nahezu pleite, er kann weder seine Notizbücher aus der Antarktis verhökern noch die Farm verkaufen. All die Seufzer auf Elephant Island, die Qualen, die Schreie – auf lose Blätter gekritzelt –, sie sind im afrikanischen Busch nichts wert. Sein Überleben in der Wildnis ist zum Kampf mit Dürren, Plagen und Gläubigern geworden. Der kleine Glatzkopf mit seinen strahlenden Augen lebt von der Hand in den Mund. Immer öfter sieht man ihn vor seiner Hütte sitzen: ein Glas Brandy in der Hand, eine Zigarette im Mundwinkel – als würde er auf eine letzte Chance oder die Zeitlosigkeit im Jenseits warten.

Die Jahre ziehen an ihm vorüber wie Erinnerungen, die nichts mehr zu bedeuten haben. Immer öfter denkt er jetzt an die Zeit nach Shackleton wie an eine große Leere. Er hat sich an das Klima, an das Alleinsein und den afrikanischen Busch gewöhnt, an ein bürgerliches Leben nicht. Wenn er von der Arbeit aufsieht, steht die Sonne hoch, die Tafelberge leuchten am Horizont, wie gemalt.

Auch zwanzig Jahre nach ihrem ersten Aufbruch zum Pol hat Wild die Euphorie von damals nicht vergessen. Auch den letzten Rest Hoffnung auf Rettung auf Elephant Island nicht. Die Arbeit auf seiner Farm ist Jahr für Jahr die gleiche, die Kost eintönig. Die Moskitos lassen ihm nachts weniger Schlaf als der Frost in der Antarktis.

Manchmal, auf der Bank vor seiner Hütte, betrachtet er seine Hände: Sie fühlen sich ledrig an, die Handrücken fleckig, die Innenfläche zerfurcht. Es sind die Klauen eines alten Mannes. Die vielen Jahre im Eis und zwei Jahrzehnte in Afrika haben Narben hinterlassen. Er ist alt und müde geworden. Aber er denkt immer noch an Shackleton und an ihre Träume, das, was sie noch hätten machen können.

Auf seine alten Tage arbeitet Wild als Hotelmanager, Minenvorarbeiter und Barkeeper. Immer freundlich und mit Sinn für das Absurde. Er leidet an Diabetes und Herzschwäche, Folgen der harten Jahre in der Antarktis. Noch einmal verliebt er sich und heiratet Trix – Beatrice Lydia Rowbotham –, die er in Tanga an der Ostküste Tansanias kennenlernt. Die beiden – exzentrisch und mit bestem englischem Humor ausgestattet – ergänzen einander ideal. Sie leben bescheiden, denn ohne Anspruch auf eine Pension muss Frank weiterarbeiten: Der Abenteurer ist zum Gelegenheitsjobber geworden. Ab und zu wird er zu einem Fest eingeladen, hält eine Rede oder erzählt von seinen Reisen. Geld hat er nicht, immer seltener fragen Zeitschriften wegen eines Interviews bei ihm an. Er soll ein Buch schreiben, aber seine schriftstellerische Begabung kommt an jene von Shackleton nicht heran. Und sogar dessen Bücher sind inzwischen vergessen! Wild schreibt trotzdem an seinen Erinnerungen: Die Antarktis-Jahre. Sein Verleger wartet auf den Text. Seit einer Ewigkeit schon, umsonst. Shackleton hat nie spekuliert, immer nur hasardiert und Schulden hinterlassen. Wild hat zuletzt nur noch seine Medaillen, die er veräußern könnte.

»Geht es denn allen Abenteurern gleich?«, fragt Trix.

»Ja, wie die Geschichte zeigt. Du hast recht: Kolumbus ist arm gestorben, Julius Payer, Amundsen.«

»Sind also wirklich alle Polfahrer arme Teufel geblieben?«

»Nansen ist die Ausnahme. Der Pionier aber, der sein Abenteuer als Geschäftsmodell versteht, kann nur scheitern.«

Wild ist inzwischen krank und schwach. Als ihm 1938 eine Pension angekündigt wird – für seine Verdienste als Forscher im Eis –, schöpft er ein letztes Mal Hoffnung, plant eine Reise nach England. Dann erst will er sich mit Trix in Njassaland zur Ruhe setzen.

Am 14. August 1939, im Fieberdelirium, schaut Shackleton vorbei und fragt, wie es ihm geht. »Es ist nicht schlecht hier«, hört sich Wild sagen, »die Berge sind flach und weit weg, der Himmel weiter als in der Antarktis. Nur die Hitze ist schlimm und die Moskitos. Den Sternen aber waren wir damals, in der antarktischen Nacht, näher.«

Wild bleibt zuversichtlich. Seine Vergangenheit scheint jetzt viele Fenster zu haben, und manchmal gerät sie ihm durcheinander. Er weiß dann nicht mehr, welcher Teil zu welchem Fenster gehört. Er hat fünfzehn Jahre im Eiskontinent, zwanzig im Busch und ein Leben lang mit der Unruhe des Horizontsüchtigen gelebt. Nie zuvor aber in der Gewissheit, irgendwo aufgehoben zu sein wie jetzt bei Trix.

Aber Trix spürt, dass es zu Ende mit ihm geht.

»Frank«, sagt sie, »ich habe Angst.«

»Mach dir keine Sorgen um mich.«

Wie hat er es nur geschafft, fragt sie sich, immerzu und für alle Sorge zu tragen? Ein ganzes Leben lang.

»Woher hast du nur dein Vertrauen genommen?«, fragt sie.

»Ein Geschenk«, antwortet Wild. »Alle mochten mich.«

»Es war ein Geschenk, in der Antarktis zu überleben?«

Sie kennt die Geschichten: die Flucht aus dem Eismeer; Winter auf Elephant Island; Krieg in der Arktis. Sie kennt seine Abenteuer aus seinen vielen Erzählungen.

»Vielleicht war es deine praktische Natur, deine Kooperationsfähigkeit. Auch eine gute Portion Schicksalsergebenheit«, sagt sie.

»Vielleicht. Wir Menschen haben oft keine andere Wahl. Verantwortung übernehmen wir für andere, Vertrauen beruht auf Gegenseitigkeit.«

»Wie das?«

»In der Antarktis war alles so einfach, nur in der Zivilisation ist Verantwortung nicht gerecht verteilt.«

»Du meinst, im Sturm trauen dir Verzweifelte Wunder zu?«

»Ja, wenn es gilt, einen windgeschützten Platz zu finden oder ohne Sicht weiterzumarschieren; Mut zu schöpfen, wenn alle anderen ihn verlieren.«

»Ich könnte es nicht.«

»Auch du kannst das.«

Fünf Tage lang bleibt Frank Wild mit Lungenentzündung im Bett. Er liegt in seinen Träumen, redet von Eispressungen, Frost und einem sinkenden Schiff. Nie vom Krieg. Oft ist es, als ob er zupacke. Er schreit auf dabei, seine blauen Augen in die Ferne gerichtet.

Am Ende der Woche lässt Trix einen Arzt rufen.

»Herzschwäche«, stellt dieser fest. »Ein ernstes Problem?«

»Pneumonie ist dazugekommen.«

Wild ist mit der Diagnose einverstanden. Er weiß, dass er zu oft zu weit gegangen ist in seinem Leben. Hat ihn seine Passion doch gedrängt, einen ganzen Kontinent zu Fuß zu durchqueren, in der Hoffnung, sein Menschsein zu begreifen. Sein Herz ist dabei zu groß geworden, etwas, das nicht auszudrücken ist mit den üblichen Maßen – das Gefühl beim Schneesturm, wenn der Wind von vorne bläst; das Durchatmen nach einem Unwetter, wenn alle am Leben geblieben sind; die Leere, die zuletzt übrig war. Oder die Selbstverständlichkeit, die ihn und seine Leute weitergetragen hat – nach vier Monaten und dreitausend Kilometern Marsch Richtung Pol und zurück –, weitergetragen, um ihr Schiff zu erreichen, ihr nacktes Leben zu retten. Trix sieht, dass Franks blaue Augen trüb geworden sind, sie weiß jetzt, dass er stirbt. Er hat keinen Zweifel und keine Fragen dazu.

»Einmal noch zurück nach England«, sagt er mit geschlossenen Augen, in Gedanken weit weg.

Er kann jetzt überallhin, wo in seiner Erinnerung Bilder zu finden sind. »Point Wild« haben die Männer die Felsen auf Elephant Island genannt, wo sie 1916 als Schiffsbrüchige gestrandet sind. Vier Monate lang sind sie geblieben. Nie haben Menschen ein Mehr an Hoffnungslosigkeit ertragen. Alle 21 sind am Leben geblieben, nur weil sie ihm vertraut haben.

Einen Augenblick lang blickt Wild in eine leere Dunkelheit. Er spürt die schweißnassen Laken unter seinem fiebrigen Leib, hört sein tiefes Atmen. Als er seine Hand ausstreckt, in Gedanken irgendwo im Eis, spürt er Trix' warme Haut, und alle Fragen, die die Zivilisation stellt, sind beantwortet. Wild erwacht aus seinem Halbschlaf. Im Dunkel des Zimmers, das eine Fenster verhängt, sind Tag und Nacht kaum auseinanderzuhalten. Wie sein Zustand zwischen Wachsein und Wegsein auch. Er fühlt sich aufgehoben dabei, fast so, wie er sein Dasein in der weißen Einsamkeit der Antarktis empfunden hat: sorgenfrei und zeitlos.

Was aber wird aus Trix? Nicht einmal das Sterben kann ihn von seiner Verantwortung erlösen. Trix weiß, dass immer Verlass auf Frank war. Vielleicht, weil er dem Tod in großer Gefahr keine Bedeutung zugestanden hat. Dem Überleben galt seine ganze Aufmerksamkeit.

Er friert jetzt mehr als in ihrer Notunterkunft auf Elephant Island. Die Bilder von damals schütteln ihn durch seine Fieberträume, so als lockten sie ihn im Durcheinander des Todes ins Jenseits. Irgendwann kommt Ruhe über ihn. In seinem Zustand – ein Erzittern des herzkranken Mannes im Sterben – erscheint er Trix als der Einzelne, der seinen Platz gefunden hat.

Am Morgen des 19. August 1939 stirbt Frank Wild. Trix ist bei ihm, trauernd und dankbar zugleich. Zwei Wochen später beginnt der Zweite Weltkrieg. Für Trix ist es damit unmöglich, Franks Urne in die Antarktis zu schicken, seine

Asche neben Shackletons Grabstein in Südgeorgien beisetzen zu lassen. Im Daily Mirror in London erscheint die Story vom verarmten Polarhelden, der als Barkeeper in Afrika verschwindet.

»Er hatte mehr Menschlichkeit als andere in sich«, antwortet Trix, als man sie später nach dem Besonderen an ihrem Mann fragt.

GRYTVIKEN

Mit Wilds Tod geht die »heroische Zeit« der antarktischen Abenteuer zu Ende. Endgültig. Scott hat in der Antarktis den Tod gefunden, Shackleton seine Bühne, der Überlebenskünstler Wild seine Aufgabe.

Shackleton und Wild, die erfolglosen Helden, erscheinen uns heute als erste moderne Abenteurer. Ihr Versuch, die Antarktis zu durchqueren – eine schräge Herausforderung –, hat mich 75 Jahre später beflügelt, dieses Nichtziel ins Auge zu fassen. In einer immer kleiner werdenden Welt sind Arved Fuchs und ich im antarktischen Sommer 1989/90 unseren Vorläufern in die Heimat des Eises und der Stürme gefolgt. Auch weil das Überleben in der Wildnis für mich mehr zählt als jede Form der Selbstaufopferung.

Nach 92 Tagen auf dem Eis, bei unserer Ankunft in McMurdo an der neuseeländischen Seite der Antarktis, besuchten wir als Erstes Shackletons Winterhütte, dann Scott Base auf Ross Island. Es lag nicht mehr alles so da, wie man es zurückgelassen hatte, aber Kisten, Kocher, Lager schienen noch benutzbar, auch Essensreste. Die sonderbare Atmosphäre zauberte Bilder einer längst vergangenen Zeit hervor, doch in der unmittelbaren Nähe der verwitterten Holzhütten arbeiteten Bagger und Baukräne, Autos fuhren herum, ein Flugzeug war zu hören. Ich versuchte, mir vorzu-

stellen, wie die Pioniere einst ohne unsere modernen Transportmittel, ohne GPS, ohne globale Kommunikation, ohne klimatisierte Polarstationen überlebt haben – wie relativ der Begriff Wildnis ist.

Auch in Shackletons Hütte war alles unverändert: auf dem Tisch noch Reste von Brot, am Boden Spuren von Pfeffer und Salz. In einem Regal Wilds Pfeife, als wäre er noch da, er, der das gemeinsame Überleben höher eingeschätzt hat als allen Idealismus, Fanatismus oder Heroismus dieser Welt.

Zehn Jahre später bin ich Shackletons Route durch Südgeorgien gefolgt, zusammen mit Steven Venebels und Conrad Anker. Dabei wuchs meine Bewunderung für die Vorläufer mit jedem Schritt. Nie aber war mein Respekt für sie größer als beim Anblick des sturmumtosten Point Wild auf Elephant Island. Und bei der Vorstellung, wie Frank Wild in der Tristesse einer nie endenden Winternacht 21 Schiffbrüchige am Leben hält, mehr als vier Monate lang, nur seine Pfeife als Beruhigungsmittel, bleibe ich stumm.

Dezember 2014. Es schneit. Aus einem grauen Himmel fallen nasse Flocken, während die Passagiere der Hanseatik, vornehmlich aus der Schweiz, durch die aufgelassene Walfangstation Grytviken in Südgeorgien huschen. Die einen bleiben vor dem kleinen Kino stehen, andere kommen aus der Kirche, wieder andere aus dem Museum. Zwischen riesigen Tanks, die vor sich hin rosten, und einem halben hundert Gebäuden bewegen wir uns – den morbiden Geruch des Lebens vor hundert Jahren in der Nase – alle zum Friedhof auf der anderen Seite der engen King-Edward-Bucht. Es dauert, bis die Kreuzfahrer zwischen den Gräbern der Walfänger Aufstellung genommen haben und der Kapitän auf den Grabstein Ernest Shackletons aufmerksam macht: »Den Boss hat man hier vor den Bergen begraben, die er 1916 überquert hat, um Rettung zu holen.«

Ich stehe als Bewunderer zwischen dem Grabmal Shackletons und einer granitenen Bodenplatte, unter der – seit wenigen Jahren erst – die Asche von Frank Wild liegt. Der mannshohe, grob behauene Granitblock Shackletons erinnert an den Abenteurer, der heute Inbegriff von Leadership und Ausdauer ist. Wilds Lebensleistung hingegen scheint vergessen zu sein.

Der Schnee fällt in immer dickeren Flocken, und Windstöße aus den nahen Bergen ersticken die Stimme des Kapitäns, als er mich bittet, ein paar Worte zu Shackleton zu sagen.

»Endlich hat auch Frank Wild seinen letzten Ruheplatz hier gefunden«, beginne ich. Meine Stimme bricht. Dann

– ein Blick auf die Berge – fahre ich fort: »Ihn bewundere ich mehr als seinen Boss, kann es rational aber nicht begründen. Seine Loyalität seinem Leader gegenüber sowie die Fähigkeit, in schwierigsten Situationen mit seinen Leuten mitzuleiden, hat das Vertrauen genährt, das Shackletons Männer zuletzt gerettet hat.« Nachdem ich mich nochmals gefasst habe, ergänze ich: »Ich stehe heute zum dritten Mal an Shackletons Grab, aber zum ersten Mal auch an Wilds Grab. Die beiden sind endlich wieder beieinander: wie 1902/03 bei der Discovery-Expedition, wie 1908/09 auf der Nimrod und auf dem Weg zum Südpol, wie von 1914 bis 1916 beim Endurance-Experiment und 1921/22 auf der Quest. Die Frage, was diese Symbiose, ihren gemeinsam hochgehaltenen Lebensmut ausgemacht hat, bleibt unbeantwortet. Das Geheimnis liegt wohl in ihrem Charakter, ihrer Biographie. Diese beiden Polfahrer, zu einem Leben im bürgerlichen Umfeld untauglich, haben in der Not ihre Schwächen in Tugenden verwandelt. Shackleton war der Besessene, Wild der Empfindsame. Im Überlebenskampf der Verzweifelten, im Hier und Jetzt, im Warten auf den richtigen Augenblick führte die Natur Regie. Das Unmögliche, wonach sie im Grunde ihres Herzens beide verlangten, fanden sie im Unwegsamen. Der eine, Shackleton, traf die richtigen Entscheidungen, wenn er mit dem Rücken zur Wand stand, und Wild wusste es. Er vertraute seinem Chef und gab dieses Vertrauen, unterstützt von seiner Fähigkeit zur Empathie, an ihre Leute weiter. Nicht ihr Denken zeigt ihr Genie, sondern ihr gemeinsames Handeln – vor allem beim Rückzug. Ihre Menschenführung war die von Jägern oder Spielern, ihre Natur die von Wilden.«

Frank Wild – 10. April 1873–19. August 1939 – Shackleton's Right Hand Man, lese ich auf der graublauen Grabplatte zu meinen Füßen. Sie liegt im Pastell der Herbstfarben, eingelassen zwischen Gräsern und Moosen im tiefgefrorenen Boden.

»Hätte der Boss seinen letzten Rastplatz selbst ausgesucht, er wäre hier gewesen«, hat Frank Wild 1922 am Erinnerungskreuz, das er mit den letzten Getreuen Shackletons errichtet hat, gesagt. Jetzt endlich ist es auch sein Ruheplatz. Die beiden gehören zusammen wie Wagnis und Vertrauen.

Heute wollen alle »wild« sein, denke ich auf dem Weg zurück zum Schiff: unangepasst, außerordentlich, unverwechselbar. Als könnten wir unserem domestizierten Dasein entfliehen. Wir wollen die Wildnis zum Luxus aufwerten, zum Ideal erheben, weil sie verschwunden ist. Wie das Vertrauen auch, weil es an Empathie fehlt.

Während wir wenig später – ein Glas Champagner in der Hand – an einem viele Kilometer langen Eisberg – vor Jahren irgendwo vom Schelfeis abgebrochen – entlangfahren, klart der Himmel auf. Über den Resten von Kumuluswolken bewegt sich plötzlich ein Stück Wildnis durch das All. Wie eine Fata Morgana. Ich habe noch nie Berge mit so starken Kontrasten gesehen: schwarzer Fels und weißer Schnee. Es sind die Gipfel von Südgeorgien – im Zustand der Zeitlosigkeit. Unten die felsige Küste, darüber Nebel, zwischen Wolken das Himmelsgebirge. Sonst nichts: die See ein tristes Grau, ein Eisberg als Skulptur, kein Wal zu sehen.

»In nur hundert Jahren«, höre ich jemanden sagen, »ist aus der Wildnis der Antarktis der siebte Kontinent geworden.« Ein anderer zitiert Ernst Jünger: »Die Polarfahrten gehören zum Absurdesten, was sich der Mensch geleistet hat.

Ihr tatsächlicher Wert war gering, ihre symbolische Kraft außerordentlich. Da verkamen im eisigen Dunkel die Vorposten jener, die den Stern zwingen.«

Elephant Island
Wedellmeer
Coatsland
Grahamland
Filchner-
Eisschelf
Bellingshausen-
meer
ANT
Amundsenmeer
Marie-Byrd-Land
Ross-E
Rossmeer

Königin-Maud-Land
Enderby-Land
Kemp-Land
MacRobertson-Land
Prinzess-Elisabeth-Land
Kaiser-Wilhe
ARKTIS
Königin-Mary-Land
Wilkesland
Victorialand
Adelieküste
George-V.-Küste

INHALT

Alle Bilder: Archiv MMM

Innenteil: Landkarte aus einem PR-Folder zur Antarktisexpedition Fuchs/Messner 1989/90
Bilder der Endurance-Expedition aus dem Shackleton-Originalvortrag

Reinhold Messner

Absturz des Himmels

Band 03353

Am 14. Juli 1865 steht der Engländer Edward Whymper als erster Mensch auf dem Matterhorn, aber beim Abstieg stürzen vier seiner Begleiter in den Tod. Wenige Tage später erreicht der einheimische Bergführer Jean-Antoine Carrel den Gipfel, der eigentliche Held in Reinhold Messners atemberaubender Erzählung von der Eroberung eines unverwechselbaren Berges. Es ist eine Geschichte von Verantwortung, Vertrauen und Verrat. Eine wahre Geschichte.

»Spannend wie ein Krimi
erzählt Reinhold Messner ein dramatisches Stück
Bergsteiger-Geschichte.«
Rayk Wieland, NDR

»Hohe Literatur.«
Andreas Lesti,
Frankfurter Allgemeine Sonntagszeitung

fi 03353 / 1